U0450212

张正萍 ◎著

商业社会的诊治

The Diagnosis and Remedy of
COMMERCIAL SOCIETY
A Study of Scottish Enlightenment History

苏格兰启蒙史学研究

ZHEJIANG UNIVERSITY PRESS
浙江大学出版社
·杭州·

图书在版编目(CIP)数据

商业社会的诊治:苏格兰启蒙史学研究/张正萍著
.—杭州：浙江大学出版社，2024.1
ISBN 978-7-308-24346-9

Ⅰ.①商… Ⅱ.①张… Ⅲ.①哲学史－研究－苏格兰 Ⅳ.①B556.1

中国国家版本馆 CIP 数据核字(2023)第 204895 号

商业社会的诊治:苏格兰启蒙史学研究
张正萍　著

责任编辑	钱济平
责任校对	朱卓娜
封面设计	春天书装
出版发行	浙江大学出版社
	（杭州市天目山路148号　邮政编码310007）
	（网址：http://www.zjupress.com）
排　　版	浙江大千时代文化传媒有限公司
印　　刷	杭州钱江彩色印务有限公司
开　　本	880mm×1230mm　1/32
印　　张	11.125
字　　数	223 千
版 印 次	2024 年 1 月第 1 版　2024 年 1 月第 1 次印刷
书　　号	ISBN 978-7-308-24346-9
定　　价	65.00 元

版权所有　翻印必究　印装差错　负责调换

浙江大学出版社市场运营中心联系方式：(0571)88925591；http://zjdxcbs.tmall.com

目 录

缩　写 …………………………………………… (1)
导论:"历史的时代,历史的国度" …………………… (1)

第一编

第一章　"推测史" ……………………………… (27)
第二章　"四阶段论" …………………………… (57)

第二编

第三章　"陌生人"的历史意义 ………………… (83)
第四章　宗教的自然史 ………………………… (122)
第五章　家庭的自然史 ………………………… (156)
第六章　文明社会的历史 ……………………… (198)

第三编

第七章　历史学的疆域 ………………………… (235)
结语:苏格兰启蒙史学的政治话语 ……………… (268)

附录:《苏格兰史》与威廉·罗伯逊的"温和派"
　　　历史观 ………………………………………(294)
参考文献………………………………………………(311)
致　谢…………………………………………………(347)

缩　写

全部文献详情见参考文献。

亚当·弗格森(Adam Ferguson)
ECS：*An Essay on the History of Civil Society*, edited by Fania Oz-Salizberger, Cambridge：Cambridge University Press，1995.
IMP：*Institutes of Moral Philosophy*, London：Routledge/ Thoemmes Press，1994.
PMPS：*Principles of Moral and Political Science*, with a new Preface by Lawrence Castigligone, New York：AMS Press，1973.
CAF：*The Correspondence of Adam Ferguson*, edited by Vincenzo Merolle, London：William Pickering，1995.

大卫·休谟(David Hume)
DP & NHR：*A Dissertation on the Passions*, *The Natural History of Religion*, edited by Tom L. Beauchamp, Oxford：Oxford University Press，2007.

LDH：*The Letters of David Hume*, edited by J. Y. T. Greig, Oxford：The Clarendon Press, 1932.

T：*The Philosophical Works of David Hume* (Four Volumes), Vol. 2, Edinburgh：Printed for Adam Black and William Tait, 1826.

THN：*A Treatise of Human Nature*, edited by David Fate Norton and Mary J. Norton, Oxford：Oxford University Press, 2011.

凯姆斯勋爵（Lord Kames, Henry Home）

SHM：*Sketches of the History of Man*, edited and with an Introduction by James A. Harris, Indianapolis：Liberty Fund, 2007.

约翰·米勒（John Millar）

HV：*An Historical View of the English Government*, edited by Mark Salber Phillips and Dale R. Smith, Indianapolis：Liberty Fund, 2006.

OR：*The Origin of the Distinction of Ranks, Or, An Inquiry into the Circumstances which Give Rise to Influence and Authority in the Different Members of Society*, edited and with an Introduction by Aaron Garrett, Indianapolis：Liberty Fund, 2006.

威廉·罗伯逊（William Robertson）

HS：*The History of Scotland during the Reign of Queen Mary and King James VI till His Accession to the Crown of England*, New York：Derby & Jackson, 1856.

亚当·斯密（Adam Smith）

CAS：*Correspondence of Adam Smith*, edited by Mossner and Rose, Oxford：Oxford University Press, 1977.

EPS：*Essays on Philosophical Subjects*, edited by W. P. D. Wightman and J. C. Bryce, Oxford：Oxford University Press, 1982.

LJ：*Lectures on Jurisprudence*, edited by R. L. Meek, D. D. Raphael and P. G. Stein, Oxford：Oxford University Press, 1978.

LRBL：*Lectures on Rhetoric and Belles Lettres*, edited by J. C. Bryce, Oxford：Oxford University Press, 1985.

TMS：*The Theory of Moral Sentiments*, edited by D. D. Raphael and A. L. Macfie, Oxford：Oxford University Press, 1976.

WN：*An Inquiry into the Nature and Causes of the Wealth of Nation*, edited by R. H. Campbell and A. S. Skinner, Oxford：Oxford University Press, 1976.

导论:"历史的时代,历史的国度"

"我相信这是一个历史的时代,这是一个历史的国度:我知道这个国家现有不少于八部历史著作,每部都有不同程度的优点,从基督这位全世界最崇高者的传记——一如我从这个主题猜想的那样,到罗伯逊博士所写的世界另一端的美洲史。"[①]1770年8月的一天,大卫·休谟兴致勃勃地写信给他的出版商威廉·斯特拉恩,自豪地说起这一时期苏格兰文人在撰写历史方面的成就,热情地向斯特拉恩推荐一位史学新秀罗伯特·亨利博士(1718—1790)的史学书稿。200多年过去了,亨利博士的《大不列颠史》早已湮没无闻,连当时名声正盛的历史学家威廉·罗伯逊的著作都快要被遗忘了,在思想史长廊中尚有一席之地的恐怕只有休谟了。那些曾经活跃在18世纪苏格兰文人圈子的作家及其作品,他们在历史领域取得的一些成就,还有他们对人类历史进程和理想社会的构想,只能在尘封的故纸堆里散发着如豆的幽光。

---

① David Hume, *The Letters of David Hume* (以下缩写为 *LDH*), Vol.2, edited by J. Y. T. Greig, The Clarendon Press, 1932, p.320.

18世纪苏格兰作家的历史写作

18世纪的苏格兰思想家的确撰写了大量的历史著作,但现在能被人们称为"历史学家"的大概只有大卫·休谟和威廉·罗伯逊两位。当时另一位重要的历史学家是英格兰人爱德华·吉本,其《罗马帝国衰亡史》在中文世界的影响要远远超过前面两位的历史著作。不过,当吉本于18世纪70年代开始创作罗马史时,前面两位苏格兰作家已经奠定了"历史学家"的声名,甚至成为英国历史学家的榜样。休谟的文名在18世纪50年代已十分显赫,但他最初撰写的是《人性论》(1739—1740),而非大部头的历史著作。这部哲学著作的"悲惨命运"促使他改变文风,采取那时颇受欢迎的散文形式,创作了《道德和政治论文集》(1741—1742),随后根据《人性论》第一、三卷改编的哲学散文也获得了成功。休谟在1754—1762年出版的六卷本《英格兰史》,为他赢得了巨额的版税,①当然也为他的文名增添了史学的光彩。当吉本开始撰写瑞典革命史向休谟请教如何写历史时,后者以前辈文人的语气建议他用英语而非法语写作,以"保证英语语言更好的稳定性和持续性"②。这或许可以表明休谟希望英语读者能直接阅读史书,也可能蕴含着他在

---

① James A. Harris, *Hume: An Intellectual Biography*, Cambridge University Press, 2015, p. 408.
② David Hume, *LDH*, Vol. 2, p. 171.

《论历史学习》中对历史著作功能的认识:满足好奇心、增长知识、加强美德。①

与休谟撰写英格兰史的同一时期,罗伯逊于1759年2月在伦敦出版了他的《苏格兰史:玛丽女王和詹姆斯六世继承英格兰王位之前的统治》(以下简称《苏格兰史》)。这部历史让"苏格兰人的玛丽女王成为英格兰人的谈资",并为作者赢得了600镑的版税——除了休谟,没人能赢得这么高的版税。②《苏格兰史》收获的赞誉奠定了罗伯逊"历史学家"的文名,并大大改善了他的经济状况。③ 如此看来,撰写出漂亮的历史著作确能为18世纪的苏格兰文人带来经济上的自由。

诚然,实现财务自由是18世纪苏格兰文人的一个愿望,因为他们的确很少像法国启蒙哲人那样,要么本人是贵族,要么享受庇护人的赞助。苏格兰启蒙思想家虽然也会受到一些赞助,比如1749—1751年亚当·斯密的爱丁堡讲座得到了凯姆斯勋爵等人的资助,但他们基本上会去大学、教会或公共机构、政府部门谋取职位。即使是休谟,也曾在图书馆、外交机构中担任职务。应该说,18世纪的苏格兰

---

① 大卫·休谟:《论道德与文学:休谟论说文集卷二》,马万利、张正萍译,浙江大学出版社,2011年,第145页。
② Jeffrey Smitten, Robertson's Letter and the Life of Writing, see Stewart J. Brown(ed.), *William Robertson and the Expansion of Empire*, Cambridge University Press, 1997, pp.40-41.
③ Dugald Stewart, An Account of His Life and Writings, see *The Works of William Robertson, D. D. , with An Account of His Life and Writings*, Vol. 1, Printed for A. Strahan and T. Cadell, 1812, p.14.

文人大多数是职业人士,而像休谟这样的家中次子,虽有长兄给予一定的经济支持以维持其生活,但那种生活绝非大富大贵之人所有。无论如何,文名仍然是职业人士的一个目标,而历史是获得文名的好题材。除了休谟和罗伯逊这两位苏格兰作家之外,还有其他一些苏格兰人也投身到历史写作之中,比如亚当·弗格森、约翰·米勒、约翰·达尔林普尔、凯姆斯勋爵、蒙巴博勋爵等。他们的著作在爱德华·吉本、托马斯·卡莱尔、托马斯·麦考莱等更著名历史学家的星光照耀下逐渐变得黯然失色了。上述18世纪苏格兰作家深受法国哲人的影响,如弗格森的《文明社会史论》显然有孟德斯鸠的影子;反过来,他们也影响了18世纪中后期欧洲的哲学家,比如孔多塞、赫尔德等。当然,18世纪早期的苏格兰作家对其后来同胞的影响是最直接的,这种影响渗透在道德哲学、历史、法学等主题领域的研究上,也因此形成了一条独特的苏格兰启蒙思想脉络。这条脉络围绕他们对政治、经济和社会进程的思考,体现了苏格兰人的历史观。

苏格兰作家关注历史的背后当然有其更深层的社会原因:党争、宗教、商业竞争、帝国的命运以及商业社会的道德败坏等问题一直困扰着18世纪的不列颠人。休谟在18世纪50年代着手撰写他想要的无党无派的《英格兰史》时,仍然不得不面临各种派系的攻击。自17世纪以来的党争在英国的政治生活中继续,只不过辉格党和托利党的成员已经换了好几批人,争论的焦点也发生了变化。历史叙述成为100年来英国政治争论的主战场,古代宪法中的平民观念、王室特权是否受限制等话题成为托利党和辉格党史学家阐述的中心。摆在休谟面前的是17世纪历史学家们留下的党派史：威廉·皮耶特（William Petyt）在《英格兰声称的古代平民权利》(Ancient Right of the Commons of England Asserted, 1680)中重申平民的权利自撒克逊时代就有，诺曼入侵也没有改变；而罗伯特·布雷迪的《古英格兰史导论》(An Introduction to Old English History, 1684)和《英格兰通史》(A Complete History of England, 1685)中声称诺曼征服改变了英格兰法律。① 这样的历史之争并非一时兴起，而是在17世纪英国王权与议会权力争夺背景下各方寻求有利于自己的历史依据。当时被认为比较中立的《英格兰史》却出自一位法国作家保尔·拉潘之手。英格兰人自己撰写的历史无缘帕纳索斯诗坛上的荣耀，因而休谟希望他能填补这一空缺，②不站在任何党派的立场之上，公正地评价1688年以前的英格兰史。然而，当休谟自己爬梳历史材料时，他发现拉潘也并非公正的历史学家，因此另辟蹊径，采取同情的态度看待斯图亚特王朝的权力之争。休谟"为查理一世和斯特拉福德伯爵的命运洒一掬同情之泪"，激起了众人的怒火。这种遭遇大概很能说明当时英国国内各种势力、派别争斗不休的状况。

尽管派系之争如此激烈，罗伯逊的《苏格兰史》却在伦

---

① James A. Harris, *Hume: An Intellectual Biography*, Cambridge University Press, 2015, pp. 309-310.
② *Ibid.*, p. 308.

敦收获了一部分人的好评,这些赞誉之声中包括曾指责休谟的威廉·沃伯顿。① 罗伯逊的这部历史讲述的是苏格兰国王(女王)与贵族的权力平衡故事。事实上,玛丽女王手握的权力太弱,而接踵而至的苏格兰宗教改革加剧了权力的动荡。罗伯逊称赞宗教改革的原则,包括诺克斯、布坎南这些改革者明确表示的反抗学说,②他也批评宗教改革者的行动,这并不意味着他赞同玛丽·斯图亚特的打压行为。实际上,罗伯逊的这部《苏格兰史》交错着叙述宗教改革与政治斗争的故事,其目的或许是在当时复杂的宗教争论中为苏格兰的温和派争一席之地。科林·基德指出,"罗伯逊有两个矛盾的任务。他不得不粉饰教会激进传统中恶劣的放肆行为,同时还要将18世纪的教会和它问题重重的历史密切关联起来。罗伯逊对教会危机的答复是对当代长老派主义无懈可击的辩护,并明智地将对过去的辩护——与教会令人尴尬的遗产保持距离——与苏格兰宗教改革的核心价值结合起来"③。如果说休谟的历史更关注在欧洲历史的背景下探讨英格兰的宗教、政治与商业问题,那么,罗伯

---

① Dugald Stewart, *An Account of His Life and Writings*, see *The Works of William Robertson*, D. D., *with An Account of His Life and Writings*, Vol. 1, Printed for A. Strahan and T. Cadell, 1812, pp. 16-17.

② William Robertson, *History of Scotland*, *During the Reigns of Queen Mary and of King James VI*, *Till his Accession to the Crown of England*(以下缩写为 *HS*), vol. 1, Derby & Jackson, 1856, p. 78.

③ Colin Kidd, The Ideological Significance of the *History of Scotland*, see Stewart J. Brown(ed.), *William Robertson and the Expansion of Empire*, Cambridge University Press, 1997, p. 136.

逊的《苏格兰史》则更彰显 1707 年联合背景下苏格兰的种种问题以及谨慎的"自尊"(pride)。

"七年战争(1756—1763)年之后,英帝国遭遇了一系列危机:先是美洲,然后是印度,接着是爱尔兰。当伦敦的政治家焦头烂额之际,苏格兰的文人反倒能平静下来思考帝国的命运。罗伯逊的《查理五世皇帝统治史》(1769)体现了他对撰写欧洲历史的野心。《美洲史》(1777)和《古印度史》(1791)就像查理五世历史的衍生物,从欧洲帝国投向美洲的历史,再从美洲投向印度,最终的落脚点是欧洲帝国的权力滥用。"[1]斯图亚特·J. 布朗对罗伯逊其他三部历史著作的评论表明,当时历史学家的眼光是世界性的。查理五世的帝国曾经盛极一时,但最终的命运是惨烈的落幕。不列颠帝国在七年战争后,同样也拥有广袤的美洲殖民地,同时在印度拓展其统治,其命运最终会走向何方,是当时文人们关心的问题。他们可以从各种渠道获得最新的海外消息。苏格兰的一些家族,如约翰斯通家族,在家庭通信中以及和苏格兰文人的通信中交流着各种商业和政治信息。[2] 帝国和家族的命运通常维系在一起。英帝国对美洲和印度的态度在 18 世纪后半叶特别值得关注。而《古印度史》的直接背景是 1788 年 2 月开始的沃伦·黑斯廷斯(Warren

---

[1] Stewart J. Brown, William Robertson (1721—1793) and the Scottish Enlightenment, see Stewart J. Brown (ed.), *William Robertson and the Expansion of Empire*, Cambridge University Press, 1997, pp. 28, 29, 34.
[2] 参见爱玛·罗斯柴尔德:《帝国豪门:18 世纪史》,巫语白译,商务印书馆,2016 年。

Hastings)的弹劾案,三年后,罗伯逊的书出版了"①。当然,印度史在18世纪的欧洲已经不是新鲜物。1770年,雷纳尔神父和狄德罗合著的《欧洲人在东西印度的殖民和贸易的哲学与政治史》(*A Philosophical and Political History of the Settlements and Trade of the Europeans in the East and West Indies*,通常被称为《两印度史》)出版,在欧洲激起了广泛的影响。"这部内容广博的著作与大胆的道德判断结合在一起,表达出一种反殖民的立场,并且对欧洲政府作出激进的批评。在这部著作的影响下,欧洲的征服活动、虐待非欧洲人的行为以及奴隶贸易等现象受到普遍谴责。"②1788年,詹姆斯·雷耐尔(James Rennell)的《印度斯坦勘察回忆录》(*Memoir of a Map of Hindoostan*)同样对罗伯逊的印度史产生了很大的影响。罗伯逊在其《古印度史》中回应了雷纳尔神父的观点,希望他所写的历史能够让印度文明得到更多的尊重。③ 18世纪中后期,世界上似乎所有的文明都被纳入苏格兰人的视野之中,这就让他们试图在比较的视野中看待各个地区的文明史。正是在这些文明的比较之中,苏格兰人才更能从整

---

① Geoffrey Carnall, Robertson and Contemporary Images of India, see Stewart J. Brown(ed.), *William Robertson and the Expansion of Empire*, Cambridge University Press, 1997, p. 212.
② 梅尔文·里克特:《政体和社会的比较研究》,见马克·戈尔迪、罗伯特·沃克勒主编:《剑桥十八世纪政治思想史》,刘北成等译,商务印书馆,2017年,第163页。
③ Geoffrey Carnall, Robertson and Contemporary images of India, see Stewart J. Brown(ed.), *William Robertson and the Expansion of Empire*, Cambridge University Press, 1997, p. 230.

体上思考不列颠自身的命运。

罗马史同样也是欧洲人反思帝国兴衰的好题材。1734年,孟德斯鸠就在其简短的《罗马盛衰原因论》中指出,罗马的法律是好法律,但这些法律的自然作用"是造成一个伟大的民族,却不是统治这个伟大的民族"。罗马共和国后期传入的伊壁鸠鲁学派"大大地有助于腐蚀罗马人的心灵和精神"。① 孟德斯鸠对共和精神的推崇对苏格兰文人产生了巨大的影响,亚当·弗格森是其中之一。后者希望通过他的《罗马共和国的发展和终结》(1781)来反思苏格兰人在18世纪60—80年代的核心政治议题——"民主政治、商业帝国、政治动荡、军事统治"②。从叙事上说,弗格森的罗马史恐怕不被后人看好。尼布尔曾评论弗格森是"一位诚实的、有天赋的作家,但没什么学问;他不是学者,一点儿都不了解罗马制度的观念……对于那些想了解罗马史的读者来说,该书不值一读"③。尼布尔对罗马史采取了更审慎的态度,对弗格森的罗马史不屑一顾是情有可原的。不过,弗格森写罗马史的意图恐怕也不是详尽探讨罗马史的细节,而在于他想要与英帝国进行的类比。罗马的共和制是不是弗格森心中最好的良方,这是个值得探讨的问题。法国革命

---

① 孟德斯鸠:《罗马盛衰原因论》,婉玲译,商务印书馆,1995年,第52页。
② Iain McDaniel, *Adam Ferguson in the Scottish Enlightenment: The Roman Past and European Future*, Harvard University Press, 2013, p.50.
③ 转引自 Vincezo Merolle, Ferguson's Plotical Philosophy, see *The Manuscripts of Adam Ferguson*, edited by Vincezo Merolle, Pickering & Chatto, 2006, p. xxii。

的爆发促使晚年的弗格森进一步思考共和主义是否就是最好的政体。尽管弗格森在最初非常热情地欢迎法国革命的发生,但他在1795年给约翰·麦克弗森先生的信中写道,"法国国民公会声称给他们将要选出的伟大、可靠的法国人民政权制定的方案肯定是不谨慎的……这些表明他们深深陷入了民主的狂热,认为他们是国家的联合政权,一旦外部敌人容许,他们就将耗尽他们的利益。我希望我们的命运不取决于他们乐意干的事情"[①]。显然,弗格森对于民主、平等、自由的态度并不像表面看上去那样简单。

鉴古知今,彰往察来。18世纪时,英国、欧洲、美洲和亚洲的历史都被纳入苏格兰文人的历史创作之中。他们不仅彰显了苏格兰这一地域孕育的智识才华,也在暗暗地为苏格兰这个民族的自尊和骄傲争一口气。他们有时表现得很敏感,比如将苏格兰式的英语挑出来加以修正,有时又非常笃定自己的文学成就。休谟就认为,18世纪的英格兰文人不如苏格兰文人。当得知《罗马帝国衰亡史》出自一位英格兰人之手时他竟然表示惊讶。他在写给吉本的信中说道,"在我看来,你的同胞几乎整整一代人,似乎都放任自己陷入野蛮荒谬的派系之中,我从未期待他们能写出什么有价值的东西"[②]。这种思想气质很自然地被后来的研究者捕捉到了。当然,另一种历史观也隐藏在这种民族自尊之

[①] Adam Ferguson, *The Correspondence of Adam Ferguson*(以下缩写为 *CAF*), with an Introduction by Jane B. Fagg, edited by Vincezo Merolle, William Pickering, 1995, Vol. 2, p. 370.

[②] David Hume, *LDH*, Vol. 2, pp. 309-311.

下,这就是进步史观。在亚历山大·布罗迪主编的《苏格兰启蒙运动》中,默里·皮托克就苏格兰启蒙史学写道:"正是从启蒙运动开始,历史学研究中出现了历史进步观、长期国家发展观等概念,以及在后来许多年里长期主导'辉格式历史'研究的目的论观点:研究过去的目的不是为了纪念过去而是着眼现在。"① 不可否认,"辉格是苏格兰启蒙运动中一个被承认的事实,甚至被那些知识分子或'科学的'辉格哲学家强化"②。这种倾向在18世纪中后期的约翰·米勒那里非常明显。但是,这种"辉格式的"进步观在苏格兰人著作中的体现是有差异的。J. G. A. 波考克引用邓肯·福布斯的评论,认为米勒"是一个科学的辉格党人","他提供了对'历史的辉格党解释',而这是休谟会予以否定、后来的柏克也不会建构的东西"③。这一评论非常敏锐地指出18世纪英国历史学家们在历史解释上的多样性,也表明苏格兰人在那100年的不同时期面临的历史问题和不同的思考方式。

如果要深入探讨18世纪苏格兰历史学家的历史写作及其风格、见解与方法等,以休谟的《英格兰史》为例,那么,休谟个人写作历史的动机和当时英国史学背景,书中有关

---

① 默里·皮托克:《历史学》,见亚历山大·布罗迪主编:《剑桥指南:苏格兰启蒙运动》,贾宁译,浙江大学出版社,2010年,第244页。
② Anand C. Chitinis, *The Scottish Enlightenment: A Social History*, Croom Helm Ltd., 1976, p. 246.
③ 波考克:《德行、商业和历史:18世纪政治思想与历史论辑》,冯克利译,生活·读书·新知三联书店,2012年,第447页。

政治体制、法律、宗教、商业等各个主题的见解等可能都是极其吸引人的素材。魏佳博士就曾对休谟在此书中涉及的贸易和政治的关联进行深入的挖掘,在其《贸易与政治:解读大卫·休谟的〈英国史〉》一书中指出,对休谟历史的剖析不应仅置于"欧洲大陆背景,更重要的是跨大西洋的历史背景"①中。这就需要将休谟置于宏大的历史背景中进行深入研究。不过,研究18世纪苏格兰启蒙史学的意义,不仅是因为当时的文人在他们的历史作品中流露出的各种见解,还因为他们的历史编纂呈现出一种特殊的类型。不同于上文提到的休谟、罗伯逊、弗格森、米勒等人的几部传统意义上的历史著作,18世纪的苏格兰文人还关注整个人类历史的进程,它包括宗教、家庭、经济、法律、政府、技艺、商业、风俗的历史,还有自然科学比如天文学、形而上学、物理学等的历史。换言之,他们的历史研究已经延伸到人类社会知识的各个领域,而正是在这些领域,"启蒙"的精神融入"历史学"中。这类历史被称为"推测史"(conjectural history)。汉语学界目前已有一部专著讨论启蒙时期的苏格兰历史学派。该著作比较全面地介绍了苏格兰人在历史学领域所取得的成就及其影响,着重讨论了休谟、斯密、弗格森、罗伯逊这四位启蒙思想家的历史著作与观点,并在分析中反复提到"推测史学"②,认为"推测史学"是苏格兰历

---

① 魏佳:《贸易与政治:解读大卫·休谟的〈英国史〉》,复旦大学出版社,2018年,第12页。
② 李勇:《启蒙时期苏格兰历史学派》,上海三联书店,2017年,第39、122、186页。

史学派非常明显的特征。笔者完全赞同"推测史"是苏格兰启蒙时期历史编纂的一个显著特征,并认为这是一个值得深入探讨的主题,但笔者也意识到"推测史"只是18世纪苏格兰人撰写的部分历史,而非全部,因为就"推测史"本身的意义而言,休谟的《英格兰史》、罗伯逊的《苏格兰史》便不在其列。如若将这些历史著作与"推测史"放在一起研究,将是一项宏大的任务,本书打算仅探讨苏格兰启蒙史学中最明显的那一特征,即"推测史"。

研究历史的方法

苏格兰人的"推测史"与其哲学研究密不可分。即便弗格森的《文明社会史论》在当时被视为一部成功的历史著作,也运用了大量丰富的史料佐证,这部作品在讨论人类的初民社会时也渗透着浓烈的哲思。因此,研究苏格兰启蒙运动的"推测史"的路径,恐怕需要与"苏格兰启蒙运动"的哲学研究或"人性科学"结合在一起。2018年,格拉斯哥大学的荣休教授克里斯托弗·贝里在他回顾性学术论文集的开篇追溯了20世纪60年代至今苏格兰启蒙运动的研究成果和研究路径。在这篇综述性的文章中,最令人印象深刻的是"观念史"影响下的苏格兰启蒙思想研究。贝里最先提到1945年格拉迪斯·拜尔森出版的《人与社会:18世纪苏格兰研究》,称这部著作"前无古人,后无来者"①。如此高的赞誉或许源于拜尔森在研究18世纪苏格兰思想时运用"观念史"方法对后来学术研究的深远影响。拜尔森深受A. O. 洛夫乔伊及其"观念结"(idea-complex)概念的影响,并在其著作中常常引用后者的观点。贝里认为拜尔森"将苏格兰人解读为经验的伦理学家和前社会科学家"②类似于他自己的工作,包括他对"奢侈""商业社会"观念的研究。当然,贝里在其他地方还提到"家庭""习惯"等观念在18世纪思想史中的特殊含义。"观念"在苏格兰道德哲学中的确有着非常重要的地位。当苏格兰作家解释他们的人性科学时,他们确实对18世纪以前的很多观念做了重新解释,比如激情与理性、言说能力与交换倾向、财产权与社会进程等。值得指出的是,洛夫乔伊开创的"观念史"的确打破了哲学与史学的壁垒,为后来的史学尤其是思想史研究提供了新思路。拜尔森的18世纪苏格兰研究开创了这一先例,也影响了后来研究者的兴趣和方法。在这个意义上,洛夫乔伊及其"观念史"方法对苏格兰启蒙思想研究的影响是深远的。

除了方法论上的影响,洛夫乔伊本人也讨论过休谟、斯密的人性科学。1961年,洛夫乔伊在其出版的《人性之反思》第五讲中,考察了雅克·埃斯皮利特(Jacques Esprit)、

---

① Christopher J. Berry, *Essays on Hume, Smith and the Scottish Enlightenment*, Edinburgh University Press, 2018, p. 6.
② *Ibid.*

曼德维尔、休谟、斯密、康德等思想家对"骄傲""自尊""热爱""赞美"等作为人类行为动机的激情,这些激情取代了过去道德哲学中的"理性和美德"。① 梳理这条近代早期的思想线索对于今天的研究仍然有重要意义:2012 年,克里斯托弗·布鲁克在《哲学的骄傲:从利普秀斯到卢梭的斯多葛主义和政治思想》一书中再次将"骄傲"视为政治思想史的关键词。他在序言中解释其为何将"骄傲"作为主题时说:"一方面,从 16 世纪的利普秀斯到 18 世纪的哈奇森,有一批人同情性地理解斯多葛主义,他们试图提出一种独特的基督教斯多葛主义,以对抗奥古斯丁的异见。另一方面,骄傲显然是宗教思想家的关切,同时也是更世俗化的政治思想的关键性重要议题。"② 相同的主题在不同时代的研究中延续。尽管洛夫乔伊的"观念史"遭到了挑战和批评,③ 但其方法并不完全过时。实际上,他在第三篇讲稿中特别说明了"观念史"方法。他说:"至少对于思想史学家而言,解读的目标,如果可能的话,不只是注意到作者在特定的一段话中字面上说了什么,还要理解他说这句话时想的是什么、是如何思考的——他脑中那些若隐若现的概念,他真正从一个假设转到另一个假设时经过了怎样的思考过程……解

---

① Arthur O. Lovejoy, *Reflections on Human Nature*, The John Hopkins Press, 1961, pp. 153-193.
② Christopher Brooke, *Philosophic Pride: Stoicism and Political Thought form Lipsius to Rousseau*, Princeton University Press, 2012, p. xv.
③ 张旭鹏:《观念史的过去与未来:价值与批判》,《武汉大学学报(哲学社会科学版)》2018 年第 2 期,第 65-72 页,第 68 页。

读作者的文本,不仅是他处理这一主题时某些之前的思考,特别是尽可能多地解读与此相关的潜在的意义区分,以及该主题涉及的议题。"①这里非常明确地提出理解作者文本及其前后相关的思想的意义。这一方法在现在的苏格兰启蒙研究中仍然存在:2019 年,克雷格·史密斯对亚当·弗格森"文明社会"观念的解析很大程度上体现了前后文本的思想关联性。这并不是说史密斯的研究是完全意义上的"观念史",实际上,当下的学者从观点到方法都有了新的对话者和历史语境。

自 20 世纪 80 年代以来,洛夫乔伊的"观念史"在英国思想史研究中已经发生了重大转向。② 以 J. G. A. 波考克、昆汀·斯金纳为代表的"剑桥学派"批评洛夫乔伊不注重历史背景,他们"不再强调思想(或更准确地称为'观念')史,转而重视另一些因素的运动,'言说史'(history of speech)或'话语史'(history of discourse)也许是迄今为止能为它们找到的最恰当的名称",用波考克自己的话说,"关注的焦点在某种程度上已经从意图的概念转向表达意图的概念"。③ 他们提倡的"语境主义的方法",深刻影响了对苏

---

① Arthur O. Lovejoy, *Reflections on Human Nature*, The John Hopkins Press, 1961, pp. 68-69.
② 参见方维规:《什么是概念史》,生活·读书·新知三联书店,2020 年。作者在第五章《英美观念史与剑桥学派的政治思想史》梳理"概念史"的发展脉络时指出,"剑桥'政治思想史'是对'正统'观念史的拒绝"(第 217 页)。剑桥学派对洛夫乔伊"观念史"的态度是"拒绝"还是"批判",是值得进一步探讨的问题。
③ 波考克:《德行、商业和历史:18 世纪政治思想与历史论辑》,冯克利译,生活·读书·新知三联书店,2012 年,第 4、9 页。

格兰启蒙思想的研究。剑桥大学国王学院的伊斯特万·洪特和叶礼庭在1979年组织的苏格兰政治经济学与公民人文主义的研讨会,所形成的论文集《财富与德性》具有浓厚的"语境主义"色彩。① 而努德·哈孔森对苏格兰自然法理学的讨论或许是"非波考克式的"②,但他在1996年出版的《自然法与道德哲学:从格老秀斯到苏格兰启蒙运动》的开篇中还是强调"观念史"和"语境主义方法"的影响,并指出"当代道德和政治思想的编年史学上所发生的语境主义转向",其效果是"有益的",它"开始解决传统历史学在这些领域所犯下的为数众多的年代误植",而语境主义历史学家"坚信要根据特殊环境的特定社会语言前提来重新解读历史文本"。③ 应该说,哈孔森在某种程度上将"观念史"等同于"思想史",同时也没有对"语境主义历史学家"和"观念史学家"二者作出过于明确的区分。他在该书结尾时说,"思想史,也许所有的历史领域,都呼唤方法论上的多元论,我也不怀疑在那种将过去思想作为一种话语的语境主义研究与这里所提倡的观念史两者之间必然存在一种密切的联系"④。从哈孔森关于17世纪自然法到18世纪道德哲学

---

① 伊什特万·洪特、米凯尔·伊格纳季耶夫编,李大军等译,罗卫东校,浙江大学出版社,2013年。Michael Ignatieff(1947—),其固定译名是"叶礼庭"。本文在正文中保持统一,但在脚注中遵循相关译著的译名。
② Christopher J. Berry, *Essays on Hume, Smith and the Scottish Enlightenment*, Edinburgh University Press,2018, p. 15.
③ 努德·哈孔森:《自然法与道德哲学:从格老秀斯到苏格兰启蒙运动》,马庆、刘科译,浙江大学出版社,2010年,第9、11页。
④ 同上,第14页。

的著作中看,他的确在研究中运用了这两种方法。从这一点上说,"观念史"和"语境主义"至少不是互相排斥的,文本、思想、言说的行动者,本身都处在历史之中。

哈孔森理解的这种"观念史"方法运用到苏格兰启蒙史学叙述和编纂研究中时,可能会让研究者跳出史学史的领域,遇见意想不到的问题,比如家庭的起源、社会的发展、宗教最初的形成、财产权的演变、语言的起源等,这些问题显然同样也是历史问题。尽管现代社会科学分支细密,但在18世纪,这些主题几乎都被囊括到道德哲学的探索中。人性科学是18世纪苏格兰道德哲学的主题,也是苏格兰人认识历史发展的出发点。

理解苏格兰人撰写的历史,需要以人性科学为基础。苏格兰人对人性科学的研究始于各种观念。首先是对西方传统中理性与情感关系的重新界定与定位,他们将理性视为人的推理能力,而将激情作为行为的驱动力。在动机、手段与目的的关系中,作为动机的激情占据了第一位,作为手段的理性退居幕后。于是,人类进入社会或政治社会的这一过程就有了解释的依据。因为人类个人弱小的能力与恶劣的自然环境,所以,最初的个人需要他人的协助,需要与他人联盟,尽管他们之间也存在私利与冲突,但为了对彼此有利的目的,他们缔结成一个团体,形成一个小社会。男女两性的激情缔结而成的家庭,让这一社会有了稳定的基础。经由时间的荡涤,人们逐渐习惯在社会中生活。繁殖的冲动与人的自利、同情、骄傲、习惯以及对秩序的欲望等结合在一起,是苏格兰人分析"社会"起源的原因。随着人数的增多，最初的小型社会逐渐发展成各种形式的大社会，在不同的气候和环境中形成了不同形式的政府和法律，"正义"这个古老的概念在不同时代也有了不同的表现形式。这是18世纪苏格兰人描述的"社会的自然史"。

基于对社会历史进程的认识，苏格兰人将这些历史划分为不同的阶段。亚当·斯密认为，根据人们谋生的方式，到他那个时代为止，人类社会经历了四个阶段，但亚当·弗格森则以政治和法律为依据将人类社会分为野蛮、未开化和文明社会三个阶段。马克思或许从这两种阶段论中获得了某种灵感，但18世纪的阶段论反映的是那个时代哲学家们对历史进程的认知。事实上，阶段论并非18世纪苏格兰人的独创。较早一些时候，维柯在其《新科学》中也提出了类似的说法，而传统更悠久的圣经史学更是将人类史分成了不同的阶段。斯密和弗格森的这两种阶段论不同于圣经史学的阶段论，但维柯的著作究竟对他们有多大影响，则是很难考证的。阶段论本身在18世纪就有相当大的回响。杜尔阁也曾提出与斯密类似的阶段论，而孔多塞则将人类进程分为若干个阶段，最终的阶段是人的完善。这样一种"进步论"的基础是以人本身的发展为依据的。这一点在弗格森的文明社会史中尤为明显。

18世纪的苏格兰人能够阅读到欧洲旅行者对世界各个地区及其历史的描述，也能借助正在兴起的博物学对历史有更进一步的认识，但遗憾的是，与19世纪以来人类学、考古发掘、早期人类文明研究的成果相比，他们的历史认识似乎显得证据不足。这一点不足以抹杀他们撰史的意义。

显而易见，他们在社会、政府、经济、法律、宗教、科学等领域的历史思考，为 19 世纪现代科学的发展奠定了基础。如本书第一段所言，他们的思想尘封在厚厚的故纸堆中。尝试着掸去厚厚的灰尘，让他们的微光能再亮一些，是本书唯一的愿景所在。

本书纲要

尽管大多数研究苏格兰启蒙运动的学者都会不同程度地提到"推测史"，但显然，学界对这一问题的讨论分散在不同的主题中，比如对伯纳德·曼德维尔《蜜蜂的寓言》"第二部分"叙事中的历史分析，对休谟《宗教自然史》中所运用的方法研究，或者斯密在法学讲义中看似"唯物主义"的经济史观，以及弗格森《文明社会史论》中的"三阶段论"。这些研究将苏格兰启蒙思想的众多面向置于"推测史"之下，阐发的不仅是历史，还有政治、经济和社会的议题。因而，本书将以休谟、斯密、弗格森、米勒这四位作家正统或非正统的历史作品为研究对象，从社会、经济、家庭、宗教这四个主题揭示"推测史"的特征及意义。对于中文读者来说，这或许是个比较陌生的话题，所以，第一编两篇文章试图从理论上论述"推测史"的特征以及重要的"阶段论"概念。第一章梳理学术界对"推测史"这个概念的定义以及相关的研究状况。一般认为，"推测史"对早期人类社会形式采取一种自然主义的、非契约的阐释，通常将历史分为几个阶段，最终呈现人类行为无意图的结果。苏格兰启蒙思想家从欧洲历史、美洲原始社会以及古典著作中的描述中汲取素材,他们在"推测史"中构建了适用于商业社会的道德哲学,抛弃了自格老秀斯以来自然法传统的理论主张。第二章是关于"阶段论"的讨论。由于亚当·斯密的"四阶段论"在整个思想史中的特殊意义,因而这一论点成为第二章的焦点。本章将斯密的历史叙述与人性科学结合起来考察"四阶段论",特别关注它与马克思主义唯物史观的异同之处。笔者以为,这种"经济的历史解释"并非只局限于财产权或生产方式,而是在斯密的道德哲学体系中都有相应的对应物。

从现代学科意义上来说,18世纪的苏格兰人非常关注社会、宗教、家庭、语言等主题的历史发展,比如休谟和弗格森都曾关注文明社会的历史,两人虽都以人性科学为基础,但论证方式并不尽然相同。第三章借助"陌生人"在不同历史阶段的社会角色,分析休谟对文明社会和文明政府形成与演变的论断。在休谟看来,社会有一个从小到大逐渐发展的过程,而文明社会是一个充满"陌生人"的社会。他将正义规则和财产权的起源置于小社会中考察,其依据是对人性自私和有限慷慨的假设。随着社会规模的逐渐扩大,正义的规则需要依靠政府强制执行。小社会的自然义务逐渐成为大社会的政治义务。第四章探索休谟《宗教的自然史》这一文本的历史语境,揭示休谟宗教哲学蕴含的历史意义。《宗教的自然史》完全抛弃了自优西比乌(《教会史》的作者)以来教会史的叙述传统,这是对18世纪基督教世界的巨大挑衅。在休谟在宗教界的论敌看来,这部著作想要确立"自然主义",但这或许不是休谟的唯一目标。他在这篇文章中抨击了所有形式的宗教和迷信,认为这些都有害于道德。这篇文章把宗教的历史置于世俗世界里,也影响了后来的作家写作宗教史的观念和方式。

家庭是17—18世纪以来自然法、政治哲学的重要主题。霍布斯、普芬道夫等17世纪哲学家对家庭的论断在18世纪苏格兰的自然法理学作者那里遭到了批判。约翰·米勒《等级差序的起源》表面上论述的是权威的性质及其历史演变,实际上,他以大量篇幅论证家庭成员关系的演变,其中最重要的是妇女在不同历史阶段的地位变迁。尽管米勒几乎不能说成是现代女性主义的先驱,但他有关家庭及其历史的论证却在某种程度上与恩格斯的论断颇有相似之处,当然也存在着巨大的不同。其对商业社会的设想,在一定程度上反映了他理想中家庭的道德功能。以上内容构成了本书第五章的内容。

"文明社会"是苏格兰启蒙思想的重要概念,对其过去的描述、对现存问题的分析、对未来状况的设想,充分体现在弗格森《文明社会史论》中。弗格森忧虑的语调会令读者产生一种幻觉:与现代商业文明相比,他更推崇古典时代。然而,结合弗格森晚年出版的《道德与政治科学原理》,读者会发现弗格森积极肯定了人的各种技能,即使商业技艺可能会削弱其他技艺,但他仍然赞同商业社会的积极影响。任何社会都有弊病,文明社会也不例外。弗格森在诊断文明社会弊病的同时也开出了他的理想药方。本书第六章对以上内容进行了比较详细的论证。

以上四章构成本书第二编彼此独立但也存在某些内在关联的内容：实际上，休谟、斯密对弗格森、米勒的思想形成的或直接或间接的影响，可能都体现在他们的文本之中。比如，米勒强调效用在政府权威形成过程中的作用，这种主张休谟和斯密都曾提出；而弗格森对商业技艺作为社会沟通方式的论断，也不是他的原创观点。显然，他们会共享某些观点，但他们也有各自思想兴趣的侧重。

苏格兰人还将各门具体科学纳入历史研究的领域。第七章以斯密为例来谈论"历史学的疆域"。在阐释天文学这门自然科学的历史时，斯密认为想象推动了天文学史上的重大观念变革，而想象是"推测史"的重要因素。在评论18世纪的传统史学时，斯密重新阐释了史学的功能和写作原则。斯密没有写出一部完整的历史，而是将"推测史"运用到他对政治经济学原理和天文学史革命的阐释中，拓宽了人们认识社会科学和自然科学的视野。然而，在现代社会科学的分野下，苏格兰人所拓展的历史学疆域逐渐收缩了。将第七章的主题单独列为本书第三编，是希望今天的读者意识到18世纪苏格兰人曾经在历史学领域的拓展中获得的科学认识。

最后的结语讨论苏格兰启蒙思想家蕴含在"推测史"编纂中的政治话语。在苏格兰的历史书写中，霍布斯、洛克、卢梭等的"自然状态"学说、契约论以及英雄主义的历史阐释都被抛弃了。他们将历史看成一个连续的阶段，否定英雄人物在传统历史叙述中被赋予的那种重要作用；他们认为每个个体的行动共同构成了人类历史，希望人能够在追求自己利益的同时也带来良好的社会秩序,也深知"自利"的人构成的"商业社会"存在道德败坏的弊病,并试图寻找治疗的手段。笔者以为,他们尝试以历史为依托,在历史中反思,针对商业社会弊病的诊治提出了一些方案,不过,对于此后迅猛发展的不列颠社会和世界历史,他们恐怕很难、也不可能预料到。

鉴于笔者才疏学浅,本书明显的缺憾是对正统意义上的历史著作缺乏梳理和分析,尤其是未对休谟和罗伯逊这两位重要的苏格兰历史学家的历史著作进行详细的探讨和阐发,因而,笔者将《〈苏格兰史〉与威廉·罗伯逊的"温和派"历史观》作为附录,聊以补缺。

第一编

第一章 "推测史"

推测史不仅是苏格兰启蒙史学写作中最重要的一个特征,也是18世纪欧洲启蒙运动中兴起的历史哲学的一种表现。此概念最早的说法出自1797年杜格尔德·斯图尔特的《亚当·斯密的生平和著作》,他在分析斯密"论语言的最初形式"运用的方法时提出了这个术语。[①] 在这几段文字中,他不仅思考了语言的起源,还扩展到科学、艺术、政府等的起源,并认为,"上述的大部分问题,几乎不能从历史中期望获得什么信息;因为在人们开始想起记录他们事务的这个社会阶段很久之前,人类发展中很多最为重要的步骤都已经完成",而若要追溯源头,"在缺乏直接证据的情况下,我们必须靠推测来填补事实的空白;当我们无法确定人类在特定环境下如何真正引导自己的行为时,我们只能根据

---

① 杜格尔德·斯图尔特(Dugald Stewart,1753—1828)对"苏格兰学派""自然史或推测史"方法的分析,在其另一部著作中更为清晰,参见 Dugald Stewart, *Dissertation: Exhibiting the Progress of Metaphysical, Ethical, and Political Philosophy, since the Revival of Letters in Europe*。转引自 Silvia Sebastiani, *The Scottish Enlightenment: Race, Gender, and the Limits of Progress*, translated by Jeremy Carden, Palgrave Macmillan, 2013, p.1, p.173,注释1。

他们本性的原理及其外在环境的状况来思考他们可能以何种方式采取行动"。① 这种方法被斯图尔特称为"理论史（theoretical history）或推测史"，他认为这种说法非常接近休谟使用的"自然史"，或法国作家所说的"理性史"。② 这段评论便成为斯图尔特关于"推测史"或"理论史"的经典之语，它陈述了推测史形成的原因和方法特征，在后来的研究中被引用频率很高。

目前，英语学界对推测史的研究可根据研究对象分为两类：一类是限于苏格兰启蒙运动，将18世纪苏格兰人叙述社会、政府、科学、艺术乃至语言等这些主题的源起和发展时的历史称为推测史。苏格兰启蒙研究者们喜欢借助推测史的框架来分析苏格兰人提出的阶段论、比较人类学，以及人的社会性等问题。③ 另一类扩大到整个启蒙时代，将

---

① Dugald Stewart, *Account of the Life and Writings of Adam Smith*, LL. D., see The Glasgow Edition of the Works and Correspondence of Adam Smith (vol. 3): *Essays on Philosophical Subjects with Dugald Stewart's Account of Adam Smith*（以下缩写为 EPS）, Oxford University Press, 1980, pp. 292-293.
② Ibid., p. 293.
③ 比如 Gladys Bryson, *Man and Society: The Scottish Inquiry of the Eighteenth Century*, Princeton University Press, 1945; Silvia Sebastiani, *The Scottish Enlightenment: Race, Gender and the Limits of Progress*, translated by Jeremy Carden, Palgrave Macmillan, 2013; Christopher J. Berry, *Social Theory of the Scottish Enlightenment*, Edinburgh University Press, 1997; *The Idea of Commercial Society in the Scottish Enlightenment*, Edinburgh University Press, 2013; etc。

第一章 "推测史"

曼德维尔①、维柯、卢梭、孔多塞、康德、赫尔德等所描述的人类进程都称为推测史。按照斯图尔特的定义,这些思想家也的确写过篇幅长短不一的推测史。美国学者弗兰克·帕默里的研究正是基于此认识的,他致力于研究推测史对19世纪以来的社会科学的影响。在《自然状态、社会阶段:启蒙推测史与现代社会话语》一书中,帕默里指出,因为大多数熟悉的推测史由苏格兰人所写,而且斯图尔特最早命名了斯密的题材,因此,这类题材逐渐与苏格兰启蒙运动密切关联起来;法国和德国启蒙思想家没有提出苏格兰人那样的"三阶段论"或"四阶段论",但他们也以不同的方式展现了推测史。② 他进一步指出,这些推测史对19世纪以来的社会科学产生了深远影响:比如,马尔萨斯的人口论、达尔文的人类学、摩尔根的民族志、涂尔干的社会学和宗教哲学等,都曾受推测史的启发。他还在其他论文中指出欧陆启蒙时期的推测史在阐释宗教、语言、政治组织形式等的发展史方面与现代社会学有异曲同工之处。③ 帕默里显然熟

---

① 伯纳德·曼德维尔的推测史,体现在《蜜蜂的寓言》的"第二部分",可参阅:Frank Palmeri, Bernard de Mandeville and the Shaping of Conjectural History, see *Bernard de Mandeville's Tropology of Paradoxes: Morals, Politics, Economics and Therapy*, edited by Edmundo Balsemão Pires, Joaquim Braga, Springer International Publishing, 2015, pp. 15-24。
② Frank Palmeri, *State of Nature, Stages of Society: Enlightenment Conjectural History and Modern Social Discourse*, Columbia University Press, 2016, p. 5.
③ Frank Palmeri, Conjectural History and the Origins of Sociology, *Studies in Eighteenth-Century Culture*, Vol. 37, 2008, pp. 1-21, p. 2.

知苏格兰人的推测史,①在论述推测史对19世纪社会科学的影响时,他也用了较多的篇幅阐释苏格兰人的推测史,比如,斯密的《国富论》对马尔萨斯人口论的直接影响,以及《道德情感论》对达尔文进化论的间接影响。这些论述多是从社会科学的角度,而非从对历史学的影响出发的。同时,帕默里也关注维柯、曼德维尔、赫尔德等人对19世纪社会科学的影响,甚至延续到20世纪第二代社会学家的思想中。无论如何,这两种研究对推测史的内涵认识相差无几,只是前者更关注"苏格兰学派"推测史的内部研究,尤其喜欢深入到苏格兰人的具体著作之中;而后者是总体概述18世纪推测史的特征,更关注推测史对19世纪社会科学形成的影响,类似于推测史的"谱系学"。相较而言,前者偏微观,后者偏宏观。由于苏格兰启蒙运动研究的兴起,对18世纪苏格兰人所写的推测史研究日益深入,比如,塞巴斯蒂安强调凯姆斯勋爵在文明起源问题上的"多元起源说",同时也关注休谟和孟德斯鸠等关于人的自然史的论述;②亚当·弗格森的研究者则认为其《文明社会史论》应被视为自

---

① Frank Palmeri, *State of Nature, Stages of Society: Enlightenment Conjectural History and Modern Social Discourse*, Columbia University Press, 2016, pp. 41-44.
② See Silvia Sebastiani, *The Scottish Enlightenment: Race, Gender and the Limits of Progress*, translated by Jeremy Carden, Palgrave Macmillan, 2013, p. 45.

然史,而非推测史,强调自然史和推测史的区别。① 这种研究深入到苏格兰思想家的具体作品中,体现了推测史在18世纪苏格兰启蒙运动中的不同面向。

在汉语学界,因为译介的关系,"推测史"这个概念可能较为陌生。其实,康德在《历史理性批判文集》中批判赫尔德叙述人类史的方法时就已经运用了这个概念。② 柯林伍德在《历史的观念》中批评启蒙史学时批评启蒙思想家把人性科学当作推测史的依据③——对此,苏格兰启蒙运动的研究者们认为这一批评失之偏颇。④ 近年来,随着苏格兰启蒙运动以及18世纪欧洲政治思想研究著作译介工作的

---

① Annette Meyer, Ferguson's 'Appropriate Stile' in Combining History and Science: The History of Historiography Revisited, see Eugene Heath and Vincenzo Merolle (eds.), *Adam Ferguson: History, Progress and Human Nature*, Pickering & Chatto, 2008, p.141.
② 《历史理性批判文集》(何兆武译、商务印书馆,1990年)收录的《评赫德尔〈人类历史哲学的观念〉》《人类历史起源臆测》,是康德对赫尔德推测史的评论以及他本人对历史的推测。赫尔德的《人类历史哲学的观念》深受亚当·弗格森《文明社会史论》的影响。参见法尼雅·奥兹—萨尔茨伯格为《文明社会史论》(Adam Ferguson, *An Essay on the History of Civil Society*, edited by Fania Oz-Salzberger, Cambridge University Press, 1995)所写的导读,以及另一本专著:Fania Oz-Salzberger, *Translating the Enlightenment: Scottish Civic Discourse in Eighteenth-Century Germany*, Oxford University Press, 1995,第4、5、6章讨论亚当·弗格森写作《文明社会史论》的对话者,在德国的译介,以及赫尔德等18世纪德语作家对《文明社会史论》的接受状况。
③ 柯林伍德:《历史的观念》,何兆武译,商务印书馆,1997年,第二编第九节论休谟、第三编第二节论赫德尔、第五编第三节论"作为推论的历史学"都涉及对苏格兰推测史的批评。
④ Christopher J. Berry, *The Idea of Commercial Society in the Scottish Enlightenment*, Edinburgh University Press, 2013, p.35.

展开,这一概念出现的频率逐渐增加,①国内学者也开始注意到 18 世纪苏格兰人历史写作中"推测史"的一些运用。比如李勇主著的《启蒙时期苏格兰历史学派》就注意到斯密在论述社会历史演进问题时的"推测史学",并将"推测史学"概括为"赋予历史认识以理论色彩,或者对历史进行有哲学意味的研究"。② 笔者以为这一概述不太准确,"推测史""哲学式历史"与传统的历史编纂还是有较大区别的。这可能也表明中国读者对这些概念还比较模糊,对 18 世纪苏格兰人创作推测史的历史语境及其目的等问题还不太清楚。因此,本章将考察苏格兰启蒙运动中哪些历史写作才是推测史以及这类历史的特征,分析 18 世纪苏格兰人写作推测史的历史和知识语境,最后,简要讨论一下推测史对后来社会科学发展的影响及意义。

何谓"推测史"?

启蒙思想家偏爱历史,这是"启蒙时代"留给人们的一

---

① 可参见亚历山大·布罗迪主编:《剑桥指南:苏格兰启蒙运动》,贾宁译,浙江大学出版社,2010 年,《历史学》一章,第 244-265 页;努德·哈孔森:《立法者的科学:大卫·休谟和亚当·斯密的自然法理学》,赵立岩译,浙江大学出版社,2010 年,第 44-46 页;克里斯托弗·J. 贝瑞:《苏格兰启蒙运动的社会理论》,马庆译,浙江大学出版社,2013 年,第 69-79 页;彼得·盖伊:《启蒙时代:现代异教精神的兴起》,刘北成译,上海人民出版社,2015 年,第 31-32 页;马克·戈尔迪、罗伯特·沃克勒主编:《剑桥十八世纪政治思想史》,第八章《自然主义、人类学与文化》,刘北成等译,商务印书馆,2017 年,第 211-238 页。
② 李勇:《启蒙时期苏格兰历史学派》,上海三联书店,2017 年,第 39 页。

个印象。① 苏格兰启蒙运动中,醉心于写史的思想家为数不少:大卫·休谟(David Hume,1711—1776)、亚当·弗格森(Adam Ferguson,1723—1816)、凯姆斯勋爵(Lord Kames,1696—1782)、约翰·米勒(John Millar,1735—1801)、威廉·罗伯逊(William Robertson,1721—1793)、詹姆斯·邓巴(James Dunbar,1742—1798)、吉尔伯特·斯图尔特(Gilbert Stuart,1743—1786)、约翰·洛根(John Logan,1748—1788)②等都曾写过在当时销量很好且颇有影响的历史著作,连亚当·斯密(Adam Smith,1723—1790)也曾有撰写一部希腊和罗马史的雄心。③ 他们写出的历史包罗万象,除了重要王朝的历史,还包括语言的起源,以及自然科学如天文学、物理学等的历史。当这群苏格兰人撰写"从野蛮到文明"这样的历史时,他们清楚地知道自己正在开创一个不同于传统史学的"新领域"。这一点,被他们的同胞、稍晚一些的约翰·洛根一语道破:"自16世

---

① 彼得·盖伊:《启蒙时代:现代异教精神的兴起》,刘北成译,上海人民出版社,2015年,第31页。
② 后三位在苏格兰启蒙运动中可能声名不如前面几位。他们出生于18世纪40年代,时间上稍晚,但也贡献了不少历史著作。理查德·谢尔(Richard B. Sher,《苏格兰启蒙运动中的大学与教会》一书的作者)曾主编一套"苏格兰的思想与文化(1750—1800)"丛书,丛书主题之一"推测史与人类学"中收录了詹姆斯·邓巴(*Essays on the History of Mankind in Rude and Cultivated Ages*, Thoemmes Press,1995)、吉尔伯特·斯图尔特(*A View of Society in Europe in its Progress from Rudeness to Refinement*, Thoemmes Press, 1995)、约翰·洛根(*Elements of the Philosophy of History. Part First*, Thoemmes Press, 1995)等历史著作。
③ 杜格尔特·斯图尔特:《亚当·斯密的生平和著作》,蒋自强译,商务印书馆,1983年,第31页。

纪初期……历史尤其在公众视野中展现出更为丰富的内容……我们注意到人类经历了从野蛮到文雅的历程。现在,一个古人几乎不知的哲学领域打开了,这就是人作为政治动物的理论,以及文明社会的历史。"[1]这样的历史就是我们所说的"推测史"。虽然整个欧陆启蒙运动都产生过推测史,但苏格兰人的意识却是明确的:他们"至少使历史摆脱了基督教学者的偏狭视野,摆脱了神学的先验设定,把因果观念变得世俗化了,为历史研究开辟了新的广阔天地"[2]。苏格兰人写就了一部全新的历史,是一部走向文明社会的历史,这部历史不同于过去的编年史、帝王将相史,更不同于基督教史学。

当然,这并不是说他们所写的历史著作全都是洛根所说的"新史学"。苏格兰人仍然撰写一些传统意义上的叙述史,比如亚当·弗格森的《罗马共和国的发展与终结》,休谟的《英格兰史》,罗伯逊的《查理五世皇帝统治史》,米勒的《英国政府历史观》,等等,这些史著夹杂着浓烈的哲学色彩,也可称之为哲学式的历史;另外一些,如弗格森的《文明社会史论》,休谟的《宗教的自然史》及其《论艺术和科学的兴起和发展》等几篇文章,斯密的《论语言的最初形式》和《天文学史》,凯姆斯勋爵的《人类史纲》,米勒的《等级差序的起源》,邓巴的《论野蛮和开化时代的人类史》(1781 年出

---

[1] John Logan, *Elements of the Philosophy of History. Part First*, with a new Introduction by Richard B. Sher, Thoemmes Press, 1995, p. 4.
[2] 彼得·盖伊:《启蒙时代:现代异教精神的兴起》,刘北成译,上海人民出版社,2015 年,第 34 页。

版),吉尔伯特·斯图尔特的《论欧洲社会自粗俗到文雅的进程》(1779年出版),约翰·洛根的《历史哲学原理(第一部)》(1781年出版),蒙博杜(Lord Monboddo,1714—1799)的六卷本《论语言的起源和发展》(1773—1792年出版),等等,则属于推测史。还有一些著作,不能单纯地被归入其中哪一类,比如《国富论》第三卷第一章是推测史,后三章则是经济史;罗伯逊的《美洲史》,讲述人类航海史以及美洲印第安人的那部分是推测史,其后叙述哥伦布发现新大陆以来的历史则是叙述史。与概念问题相关联的还有另一个术语,即"哲学式的历史"(philosophical history),这也是经常令人困扰的问题。对此,马克·萨尔博·菲利普斯的做法是,以"哲学式的历史"指代"18世纪比较系统地讨论社会的历史编纂",而以推测史指代"从根本上打破古典传统,又具有连贯叙事的一小部分作品"。这样,休谟的《英格兰史》就是哲学式的历史,而《宗教的自然史》就是推测史。[1]

关于推测史与叙述史的区别,欧福尔曾指出,这一区别并不是说推测史"尝试构建清晰易懂的事件顺序、尝试为这些顺序找到证据,或在于解释不断进步的变化(两者在这些方面没有差异)",两者的区别"仅仅在于推测史叙述的顺序被认为是典型的,而叙述的、记录性的历史顺序是独特的、

---

[1] Mark Salber Phillips, *Society and Sentiment: Genres of Historical Writing in Britain, 1740—1820*, Princeton University Press, 2000, p. 171.

具体的"。① 这种"典型的"顺序在阶段论中更加明显,尤其是四阶段论。欧福尔在这里以韦伯的"理想的"来解释该词,这种说法得到克里斯托弗·贝里的附和,后者以韦伯的"理想类型"描述四阶段论中"商业社会"的特征。② 笔者以为,这一比拟是较为妥帖的。

欧福尔认为苏格兰人的推测史提出了三大问题:第一,如何理解人的"最初"状况?什么才是支持或反对这种状况的确凿证据?第二,从人类的最初状态过渡到最终状态,哪些"'自然'原因(natural causes)"在起作用?第三,推测史是怎样的一种历史?③ 18世纪苏格兰人明确将人类的"野蛮"或"未开化"状态与霍布斯等所预设的"自然状态"区分开来。面对17世纪以来关于人类社会"最初状态"的争论,苏格兰人试图努力回到真实的"历史"而不是虚拟的"假设"之中。此外,欧福尔还指出,推测史展现了人类从野蛮到文明的机械主义或者说因果链条,但苏格兰人的推测史中的阶段论,与后来的历史唯物主义有着严格的区别,"苏格兰人对人类行为决定因素的看法中,没有位置留给'意识形态'(或上层建筑)的因素与'经济'(或'物质')的因素,也没

---

① H. M. Höpfl, From Savage to Scotsman: Conjectural History in the Scottish Enlightenment, *Journal of British Studies*, Vol. 17, No. 2(Spring, 1978), pp. 19-40, p. 23.

② Christopher J. Berry, *The Idea of Commercial Society in the Scottish Enlightenment*, Edinburgh University Press, 2013, p. 49.

③ H. M. Höpfl, From Savage to Scotsman: Conjectural History in the Scottish Enlightenment, *Journal of British Studies*, Vol. 17, No. 2(Spring, 1978), pp. 19-40, p. 23.

有这个需要"①。欧福尔在 1978 年提出这一观点,应该是对罗纳德·米克此前观点的回应。1976 年,米克在《社会科学和卑微的野蛮人》一书中将苏格兰人的四阶段论作为马克思唯物主义史观的理论先驱,经济基础与上层建筑之间的关系也在四阶段论中奠定。② 米克此论一出,即有反驳之声,而且这种批判一直持续到当下。爱默生在 1984 年的论文③、哈孔森在 1989 年的论著④中均否定这种关联性。2013 年,塞巴斯蒂安在其书中提到"阶段与推测"时直接说,推测史的标签"被米克追溯马克思唯物主义思想的系列研究误导了"⑤。这些苏格兰启蒙运动的研究者认为,阶段论与唯物史观有着根本区别,有些作家在其历史著作中对经济与政治因果关联的论述则可能与唯物史观恰恰相反:政治为因,经济为果。⑥

应该说,欧福尔 1978 年发表的这些观点大致概括了推

---

① *Ibid.*, p. 35.
② See Ronald Meek, *Social Science and the Ignoble Savage*, Cambridge University Press, 1976.
③ Roger L. Emerson, Conjectural History and Scottish Philosophers, *Historical Papers/Communications Historiques*, Vol. 19, no. 1, 1984, pp. 63-90.
④ Knud Haakonssen, *The Science of a Legislator: The Natural Jurisprudence of David Hume and Adam Smith*, Cambridge University Press, 1989, pp. 184-185, p. 188.
⑤ Silvia Sebastiani, *The Scottish Enlightenment: Race, Gender, and the Limits of Progress*, translated by Jeremy Carden, Palgrave Macmillan, 2013, p. 7.
⑥ Craig Smith, *Adam Ferguson and the Idea of the Civil Society: Moral Science in the Scottish Enlightenment*, Edinburgh University Press, 2019, p. 154.

测史的一些特征：首先，推测史从事物的起源开始。① 苏格兰人不仅研究"社会"②的起源，还研究语言、政府、艺术、科学等其他事物的起源。如斯图尔特所言，这些追溯起源的研究，很难从历史中获得更多信息，因为在记录历史之前，很多重要步骤已经完成了。因此，研究"源头"时需要"推测"。其次，推测史研究"自然进程"（natural progress），无论是经济、政治还是宗教的自然进程。《国富论》第三卷第一章"丰裕的自然进程"③这一标题鲜明地反映了这一特征。再次，推测史追寻因果关联，这一点是非常重要的。这种"理性的"历史与那些搜集古代文物、纹章的历史或归因于"机运"（chance）的历史全然不同，④也因此，那些归功于"大人物"或"立法者"的历史在这里就被重写了。这些特征在1984年罗杰·爱默生所给的定义中体现出来。爱默生在《推测史与苏格兰哲学家》一文中写道："在本文中，推测史是指不以文献记录、文献复本为基础的制度、信仰或同时

---

① 'Conjectural histories begin at the beginning.' See H. M. Höpfl, From Savage to Scotsman: Conjectural History in the Scottish Enlightenment, *Journal of British Studies*, Vol.17, No.2(Spring, 1978), pp.19-40, p.24.

② 克里斯托弗·贝里指出，"人们生活在一个井然有序的共同体中（*OED*），这种空间意义上的'社会'在18世纪中期以前很少见到。法国的情形也是一样"。See Christopher J. Berry, *The Idea of Commercial Society in the Scottish Enlightenment*, Edinburgh University Press, 2013, p.210.

③ Adam Smith, *An Inquiry into the Nature and Causes of the Wealth of Nations* （以下缩写为 *WN*），edited by R. H. Campbell and A. S. Skinner, Oxford University Press, 1976, p.376.

④ Christopher J. Berry, *The Idea of Commercial Society in the Scottish Enlightenment*, Edinburgh University Press, 2013, p.35.

代(或被认为是同时代的)其他人造事物(artifacts)的起源和发展,是对这些研究主题的任何推理的或自然主义的论述。"①这可能不是关于推测史最严格的定义,但基本描述了推测史的对象和方法。2016年,帕默里对推测史的概述则精简一些。他说:"推测叙述对早期社会形式采取一种思辨的、自然主义的、非契约的阐释,常分为几个阶段,呈现人类行为无意图的结果。"②综合这些研究者的说法,我们可以得出这样的结论,即推测史并不只是对源头的推测,它描述一个漫长的过程,摆脱了17世纪哲学家们的理论"假设"和基督教史学的神学色彩,并试图描述历史演进中的规律。如果说有一个"苏格兰历史学派"③的话,那么,推测史可以说是这个"学派"最重要的特征。

---

① Roger L. Emerson, Conjectural History and Scottish Philosophers, see *Historical Papers/ Communications Historiques*, Vol. 19, no. 1, 1984, pp. 63-90, p. 65。爱默生特意解释了"发展"(development)一词的意思,他认为,18世纪的苏格兰人将"development"与"progress"视为同义词,"对他们而言,进程常常不是指必然更好,而只是指一种变化"。
② Frank Palmeri, *State of Nature, Stages of Society: Enlightenment Conjectural History and Modern Social Discourse*, Columbia University Press, 2016, p. 35.
③ 李勇:《启蒙时期苏格兰历史学派》,上海三联书店,2017年,第2页。《启蒙时期苏格兰历史学派》一书因循 J. W. 汤普森《历史著作史》的说法,将18世纪苏格兰历史作家笼统地称为"苏格兰历史学派",这一点虽并无大碍,但这一术语可能更多会让人想起"德国历史学派"这样的概念。实际上,"苏格兰历史学派"指涉的那群历史学家似乎在推测史上才像一个"学派"。

"推测史"的历史语境

那么,苏格兰人是怎样写推测史的呢?哪些历史素材促成了他们撰写推测史?换言之,苏格兰人写作推测史的历史语境是怎样的呢?应该说,苏格兰的社会转变构成了他们最重要的时代背景。回顾一下过去,18世纪的苏格兰人面临的现实问题的确有点特殊。因为,1707年,苏格兰和英格兰结为联盟,①这在政治和经济上都给苏格兰带来很大的变化。政治上,尽管苏格兰人对"大不列颠"这样的"帝国"与英格兰人有不同的看法,但毕竟,他们就生活在帝国之中,他们认同"不列颠"却刻意强调自己是"北不列颠人",那隐藏在苏格兰口音下的自尊心时常冒出,追赶英格兰的决心毫不含糊。但联盟后的经济收益直到18世纪中期以后才逐渐显露出来,②这些好处让出生于18世纪头20年的苏格兰人切身感受到:一个不同于过往的时代——"商业社会"③——即将来临。休谟、斯密、弗格森等这群苏格

---

① 关于1707年苏格兰和英格兰联盟及其影响的记载以及相关的评价很多,参见 Alexander Broadie, *The Scottish Enlightenment: The Historical Age of the Historical Nation*, Berlinn Limited, 2001, p.64。
② Christopher J. Berry, *The Idea of Commercial Society in the Scottish Enlightenment*, Edinburgh University Press, 2013, pp.2-3。
③ Adam Smith, *WN*, p.37.

兰哲学家恰好站在这个转变的时代。宗教氛围变得相对温和，①允许苏格兰人对社会变迁或人类取得的各种成就进行理性的——非宗教意义上的——思考。在这个转型时代，他们不仅思考具体的政治事件，还思考整个人类历史的发展，并希望在历史中理解政治制度、科学艺术的由来和发展。

除此之外，苏格兰人所能读到的各种书籍、学校（主要是大学）提供的知识训练，对于推测史的形成也有很大的影响。18世纪的苏格兰人能读到哪些历史类书籍呢？爱默生认为有四类：圣经及其评注、古典著作、近代哲学著作和游记。② 圣经及其评注是一类非常特殊的材料，它与苏格兰哲学家的宗教信仰或宗教认识直接相关，同时也与他们的历史认识联系密切。爱默生认为，苏格兰人推测出的四阶段史（采集—狩猎、游牧、农耕、商业）与圣经描述的历史阶段有某种吻合：亚当、夏娃是最初的采集者，当他们穿起衣服围起园子时，要么耕地要么放牧，就像该隐和亚伯；渐渐地，人们成为商人和城市缔造者；诺亚和他的曾曾曾曾孙图巴·该隐分别是造船者和青铜铸造者，最初的泥瓦匠诞生在巴别塔所在地希纳尔；大洪水过后，人类分散为不同的

---

① 18世纪苏格兰社会总体（包括宗教）的变化，概括性描述可参见 Christopher J. Berry, *Social Theory of the Scottish Enlightenment*, Edinburgh University Press, 1997, p.14. 中译本《苏格兰启蒙运动的社会理论》，马庆译，浙江大学出版社，2013年，第16页。

② See Roger L. Emerson, Conjectural History and Scottish Philosophers, *Historical Papers / Communications Historiques*, Vol.19, no.1, 1984, pp.63-90, p.63.

部落,统治权在此时形成。① 有一些学者会在苏格兰人的著作中考证圣经的痕迹,就像克罗伊德(E. L. Cloyd)在分析蒙博杜的语言学著作时所做的那样。② 但我们也知道,圣经史学在启蒙时代面临着严重危机:"启蒙哲人既不把它当作启示真理,也不当作真正的历史,而是当作一份罪证。"③尽管18世纪苏格兰人不像法国启蒙哲人那样嘲讽宗教,但他们的态度也是足够谨慎的。他们并不是唯物主义者,或者彻底的自然神论者。他们在自己的著作中小心

---

① Roger L. Emerson, Conjectural History and Scottish Philosophers, *Historical Papers/ Communications Historiques*, Vol. 19, no. 1, 1984, pp. 66-67. 西方学者在研究18世纪苏格兰启蒙思想时,圣经的影响不可不提。比如,詹姆斯·赫顿(James Hutton, 1726—1797)的《地球理论》(*The Theory of Earth*)以试验验证地球形成的阶段,并将地球地质的形成时期与圣经上记载的大洪水时期进行比照。可参见:Dennis R. Dean, James Hutton on Religion and Geology: The Unpublished preface to his *Theory of Earth* (1788), *Annals of Science*, Vol. 32, No. 3, May 1975, pp. 187—193. 该文主张赫顿的地质学完美表达了他所信仰的神学信条。不过对于地质形成与圣经记载的吻合程度,赫顿的真实想法究竟是批评圣经,还是为了免于教会苛责而辩解说是为了印证圣经,这些问题值得进一步思考。

② Roger L. Emerson, Conjectural History and Scottish Philosophers, *Historical Papers/ Communications Historiques*, Vol. 19, no. 1, 1984, pp. 63-90, p. 67. 克罗伊德(E. L. Cloyd)是《詹姆斯·博纳特:蒙博杜勋爵》(*James Burnett, Lord Monboddo*, The Clarendon Press, 1972)一书的作者。

③ 彼得·盖伊:《启蒙时代:现代异教精神的兴起》,刘北成译,上海人民出版社,2015年,第80-81页。

地隐藏起宗教态度,偶尔也会泄露圣经在他们头脑中的影响。① 像休谟这样的思想家,他在《宗教的自然史》中激烈贬斥基督教的愚蠢。因此,笔者以为,圣经及其评注这些素材对苏格兰人的影响是双面的:相信与质疑并存。他们可能信仰宗教,但又隐隐质疑"上帝造人说"。总体上,圣经对他们的影响并不明显。他们也不回答"人类的由来"这一问题。这份颠覆性的工作留给了19世纪的达尔文。

克里斯托弗·贝里也没有将宗教因素作为苏格兰人历史思考的语境,他认为苏格兰人面临的三类世界是他们收集历史资料的来源:当时苏格兰和欧洲的"开化"世界,当时美洲、亚洲和波利尼西亚的"野蛮"世界,古代作家描述的世界。② 这三个世界对应的便是爱默生所说的其他三类著作。古典著作不单单指历史著作,哲学著作也是重要的来源,它们向苏格兰人描述了古代人生活的世界及其历史观。卢克莱修的《物性论》和西西里的狄奥多罗斯的《历史丛书》

---

① Silvia Sebasitiani, Conjectural History vs. the Bible: Eighteenth-Century Scottish Historians and the Idea of History in the *Encyclopaedia Britannica*, *Lumen: Selected Proceedings from the Canadian Society for Eighteenth-Century Studies / Lumen: travaux choisis de la Société canadienne d'étude du dix-huitième siècle*, vol. 21, 2002, pp. 213-231, p. 224. 该文考察了18世纪爱丁堡出版的《不列颠百科全书》中的词条,尤其是 savage、society、religion 等词,这些词条都驳斥以下观点:最初的人是"地位最低的野蛮人"。这种批驳与编撰者对亚当、夏娃地位的尊崇有关。

② 克里斯托弗·J.贝瑞:《苏格兰启蒙运动的社会理论》,马庆译,浙江大学出版社,2013年,第69页。Christopher Berry 通常翻译为克里斯托弗·贝里,也有译者翻译成克里斯托弗·贝瑞。以下正文中均写为"贝里",引用相关译著则遵循原有译法。

都是苏格兰人历史观的来源。《物性论》第五卷勾勒了人类从野蛮到优雅的过程(这个轮廓对于那些喜欢将宗教信仰和焦虑、恐惧激情联系起来的人特别有吸引力);卢克莱修历史中的人类经历了不同的经济阶段,先是采集狩猎,然后发展到游牧和农耕;第五卷结尾段中技艺的完善给人们带来开阔视野;爱默生认为这些内容在亚当·弗格森那里都能看到。① 除了古代人的著作,自文艺复兴以来的近代著作,同样也影响着苏格兰人的世界观,比如牛顿在方法论上的影响,这一点毋庸置疑。

  18世纪中期,苏格兰人对欧洲之外世界的认识主要源于一些游记。尽管像休谟、斯密这样的苏格兰思想家从未远行到美洲或亚洲,但当时众多旅行作家留下的材料为他们打开了另一个世界的窗口。我们在《文明社会史论》中看到,亚当·弗格森在讨论财产权的形成时使用了拉菲托和夏勒瓦关于北美土著人的游记。② 米勒的《等级差序的起源》也大量使用了普莱沃神父(Abbé Prevost,1697—1763)的《通史》,而这本书只是一部大部头的旅游报道。③ 尽管

---

① Roger L. Emerson, Conjectural History and Scottish Philosophers, *Historical Papers / Communications Historiques*, Vol. 19, no. 1, 1984, pp. 63-90, pp. 69-70.
② Adam Ferguson, *An Essay on the History of Civil Society*(以下缩写为 ECS,仅表示这一版本), edited by Fania Oz-Salzberger, Cambridge University Press, 1995, pp. 83-85.
③ John Millar, *The Origin of the Distinction of Ranks*(以下缩写为 OR), edited and with an Introduction by Aaron Garrett, Liberty Fund, 2006, Aaron Garrett, Introduction, p. 18.

第一章 "推测史"

这些作品存在猎奇的成分,①却为苏格兰人推测远古时代的人类生活提供了素材,成为他们"人的科学"的史料。当然,苏格兰人并不盲信他们接触到的那些游记资料,尤其是关于北美印第安人智力和道德的论述,那些赞美他们美德或放大他们缺点的说法,都是"不靠谱的"。② 而当苏格兰人比较欧洲世界与欧洲以外的世界时,"开化"和"野蛮"这样的评价便随之而来。这样的措辞其实已经包含了某种"进步"意识。这种进步意识,在爱默生看来与当时的古今之争也有关系。所谓古今之争,争论的是人类取得的进步、③这种进步的不可避免性,以及进步的各种原因。④ 当然,这一措辞也反映了18世纪苏格兰人对他们所处的那个时代的自信。苏格兰人的这一信心和评价为后来19世纪的种族主义等学说埋下了伏笔,尽管他们当时可能并没有意识到这一点。

就史学编纂本身来说,都铎和斯图亚特王朝编写的那些政治人物传记不再是18世纪苏格兰人唯一的兴趣。而在那个时代,历史学也走进了苏格兰的大学课堂。自17世纪80年代到18世纪初期,苏格兰大学的教席就已经涉及

---

① 安东尼·帕戈登:《启蒙运动为什么依然重要》,王丽慧等译,孙小淳校,上海交通大学出版社,2017年,第246页。
② Christopher J. Berry, *Social Theory of the Scottish Enlightenment*, Edinburgh University Press, 1997, p. 62.
③ "progress"一词,笔者以为其实也可以理解为"变化",18世纪启蒙哲学家在评价社会变化时用了这个术语,反映了他们一定的认同感。
④ Roger L. Emerson, Conjectural History and Scottish Philosophers, *Historical Papers/Communications Historiques*, Vol. 19, no. 1, 1984, pp. 63-90, p. 73.

历史学了。这门课程"不仅仅由牧师、还可以让博学的绅士"来讲授。这就意味着苏格兰的历史教学不仅有宗教史,还包括世俗史。尽管历史学是在修辞学的总目之下——斯密就是这么做的,[①]但这也促使苏格兰人将历史作为一个独立分支来思考其性质和意义。当时苏格兰大学的历史教学可分为四类:宗教史、世俗史、希腊罗马史,以及不同学科的兴起和发展的推测史。[②] 这意味着,在此熏陶下成长起来的苏格兰启蒙思想家,可能会在他们的讲课和写作中延续这些传统的主题,同时也会对传统做一些革新。这种革新或许是因为:新大陆所带来的地理观念的巨变和哥白尼以来的宇宙观念的巨变,对18世纪的苏格兰人产生了强烈的冲击,促使他们重新思考人类及其历史。可以说,在18世纪,传统史学的题材对于苏格兰人理解社会转型时期面临的政治问题已然不太够用。18世纪之前一两百年的历史学家们关注的焦点还是大人物、大事件的历史,像沃尔特·雷利(1552?—1618)的《世界史》,看似恢复了世界编年史,却是"忠实地按照《旧约》的年代编排"[③],这与18世纪苏格兰人的历史趣味大相径庭。他们会写传统史,但也需要一种新的历史,在这种历史中阐发他们对人性、社会、法

[①] See Adam Smith, *Lectures on Rhetoric and Belles Lettres*(以下缩写为 *LRBJ*), edited by J. C. Bryce, Oxford University Press, 1985.
[②] Roger L. Emerson, Conjectural History and Scottish Philosophers, *Historical Papers/ Communications Historiques*, Vol. 19, no. 1, 1984, pp. 63-90, p. 75.
[③] J. W. 汤普森:《历史著作史》,上卷,《从上古时代至十七世纪末叶》,谢德风译,商务印书馆,1988年,第880页。

律等问题的理解。当苏格兰人探讨这些问题的本质时，历史就不仅仅是事实的堆积，它需要将一致性和偶然性结合起来。于是，我们看到，凯姆斯的《人类史纲》第一卷描述的，是"作为整体的人的历史，而非具体国家或城市的历史"①。换言之，凯姆斯编纂的是一部"人的自然史"。除此之外，社会的自然史也是他们的主题。

总的说来，现实社会的巨变与书本知识的影响促使18世纪苏格兰人创作出不同主题的推测史，让他们在"历时维度"中思考人类发展的过程，思考人的本质和处于社会之中的人的言行，以及随之而来的各种复杂的宗教、政治和文化等主题。

"推测史"对社会科学的影响

历史学家们在书写传统史学史时对苏格兰人的推测史几无着墨。通常，休谟、罗伯逊和吉本被视为18世纪英国伟大的历史学家，他们与伏尔泰一起成为18世纪历史学家群体的代表。1926年，J. B. 布莱克在《历史的技艺：关于18世纪四位伟大历史学家的研究》中列举的正是这四位历史学家，他想考察的是18世纪"文学—哲学流派"与当今历史

---

① Lord Kames, *Sketches of The History of Man*（以下缩写为 *SHM*）, edited and with an Introduction by James A. Harris, Book I, James A. Harris, *Introduction*, p. XI.

学家之间理念上的差异,①故而选取这四位,其他历史学家则未提及。1941年,汤普森收录更广的《历史著作史》虽然提到了弗格森的历史创作,但对《文明社会史论》只用了半句话,之后介绍的是《罗马共和国的发展和终结》。② 1964年,黑尔编辑的《英国史学的演进:从培根到纳米尔》,提到18世纪的历史学家时同样只有休谟、罗伯逊和吉本。③ 而凯姆斯勋爵、约翰·洛根等人的历史著作在史学史中完全消失了。

不过,在史学理论、观念史以及历史社会学等交叉的学科中,苏格兰人的推测史是非常重要的一笔。1941年,弗里德里希·塔格特在《史学理论与史学进步》一书中指出苏格兰人为"人的研究严格而科学的方法打下了基础"④。这一评论其实从另一方面反映出推测史在史学领域的影响是有限的,其影响在更广阔的社会科学中。事实上,18世纪苏格兰人的推测史或自然史,恰是关于人和社会的历史的思考,这种思考有时会将"自然人的历史"(history of natural man)与"社会人的自然史"(natural history of man

---

① J. B. Black, *The Art of History*: *A Study of Four Great Historians of the Eighteenth Century*, Methuen & Co. LTD, 1926, p. Ⅶ.
② J. W. 汤普森:《历史著作史》,下卷,《十八及十九世纪》,孙秉莹、谢德风译,商务印书馆,1996年,第100页。此处翻译错误,弗格森的《文明社会史论》被错译为《漫谈民间团体史》。
③ See J. R. Hale (ed.), *The Evolution of British Historiography*: *From Bacon to Namier*, The World Publishing Company, 1964.
④ Frederick. J. Teggart, *Theory and Progresses of History*, University of California Press, 1941, p. 92.

in society)①糅合在一起。凯姆斯的《人类史纲》就是这样：其第一卷从气候、地理等自然条件讨论种族的起源，②第二卷则讨论社会、政府等的起源，这种杂糅的论著对19世纪社会科学的影响是不同的。当苏格兰人将"自然人的历史"或者说"作为一个物种的人的历史"作为研究对象时，他们的影响主要体现在19世纪以来的人类学。这一点得到帕默里的认可：他分析了启蒙推测史对于早期人类学讨论初民社会、原始文化以及达尔文论述人类史前史等主题时③的广泛影响。而当苏格兰人将"社会人的历史"作为研究对象时，他们的影响主要体现在解释上的整体主义方法和历史社会学④这两个方面。因此，苏格兰人推测史对社会科学的影响，可以从以上两种研究对象做一简要分析。

首先，苏格兰人对"自然人的历史"的论述至少对后来的思想产生了两种影响：一种是进步论以及种族论的兴起，一种是人类学和史前史研究的形成。进步论的兴起，与苏格兰人的参照系有关。18世纪苏格兰人在论述人性和民族性时，参照的显然是欧洲社会的历史与美洲的初民社会。

---

① Silvia Sebastiani, *The Scottish Enlightenment : Race, Gender and the Limits of Progress*, translated by Jeremy Carden, Palgrave Macmillan, 2013, p. 7.
② Lord Kames, *SHM*, Book I, p. 13. 凯姆斯使用的是"races"这个词语。
③ 据帕默里的考证，达尔文的书单中有斯图尔特所写的斯密传记，但他没有认真阅读，他仔细阅读的是斯密的《道德情感论》和凯姆斯的《人类史纲》，说明他可能把推测史当作了模板。See Frank Palmeri, *State of Nature, Stages of Society : Enlightenment Conjectural History and Modern Social Discourse*, Columbia University Press, 2016, p. 331, 注释22。
④ 努德・哈孔森：《自然法与道德哲学：从格老秀斯到苏格兰启蒙运动》，马庆、刘科译，浙江大学出版社，2010年，第1页。

两者相较之下,进步论与种族主义相携而成。进步、文雅的欧洲与落后、粗俗的其他世界,18世纪欧洲人的这种认识形成了一种原发性的"欧洲中心论"。如果说这种论调在18世纪还不算强烈的话,那么在19世纪黑格尔那里便越演越烈了。尽管我们不能把这种历史观的严重后果归咎于苏格兰人,但必须承认他们的推测史正是这些观念的源头。而且,凯姆斯、罗伯逊、休谟等在比较各国的民族性时,对北美、非洲等"历史的失败者"难以克制地表现出他们的偏见,尤其是休谟对黑人的贬损,①这些臭名昭著的评论让他们难以洗脱种族主义的嫌疑。这正是塞巴斯蒂安所认为的苏格兰启蒙史学中"进步的局限"之一。另一个"局限"是关于妇女的。虽然苏格兰人认为在他们的时代,妇女已经获得了一定的权利,休谟认为他那个时代的妇女已经获得绅士们的殷勤对待,米勒也将妇女的权利放在法学的首要位置,尽管如此,在苏格兰人的推测史中,妇女的权利仍然是有限的。所以,塞巴斯蒂安说,"苏格兰启蒙运动提出的历史视野,会马上面临女性、黑人以及普通人为自己权利辩护、书写自己历史的新挑战"。②在18世纪那个"开明的"时代,苏格兰人对性别、种族这些问题的思考值得我们进一步考察。

第二种影响关于人类史和史前史研究的。由于苏格兰人的推测史是从"起源"开始的,因此,人类的由来以及人类

---

① 大卫·休谟:《论民族性》,见《政治与经济:休谟论说文集卷一》,张正萍译,浙江大学出版社,2011年,第121页。
② Silvia Sebastiani, *The Scottish Enlightenment: Race, Gender and the Limits of Progress*, translated by Jeremy Carden, Palgrave Macmillan, 2013, p.172.

如何发展便成为后人不断探索的问题。但在基督教主导的西方历史中,"人类的由来"这样的问题实属禁忌之地。所以,19世纪达尔文的进化论才会让基督教世界感到如此危险。无论如何,这一探索已为思想革命开启了大门。与此同时,推测史也激起了人们探寻历史发展规律的热情。应该指出,历史发展的"阶段论"并不是18世纪苏格兰人的专利,启蒙时代的维柯、孔多塞、杜尔阁、赫尔德等都曾提出"阶段论",也流露出了明显的进步观。苏格兰人的不同之处,是将"商业社会"作为一个独特的阶段,并阐释了其独有的政治内涵。无论是亚当·弗格森的"三阶段论",还是斯密等人的"四阶段论",都反映出苏格兰人对过去与现在的价值判断:即便不是对商业社会的称颂,至少是肯定和认同商业社会的进步的。尤其是商业社会的好处惠及每个个体,让苏格兰人感到可贵的公民自由,这一点是他们最为看重的。尽管有些苏格兰学者如亚当·弗格森认为野蛮人身上也有美好的德行,并对社会腐败表示担忧,但他们也意识到,"社会不是腐败的基础,腐败与商业无关"[①],经济活动与腐败之间没有必然的因果关联,而且,商业社会有其自身的美德,比如诚实、守信,以及财富的相对分散和普遍的富裕,较之以往的社会,商业社会的缺陷尚能容忍。

可以说,苏格兰人的推测史是历史主义的肇始:"当18世纪历史解释的普遍特权('人的科学')和'人的历史'这一

[①] Craig Smith, *Adam Ferguson and the Idea of the Civil Society: Moral Science in the Scottish Enlightenment*, Edinburgh University Press, 2019, p.171.

题材——包括弗格森的《文明社会史论》、伏尔泰的《论各民族精神与风俗的普遍历史》、赫尔德《人类历史哲学的观念》——处于严肃的怀疑之下时,'历史主义'这一术语就在19世纪晚期被创造出来了。"① 推测史对历史主义的影响表现有两个方面:一是对唯物史观的,一是对反唯物史观的。显然,阶段论的确影响了马克思唯物主义史观,这一点直接体现在马克思的著作中。但当越来越多苏格兰启蒙运动的研究者关注到苏格兰人分析历史时对风俗、环境、习惯等"道德因"这部分也被认为在民族性的形成中有决定性的作用。这种作用被赋予一个新的术语——"柔性决定论"②。这是一种与唯物主义史观并行的历史观。在复杂的人类历史中,这种历史观仍然是值得人们思索的。

其次,当苏格兰将"社会人的历史"当作研究对象时,历史研究的疆界瞬间被扩大了。苏格兰人对"社会人的历史"研究,不仅包括对"社会"本身的研究,还包括"社会人"的各项技艺的历史,其中涵盖了政治、经济、法律、文化、科学等的发展史,进而探索了很多分支学科的历史:政府的起源、法律的由来、语言的起源、技艺与科学的兴起、人口的发展、物质丰裕的进程、文学的历史等。现代学科在追溯本学科

---

① Annette Meyer, Ferguson's 'Appropriate Stile' in Combining History and Science: The History of Historiography Revisited, see Eugene Heath and Vincenzo Merolle (eds.) *Adam Ferguson: History, Progress and Human Nature*, Pickering & Chatto, 2008, p.132.
② Christopher J. Berry, *The Idea of Commercial Society in the Scottish Enlightenment*, Edinburgh University Press, 2013, p.72.

的起源时会给苏格兰人戴上"鼻祖"的荣耀,比如弗格森之于社会学、斯密之于政治经济学的意义,虽然实际上他们"从未表达过这样的企图"[①],但这也说明了苏格兰人对这些学科的开创性意义。当19世纪作为一门学科的社会学、政治经济学等逐渐褪去"历史"这一层背景,发展为一个个系统的专业时,人们忽然反思"历时性纬度"在理解各门学科的性质和意义时发挥的作用。比如,20世纪最后30年,经济学家们急切地想起要重建"它所失去的历史学、心理学以及社会学维度"[②]。社会学的发展亦是如此。于是,当人们回溯历史时,他们在苏格兰人的著作中发现了所想要的:原来,弗格森《文明社会史论》中已展现了"历史社会学"、斯密《天文学史》中流露出"科学革命的结构转型",休谟的《宗教的自然史》体现了一种宗教心理学,米勒《等级差序的起源》中所讨论的家庭史,无意中描述了性别的历史……苏格兰人在推测史中挑战过去政治与社会理论进而提出的各种主张是一个庞大的课题,本书将在结语中稍作论述。

在本章的最后,笔者需要进一步说明为何在标题中会采用"推测史"而非"自然史""理性史"这些概念。虽然斯图尔特最早提出了这一概念,但由于他对推测史、自然史或理性史(theoretical/conjectural history, natural history,

---

① 彼得·伯克:《历史学与社会理论》,姚朋等译,上海人民出版社,2000年,第4-5页。
② 唐纳德·温奇:《苏格兰政治经济学》,见马克·戈尔迪、罗伯特·沃克勒主编:《剑桥十八世纪政治思想史》,刘北成等译,商务印书馆,2017年,第428页。

historie raisonnée)这几个概念视为同义词,后来研究者的运用也比较随意,尤其是谈到具体作家时,均有特定的用法。例如,亚当·弗格森的研究者威廉·莱曼在1930年指出,推测史更适合用来描述斯密的历史兴趣和工作,而其他一些作家的工作,则用"理论史"描述更好。① 但他又说,对这个问题的回答将搁置到遥远的未来,意思是由历史情境来决定这个概念的取舍。1975年,斯密哲学论文集的编辑W. P. D. 怀特曼轻描淡写地说,"'推测史'在我看来是唯一让人消除疑虑的词语——至少今天的看法是这样的"②。怀特曼的这种印象或许源于斯图尔特描述推测史时头脑中所参考的自然科学方法——后者列举的是达朗贝尔关于数学的论文。③ 当然,"自然史"也是学术界使用频率颇高的术语,常见的说法是"社会的自然史""人类的自然史""宗教

---

① W. C. Lehmann, *Adam Ferguson and the Beginning of Sociology: An Analysis of the Sociological Elements in His Writings with some Suggestions as to His Place in the Theory of Social Theory*, Columbia University Press, 1930, p. 232.
② W. P. D Wightman, *Adam Smith and the History of Ideas*, see Andrew S. Skinner and Thomas Wilson (eds.), *Essays on Adam Smith*, Oxford University Press, 1975, p. 49.
③ *Ibid.*, pp. 49-50.

的自然史",①该词更具有自然主义的色彩。

笔者这里采用"推测史"这一说法,主要有两个考虑:一是因为其他术语的确容易产生误解。比如"自然史",如果前面不加限定词,则很容易让人联想到18世纪布丰的煌煌巨著《自然史》,那不仅包括人的自然史,也包括地球上不同物种的历史——实际上,布丰"自然史"中关于人类历史发展的叙述确实影响了苏格兰人的历史观。② 而"理论史"或"理性史"给人的印象是关于人的心灵或思维的历史,似无法表现苏格兰那类历史著作的特征。二是采纳当代研究者对"推测史"的用法。目前关于推测史的研究,要数弗兰克·帕默里的《自然状态、社会阶段:启蒙推测史与现代社会话语》最为宏观。他认为,人类学、政治经济学这些19世纪形成的学科直接源于推测史的范式;若追溯推测史在20世纪社会科学中的影响,则需要考察第二代社会学思想家,包括涂尔干、韦伯和弗洛伊德,考察他们的宗教社会学或社会

---

① 从思想史的角度说,布丰1749年开始发表的《自然史》要早于休谟1757年《宗教的自然史》,但此"自然史"非彼"自然史",盖因布丰的"自然史"是关于大自然的历史,而非休谟所说意义上的"自然史"。斯图尔特在"斯密传记"中说"推测史"和休谟的"自然史"内容一致,并没有采用布丰的说法。后来休谟研究者或苏格兰启蒙研究者们也倾向于以休谟的术语来描述,如"激情的自然史"[参见 Till Gruene-Yanoff and Edward F. McClennen, Hume's Framework for a Natural History of the Passions, see Carl Wnnerlind and Margaret Schabas (eds.), *David Hume's Political Economy*, Routledge, 2008, pp. 86-104]、"爱情的自然史"(参见 John Dwyer, *The Age of the Passions: An Interpretation of Adam Smith and Scottish Enlightenment Culture*, Tuckwell Press, 1998, pp. 80-100)。

② Silvia Sebastiani, *The Scottish Enlightenment: Race, Gender, and the limits of Progress*, translated by Jeremy Carden, Palgrave Macmillan, 2013, p. 8, p. 11.

心理学;同时,他还论述了推测史对19世纪以来以司各特的《威弗利》为代表的历史小说的影响。最后,他将这一持续影响社会科学发展的方法命名为"推测主义"(conjecturalism)①。虽然帕默里对启蒙时代推测史的影响过于宽泛,但他勾勒的这一思想线索大体不差,②读者完全可以找到推测主义在社会科学中的痕迹。因此,尽管"自然史"这样的概念也能描述18世纪苏格兰启蒙史学的特征,在语感上也比推测史更顺畅,但从方法论的角度来说,以推测史来描述苏格兰启蒙运动的史学特征是更恰当的,也是站得住脚的。

---

① Frank Palmeri, *State of Nature*, *Stages of Society*: *Enlightenment Conjectural History and Modern Social Discourse*, Columbia University Press, 2016, p. 35.
② 该著对推测主义的历史追溯形成了一个长长的名单:从启蒙时代的思想家开始,其后是政治经济学家马尔萨斯、哈里雅特·马蒂诺(Harriet Martineau)、约翰·密尔和马克思,第一代社会学家圣西门、孔德、斯宾塞,人类学家普理查德、J. F. 麦克伦南(J. F. Mclennan)、约翰·卢布克(John Lubbock)、E. B. 泰勒、摩尔根、恩格斯,研究人类由来的达尔文和研究道德起源的尼采,第二代社会学家历史小说创作者司各特、巴尔扎克,以及科幻小说作家威尔斯、福柯、福山,等等。必须承认,其中很多人的思想直接受推测史的影响,而且很大程度上得益于苏格兰人的推测史。

第二章 "四阶段论"

1748—1751年,亚当·斯密在爱丁堡大学讲课时将人类历史划分成四个时代,即渔猎时代、游牧时代、农业时代和商业时代。① 这一历史分期在1776年出版的《国富论》中得以重申。② 摩尔根的《古代社会》则在其基础上更加精细化了这一分期,③被恩格斯认为"在他自己的研究领域独立地重新发现了马克思的唯物主义历史观"④。唯物史观的形成一直以来是研究者们热衷探讨的话题。R. L. 米克的研究工作致力于说明斯密的思想包含有学术性的马克思

---

① Adam Smith, The Glasgow Edition of the Works and Correspondence of Adam Smith, Vol. 5, Lectures on Jurisprudence, Oxford University Press, 1976, pp. 459-460。斯密的《法学讲义》有两个版本:1762—1763年的版本为课堂笔记,一般缩写为 LJ(A);1764年的版本经坎南编著,一般缩写为 LJ(B)。斯密全集第五卷包括两个版本,此处引自 LJ(B)。由于这两个版本的现代讲义被编辑成一本书,页码是前后相续的,因此,下文以 LJ 代表此书,不再刻意区分两个版本。
② Adam Smith, WN, pp. 690-691.
③ 参见路易斯·亨利·摩尔根:《古代社会》(上),杨东莼等译,商务印书馆,1981年,第11-12页。
④ 《马克思恩格斯全集》,第36卷,人民出版社,1974年,第112页。

主义的观点。① 的确,在唯物史观的发展中,斯密提供了启发性思考;在他那里,"自然以经济学的语言讲述历史"②。不过,这一论说究竟在多大程度上承认经济决定论,人们仍然可能会有不同的看法。③ 那些将斯密著作作为一个整体探索其思想体系的研究者们已经注意到:斯密在历史进程的叙述中,不仅强调物质生产方式的变化,同样也强调所有权和法律的演进,同时还揭示出人类习性在促进物质丰裕过程中的作用。④ 这一研究更贴近斯密的时代,表明那个时代的思想家在研究人、人性和人类社会方面的雄心抱负。在这一基础上,本章将考察斯密的历史叙述与他的人性科学的关系,回应柯林伍德对 18 世纪人性科学的那种批判,⑤澄清斯密"在新方向上为历史思想的发展作出的贡献"⑥——这个方向与唯物史观恰恰相反。

---

① R. L. 米克:《亚当·斯密、杜尔哥与四阶段论》,转引自唐纳德·温奇:《亚当·斯密的政治学》,褚平译,译林出版社,2010 年,第 17-18 页。
② Richard F. Teichgraeber, III, History, Political Theory, and Interpretations of Adam Smith, *Political Theory*, Volume 23, Issue 1(Feb., 1995), pp. 147-165, p. 150.
③ 参见唐纳德·温奇:《亚当·斯密的政治学》,褚平译,译林出版社,2010 年,第 18 页。
④ 加文·肯尼迪:《亚当·斯密》,苏军译,华夏出版社,2009 年,第 126 页。
⑤ 柯林伍德:《历史的观念》,何兆武译,商务印书馆,1997 年,第 294 页。
⑥ J. G. A. Pocock, Adam Smith and History, see Knud Haakonssen(ed.), *The Cambridge Companion to Adam Smith*, Cambridge University Press, 2006, p. 270.

第二章 "四阶段论"

交换倾向：经济活动的人性基础

传记作家加文·肯尼迪不赞同以"四阶段说"概括斯密的历史分期，他认为斯密提出的是"人类四时代说"，人类社会经历了狩猎、畜牧、农耕和商贸时代，其依据是人类的"谋生方式"，是"人类能够找到进行生产的可行方式（并非没有选择）"。① 笔者赞同肯尼迪的观点，因为在同一个物理时间，不同地区的人们的确有不同的生活方式。18世纪的西欧和美洲土著的生存方式就是最好的例子，前者已经进入商业社会，后者仍然过着游牧部落的生活，人类并非按照四个阶段依次进行，而是处于不同的时代背景。斯密的历史观是西欧史观，肯尼迪的这一提示非常重要，至少提醒人们注意斯密所说的历史并非整个人类历史，不能以西欧的历史进程覆盖整个世界范围。

明确了这一点，我们再来理解斯密是如何以"荒岛设计"来解释西欧的历史进程的。斯密选取的是18世纪非常流行的"船只失事流落荒岛"的故事。在这个故事中，已经具备语言能力的人们（不是单个的人，而是一个群体）会如何借助自然界来谋生呢？斯密的设计是这样的：一些人因船只失事流落荒岛，最初靠野果和野兽来活命；果子和野兽不够用，便驯养野兽以备急需；过了相当一段时间后，连这

---

① 加文·肯尼迪：《亚当·斯密》，苏军译，华夏出版社，2009年，第9页。

些都不够用了,他们就想开垦土地,使土地能生产更多食物。"农业需要很大改善才能成为一个国家的主要职业。对于这个常态,只有一个例外,这就是,某些北美洲民族都开垦一小块土地,但没有饲养牲畜的念头(notion)。当然,继农业时代之后的是商业时代。"① "荒岛设计"是关于历史进程的粗略假设,其中,生产力的改进有着重要的作用。那么,斯密又如何解释劳动生产力的提高?

斯密在《国富论》开篇宗旨提到:"劳动生产力最大的改进,以及劳动在任何地方运作或运用中所体现的技能、熟练和判断的大部分,似乎都是劳动分工的结果。"②熊彼特为《国富论》写的指南中说道:"无论在斯密之前还是在斯密之后,都没有人想到要如此重视分工。在斯密看来,分工是导致经济进步的唯一原因。"而劳动分工的原因则"被认为产生于一种人们喜欢以物易物的先天倾向,分工的发展则归因于市场的逐渐扩大,某一时刻的市场规模决定着分工所能达到的程度"③。交换倾向、劳动分工、经济发展,斯密将这一链条式的因果关系的起点定为人类天性中的某种"倾向"(propensity),将经济发展的最终原因归结为人的天性,即交换倾向。"劳动分工提供了那么多的好处,它最初并不是源于任何人类的智慧,这种智慧预见到并意图获得分工所能带来的普遍富裕。它是人性中某种倾向必然的、虽则

---

① Adam Smith, *LJ*, p.459.
② Adam Smith, *WN*, p.13.
③ 约瑟夫·熊彼特:《经济分析史》(第一卷),朱泱等译,商务印书馆,1996年,第293页。

非常缓慢、渐进的结果。这是一种互通有无、以物易物、彼此交换的倾向，它不考虑什么广泛的效用。"① 斯密使用了三个短语来描述这种倾向：truck, barter, exchange one thing for another。这一组词语最初的意思都是"以物易物"，而"以货币购买物品"的意思则是后来衍生出来的。因为，斯密讨论的是劳动分工的最初源泉，很大可能是不涉及"货币"的。而且，根据斯密在该段以下的文字也可以断定，这一组词语是用以强调"以物易物"这个意思的。斯密写道："这种倾向是不是人性中无法给予进一步解释的最初本能之一，或者更有可能的是，它是不是理性和言语这种才能的必然结果，这不是我们现在所要研究的题目。这是所有的人普遍都有的倾向，而其他的动物则没有，一般动物似乎不懂这种交换或任何其他种类的契约。"② 这一看似平淡无奇的枝蔓之语却有着深层的意味。肯尼迪分析道："斯密把劳动分工可能的起源，远远地上溯到了人类在有文字记载之前获得'理性和语言能力'之时，尽管他认为它还不是'人性的原初法则之一'。如果它不是'原初的'，就肯定是通过后天的学习和适应得来的。"③ 从这一分析中可知，斯密的"荒岛设计"或许还可以追溯到更远的时代，追溯到文字记载尚未发展的时代。交换倾向是"人"之所以成为一个"人"与生俱来的本能，还是在后天习得的，斯密在《国富论》里没

---

① Adam Smith, *WN*, p. 25.
② *Ibid.*, p. 25.
③ 加文·肯尼迪：《亚当·斯密》，苏军译，华夏出版社，2009年，第118页。

有明说。但显然，人的这一倾向是动物不曾具有的。肯尼迪虽然断言"它不是原初法则"，却忘了给出详细的解释。而斯密给出的答案同样是零散的，需要将各个细节联结在一起分析。他在《法学讲义》中提出：交换倾向的"真正基础是人类天性中普遍存在的喜欢说服别人的这种本质"，而不是人类自己特殊的天赋和才能。① 这一论断包含三层意思。

首先，斯密表明交换倾向是人所特有的。他说："分工的直接根源乃是人类爱把东西互相交换的癖性(disposition)。这个癖性只是人类所共有的，其他动物都没有这个癖性。"②接着，斯密举了一个生活中的例子。"没有人看到过一只狗——这种最聪明的牲畜用骨头来和它的伴侣交换另一种东西。""人把具有足够诱惑力的东西摆在他的同胞面前，从而让他们的自爱心理发生作用。这种癖性的语言表达是：给我所想要的东西，你就也可以获得你想要的东西。人想获得他想要的东西，不是像狗一样把希望寄托在人们的仁慈心，而是把希望寄托在人们的自爱心(self-love)之上。"③斯密强调：动物不会进行"公平的有意识的交换"，人则完全不同，尤其是在需要大量合作和帮助的文明社会，人只有诉诸别人的"自爱心"，才能得到他想要的帮助。尽管动物之间也存在一些交换行为，比如黑猩猩

---

① Adam Smith, *LJ*, p. 493.
② *Ibid*., p. 492.
③ *Ibid*., pp. 492-3.

第二章 "四阶段论"

之间的"回报性互换"①，或者蚁族或蜂族中的共生性交换，但是，任何其他动物都不具备"公平的有意识的交换"能力。哈伊姆·奥菲克认为斯密提出了两种交换机制："第一种是颇为正式的机制，它是人类所独有的，其运作方式为'协商、易货和购买'。""第二种是普遍的机制，为人类和动物所共有，如同亚当·斯密所看到的那样，它依赖于用乞求唤起的仁慈心，从本质上说，就是情感的传播。"②在斯密看来，只有人具备第一种交换倾向，只有人才具有"说服劝诱的手段"，而且，他的确为情感的传播找到了最合适的机制，即同情共感。

其次，在斯密将交换倾向的原因归结到"喜欢说服别人这种本质"之前，他排除了人的资质和才能这些因素，并提出前者是后者的原因。斯密在解释劳动分工的形成时写道："在一个以狩猎或游牧为生的部落中，例如，某一个人能比其他任何的人更加迅捷、更加熟练地制造弓箭。他常常用弓箭来和他的同伴交换牲畜和鹿肉，他最终发现，他这样得到的牲畜和鹿肉，比他自己到野地里去捕捉到的要多。因此，由于考虑到他自己的利益，他就把制造弓箭变成了他的主要职业。"③是一个人先拥有了制造弓箭的才能才去有意识地与别人交换，还是先拥有交换倾向然后将制造弓箭的才能运用到交换活动之中？表面上看，那个制造弓箭的

---

① 加文·肯尼迪：《亚当·斯密》，苏军译，华夏出版社，2009年，第128页。
② 哈伊姆·奥菲克：《第二天性：人类进化的经济起源》，张敦敏译，中国社会科学出版社，2004年，第11页。
③ Adam Smith, *WN*, p.27

人似乎只有有了这种才能,才能以自己的劳动成果与别人进行交换活动,而实际上,斯密并不认为才能在先、交换倾向在后。因为在斯密看来,"最不相同的人物之间的差异,例如一个哲学家和一个普通的街头搬运夫之间的差异,似乎不是由天赋,而是由于习惯、风俗和教育所产生的"。"但是如果没有互通有无、以物易物、彼此交换的倾向,每一个人就必须为自己备办自己需要的每一种必需品和便利品。每一个人都有相同的责任要履行,都有相同的工作要做,那就不可能有什么职业上的不同,也就不可能有任何重大的才能上的差异。"① 因而斯密认为,才能是分工的结果,而非其原因。这里需要解释人的才能与交换倾向的关系。在斯密看来,人首先具有交换倾向,这种倾向缓慢发展的结果是劳动分工,在分工的基础上,人们发展出了不同的才能。在"弓箭制造者"的例子中,这个人首先有一种交换倾向,然后在习俗的经验中发现制造弓箭的好处,"由于考虑到自己的利益",他将这种分工稳固下来,并以此作为职业,作为他交换活动的砝码。在交换倾向的基础上,人们逐渐形成了才能上的差异。而且在斯密看来,交换倾向还使得这种才能差异变得对人们有用。他指出,不同动物有着不同的才能,但是,"这种不同的天资和才能的效果,由于缺乏交易和交换的能力,不能变成一种共同的财富,使同种的动物得到较好的供应和方便。每一动物仍然不得不独自分别地维持自己、捍卫自己,丝毫得不到自然赋予它的同伙的那种不同才

---

① Adam Smith, *WN*, pp. 28-29.

能的好处。反之,在人中间最不同的才能对彼此都有用处;他们的各自才能的产品,通过互通有无、交易和交换的一般天性,仿佛变成了一种共同的财富,在这里,每个人都可以购买到他所需要的其他人的才能产出的一部分"①。由于缺乏交易和交换的倾向,动物之间不能分享各自的才能,因而始终处于单打独斗的局面;而由于具有这种能力,人们可以将彼此才能的成果变成一种共同的财富,继而分享这种财富带来的好处。所以,在斯密看来,才能的差异绝非交换倾向的原因,而是它的结果;同时因为后者的缘故,人类感受到这些差异所带来的实惠而愿意维持差异的状态。

最后,斯密提出,交换倾向的"真正基础是人类天性中普遍存在的喜欢说服别人这种本质"。在斯密看来,"说服劝诱"的天性是人的一种本能,人终其一生都在发挥这种本能。"人们总是努力说服他人支持他们的观点,即便那件事与他们没有任何关系。如果一个人提出一件关于中国的事情,或者更远的月球的事情,意见与你所认为的真相相反,你会立即说服他改变他的意见。而且,每个人终其一生都在以这种方式训练说服他人的口才。凡是与你意见相左时,你就会不舒服。你会尽量说服他支持你的意见。"②人总是想方设法让别人赞同自己的意见,并且毕生都在操练这种能力,因而才能进行"公平的、有意识的交换"。想从别人那里得到自己想要的东西,需要说服别人,让别人相信自

---

① Adam Smith, *WN*, p. 30.
② Adam Smith, *LJ*, p. 352.

己拥有的东西对他有利,否则交易无法达成。正是通过不断的协商、劝服,人才能获得自己所需要的绝大部分帮助(those good offices)。① 可以说,劝服是交换倾向得以实现的手段。而根据斯密的说法,劝服他人倾向的根源是人对获得他人赞同(或认同)的欲望。因为,人们总是希望在自己最关切的问题上获得他人的认同。"如果你对我遭遇的不幸没有半点共感,或共感的程度与那令我心烦意乱的悲痛不相称;又或者,你对我遭受的伤害没有半点义愤,或愤慨程度与我怒不可遏的愤恨不相称,那我们就不可能再就这些话题进行交谈。我们彼此变得互不相容。我既不会忍受你的相伴,你也不会容忍我的陪同。你讨厌我的狂热和激情,我也会对你的冷漠寡情发怒。"② 人们总是希望别人体会自己的感受,赞同自己的观点。当别人不能体会自己的感受时,双方的情感和意见就会发生分歧,甚至失去协作的可能。因而,人们总是不断协调自己的情感,以期与他人的情感达成一致。而正是通过人类的同情共感,这种获得他人赞同的欲望才得以实现。③ 最终,斯密的经济思想回归其整个理论体系的原点,即同情共感。④ 同时,也正因为人有"获得他人赞同"的欲望,"改善自己状况"的行为才有

---

① Adam Smith, *WN*, p. 26.
② Adam Smith, The Glasgow Edition of The Works and Correspondence of Adam Smith, vol. 1, *The Theory of Moral Sentiments*(以下缩写为 *TMS*), Oxford University Press, 1976, p. 21.
③ Adam Smith, *TMS*, p. 16, p. 18.
④ 罗卫东:《情感 秩序 美德——亚当·斯密的伦理学世界》,中国人民大学出版社,2006年,第43页。

更充分的动机;^①后者实现了人类财富的增长,推动人类生产力的提高。

交换能力:生活市场的动力

斯密将交换倾向作为劳动分工的根源,显然不是马克思所说的"分工决定交换"中的"交换"意义:前者强调的是人类在劳动分工之前的原初本性,后者看重的是经济活动中的一个环节。这并不表明斯密不看重交换活动,他也注意到这一倾向在付诸实践时所受的条件限制。这个条件即是市场范围。斯密写道:"交换能力引起劳动分工,而分工的范围必然总是受到交换能力的限制,换言之,即受到市场范围的限制。当市场范围很小时,没有人能得到任何的鼓励,去专门从事一种职业,这是因为他没有能力把他自己劳动产品的远远超过自己消费的剩余部分,去交换他所需要的其他人劳动的剩余产品部分。"[②]斯密此时将"倾向"(propensity)换为"能力"(power),表明人类的这一"倾向"在实际活动中的"力量"(power 也可以理解为"力量")。这种力量并非天生就很强大,而是受到市场范围的限制。市场范围很小时,交换能力是萎缩受限的,进而导致劳动分工

[①] Maria Pia Paganelli, Approbation and the Desire to Better One's Condition in Adam Smith, *Journal of the History of Economic Thought*, Volume 31, Number 1, March 2009, pp.79-92, p.91.

[②] Adam Smith, *WN*, p.31.

受限，生产方式的改进非常缓慢。

　　交换能力的充分发挥，是一个渐进的过程，需要各种不同的条件。比如，资财的积累是一个条件。斯密认为，资财的积累先于劳动分工，激发人的交换倾向，进而促进交换行为。斯密的例证是："一个织匠除非在自己手中或在别人手中预先积累一定的资财，足以维持他的生活，并向他提供工作原料和工具，直到他完成并售出渔网之时，否则他是不能全力去织网的。显然，这种积累必须在他长期从事这种专业的劳动以前进行。"①物资积累影响着人们的交换能力。比如，交易工具的便捷同样也影响着交换力量的大小。为了达成交易，"一定数量的某种商品"便被用以交换他人的劳动产品。② 另外，交换能力的操练可能还有赖于人类说服他人能力的提高，比如修辞。如何说服对方进而实现自己的欲望，以何种方式让别人相信自己有利于他，好的修辞显然是一种有效的方式。斯密在他的《法学讲义》而非《修辞学、纯文学讲义》中强调修辞之于交换的作用，其意义可见一斑。

　　除了以上因素，可能还有其他原因可以促进交换能力的增长，比如在交易日益频繁的过程中，日益精细的劳动分工反过来增强了人们的交换能力。然而，所有这些因素——资财积累、交易工具以及交易时的修辞、口才——都可以包括在"市场范围"这一范畴之内。在市场范围狭小的

---

① Adam Smith, *WN*, pp. 276-277.
② *Ibid.*, p. 38.

地区,比如苏格兰高地,交换能力受限于这个狭小的"市场范围"。在狩猎、游牧、农耕的时代,市场范围没有发展到最为充分的状态,交换能力也没有发挥到最为极致的地步。在斯密看来,只有在商业社会,每个个体的交换能力才得到了最大发挥。他写道:"当劳动分工完全确立以后,一个人自己劳动的产品就只能满足他的需要的很小一部分。他把自己劳动产品的超过自己消费的剩余部分,用来交换自己需要的他人劳动产品的剩余部分,以此满足自己的绝大部分需要。这样,每一个人都靠交换来生活,在某种程度上变成了一个商人,而社会本身也就变成了真正可以称作的商业社会。"[1]至少在斯密自己看来,劳动分工在他生活的时代已经完全确立。《国富论》中的经济史叙述表明了他对发达商贸系统的肯定与推崇。在这一系统之内,市场范围得到极大的扩展,交换能力逐渐增强。同时,斯密的经济史描述还表明:"没有官方的控制性的权威并不会导致混乱无序状态,而是会导致有秩序的交换系统——即市场的发展。"[2]在斯密构想的经济体系中,"市场"的范畴并不仅包括买卖交易的场所,它还构成了人类的生活体系。试想,当每个个体都成为商人,只有通过交换才能生存下去,这样个体的生活会是怎样?他/她需要终其一生操练劝服的能力,需要通过同情共感在自己和他人的情感之间进行调整,降

---

[1] Adam Smith, *WN*, p. 37.
[2] James Otteson, Adam Smith's First Market: The Development of Language, *History of Philosophy Quarterly*, Vol. 19, No. 1 (Jan., 2002), pp. 65-86, p. 78.

低或抬高自己的情感(或通过价格机制,或通过语法规则,或通过伦理规则)以达到协调一致。

  必须指出的是,斯密的交换市场并不局限在经济领域,而是一个广阔的生活市场。在生活市场中,斯密设计的经济市场、伦理市场与语言学领域的模型是同构的。詹姆斯·奥特森指出斯密的三个领域有五个特点,其中,"市场模型的第五个特点是能够帮助相关判断达成的机制,在《道德情感论》中,是公正的旁观者,或者人们的'良心';在《国富论》中,是价格系统。但是在《论语言的起源》一文中没有明显的对应物。语法书、语法专家(如在当代法国),或甚至是语法学校可能扮演了这一角色。然而,如果我们能将每一领域诠释成完全是同一欲望的具体实现——即每个个人满足自己利益的欲望,不管这些欲望是什么,在什么领域被满足,则能比以上的纲要更紧密地将这三部著作联系在一起"。① 加文·肯尼迪充分肯定了奥特森的研究成果,并在此基础上将斯密的"天文学史"和"法学讲义"的设计结构补充完全。② 笔者完全赞同这两位学者的观点,但有两点须特别申明。

  第一,斯密所提出的人类天性与能力虽然密切相关,却不能同日而语。比如交换倾向与交换能力之于个体,后者在前者基础上,随着人类生活市场的扩大而发展。具体地

---

① James Otteson, Adam Smith's First Market: The Development of Language, *History of Philosophy Quarterly*, Vol. 19, No. 1 (Jan., 2002), p.80.
② 参见加文·肯尼迪:《亚当·斯密》,苏军译,华夏出版社,2009年,第51-52页表格。

说，在经济市场中，以货易货这种人类特有的商贸交易倾向为人所特有，而交换能力却随着生活市场——这是人类操练其天性的场所——的扩大而增强。柯林伍德曾批判18世纪的人性科学家以僵化的人性作为其理论起点，将18世纪欧洲的人性这一历史进程的产物看作"任何这类过程之永远不变的前提"[①]，这一论断至少对斯密来说有失公允。显然，在斯密的生活市场中，那种固有的"人性"是与其"能力"相关的，在伦理领域中"获得认可的欲望"、在经济领域中"个人改善自己条件的欲望"、在修辞领域中"相互理解彼此的要求"、在天文学领域中"发现前后相随的时间之间的联系链的愿望"、在法学领域中"对名誉、生命、财产安全的欲望"，只能视为自然在人类心中播下的种子；而一旦付诸实践，实现这些欲望的能力则是变化的、扩张的，而非僵死的，它们的变化扩张即为人类历史的展开。

第二，在生活市场中，无论交换能力如何发展、增进，始终有一位最高的公正旁观者（斯密用语还有"裁判者""仲裁者"）的评判，作为人类行为活动的最高准则。正如斯密那些颇具自然神论色彩的论断所言，一方面，"当大自然将这种缺乏一定之规的种子播种在人类的心中时，就像在所有其他场合下一样，她想要的似乎就是这种幸福和完美"[②]。另一方面，"自然以这种方式哄骗我们是值得夸赞的。正是

[①] 柯林伍德：《历史的观念》，何兆武译，商务印书馆，1997年，第135页。
[②] Adam Smith, *TMS*, p.105.

这种蒙骗,持续不断地激起人们的勤勉之心,使之永不停息"①。自然一面在人类心中播下种子,不时教导人们应该如何去做,一面对人类又哄又骗,目的只是实现人类最终的幸福。人类则在自然(nature)的"指挥""教导"和"哄骗"中操练、调节和改进不完美的天性。

在"荒岛设计"中,生产力的不断改进伴随着人类生活范围的不断扩大,这是交换倾向在实践中不断操练人类各种天性、满足各种欲望的结果,简单地说,是交换能力不断提高的结果。随之出现的,是历史从一种状态到另一种状态的进程。

同情共感与生活市场的展开

对于人类的经济活动来说,随着交换市场的不断扩大,经济史也随之有了新的篇章。但斯密的前提是人类的交换倾向与交换能力,而非落脚于生产方式。同样,斯密对生活市场中另一领域的描述依然以人类本性为出发点,这一领域即为斯密终生关注的法律和政府的原理。对身为法学博士的斯密而言,"法律的历史"而非经济发展的历史可能更会引起他的兴趣。

在《道德情感论》出版前言中,斯密就曾写道"将另文努力阐释法律和政府的一般原理,说明它们在不同时代和不

---

① Adam Smith, *TMS*, p. 183.

同的社会发展阶段所历经的各种不同的变革。其中,不仅包括正义,还包括民政治安、财政岁入、军队以及其他作为法律对象的一切事物"。① "告读者"所展现的斯密自己的初衷是在不同历史时期讲述"法律和政府的原理"。而"法律和政府",恰是人类自我治理的手段(government,也可以理解为统治、治理②),是人类发明出来保护安全的工具。到18世纪,人类历史存在狩猎、游牧、农耕和商贸这些时代,人类为自身安全提供的保护措施是如何演变的呢?

尽管斯密说,在正义之法中,"最需要强调的,是那些保护我们生命和邻人生命的法律;其次是保护财产和占有物的法律;再次是保护那些被称作个人权利的法律,或在别人的承诺下应该属于他的那些权利"③。生命安全是首要的,财产安全其次。但仅仅剥夺他人的性命,并不能给加害人带来任何好处。财产就不同了,受害者的损失就是加害者的所得,因而,在人的各种权利中,财产权最容易因为其本身的好处而被他人觊觎。"当一个人杀死、杀伤、殴打另一个人或破坏他的名誉时,虽然受害者不免受害,加害者都没有得到任何好处……但是富人的贪欲和野心,穷人的憎恨劳动和爱好暂时的安逸和享受,这些都是促使侵犯财产的激情,它们的作用要稳定得多,它们的影响要普遍得多。"④

---

① Adam Smith,*TMS*,p. 3.
② 参见米歇尔·福柯:《安全、领土与人口:法兰西学院演讲系列,1977—1978》,钱翰、陈晓径译,上海人民出版社,2010年,第74页。
③ Adam Smith,*TMS*,p. 84.
④ Adam Smith,*WN*,pp. 709-710.

所以，财产权成为制定法律、建立政府的重要依据之一。

斯密对历史进程的描述所依据的正是人的权利特征。当财产权成为法律和政府的重要依据时，民政治理（civil government）的历史真正开始了。斯密指出有四种因素导致人与人的不平等：一种是个人资质的优越，比如身强力壮、聪明坚韧这些品质；一种是年龄的优越，按照年龄决定等级和先后次序；一种是财产的优越，多者为尊；还有一种是出身的优越。第一种优越在任何时代都不能决定人的等级高低或服从的原则，但在任何时代中都会影响他/她的其他权利。第二种优越在狩猎民族中发挥作用。第三种优越在狩猎民族中是不存在的，只有在容许财产不平等的时代中才会起作用。而出身的优越则"以本人家庭古代财产上的优越性为前提"，"是财产不平等的结果"。这两个因素在游牧时代的社会治理中发挥着重要的主导作用。"出身和财产显然是主要决定一个人在另一个人之上的两种情况。它们是个人区别的两个重要根源，因而也是在人们中自然建立权威和服从的主要原因。在游牧民族中，这两个原因起了充分的作用。大牧人……比其他任何人都更能指挥大多数人的联合力量。他的军事力量比其他任何人都要大。在战时，他们自然聚集到他的而不是任何其他人的旗帜之下，他的出身和财富就这样为他自然地取得了某种行政权力。"①在游牧时代，当不平等出现，财产和出身成为嫉妒和掠夺的对象，而所有者自然会想到保护它们的安全，于是，

---

① Adam Smith, *WN*, p.714.

人们创造了法律,开始进行治理。这段对人类不平等起源的分析,更多是基于"上层建筑"——权威的建立和服从都是民政治理的范畴,而权威的建立和服从却建立在财产和出身这些人的权利之上。这段对不同历史状态的描述,完全以人的权利为依据,最终将人类的不平等根源归因于财产权。

对斯密来说,最需要注意的是财产权的形成原因。正是在对原因的分析中,他的"逻辑之链"才得以补充完整。回到斯密的"荒岛设计"中,他提出的四种生产方式同样也代表不同的财产权,然而,"占有"的第一次不平等是如何形成的呢?是因为某个人从野外捡回一头山羊?还是因为所有人都同意他拥有"这一头羊"?斯密写道:"占有必定随着这些时代(stages)的不同而变化。当旁观者能同意我占有某一物,且赞同我使用武力来保护这个东西时,占有似乎就有了充分的根据。如果我采集了一些野果,则在旁观者看来,我随心所欲地处置它们是合理的。"[①]所以,"捡回一只羊"并不是最重要的,最重要的是旁观者都同意"捡回来的这只羊"归其所有。如何得到旁观者的同意?借助多次换位思考、借助情感的来回调节,简言之,借助同情共感,最终达到各方想要的结果,这是"同意"的心理机制。

经过这种"同意",有了贫富、高低之分,有了权威与服从之别。对权威、高位者的服从,只是出自人们对他们天然的羡慕、钦佩、顺应之情,而非出于某种好处的考虑。"穷人虽不想从富人那里得到恩惠(benefit),但他们却有尊敬富

---

① Adam Smith, *LJ*, p.459.

人的强烈倾向。""由于我们对高位者的同情大于我们对地位同等或低下之人的同情而产生的:我们羡慕他们的优越处境,愉悦地同情这种处境,而且力图增进他们的地位。"① 这种"羡慕"没有多少功利色彩的期望。"我们顺从他们的偏好,主要不是或全然不是出于对这种服从的效用的考虑,也不是出于因服从而得到很好维持的社会秩序的考虑。"② 它是人的同情共感的天性使然,因为斯密说:"人,无论多么自私,在他的天性中显然还有一些秉性,使他关心他人的命运,使他人之幸福成为自己幸福之必需,尽管自己除了看到他人幸福感到快乐之外别无所获。"③ 正是这种同情共感的秉性,在人类的日常经验中逐渐养成了上述顺应、羡慕富贵的"习性"。其结果是"人类顺应附和有钱、有权之人一切激情的倾向,正是地位差别和社会秩序的基础"④。

当然,斯密并没有完全依赖这种"自发秩序",他也注意到,秩序也需要强制服从。因为,"通过政府,连最贫苦的人受到最有钱有势的人的侵害时,也能得到赔偿。虽然在个别情况下(政府)可能有些枉法行为,正像实际上无疑存在的那样,但为了避免更大的祸害,我们往往还是甘心忍受。使人们去服从政府的,正是这种公共利益感,而不是私人利益感。"⑤ 然而,在法律和政府的历史中,所依据的媒介都需

---

① Adam Smith, *LJ*, p. 401.
② Adam Smith, *TMS*, p. 53.
③ Ibid., p. 9.
④ Ibid., p. 52.
⑤ Adam Smith, *LJ*, p. 402.

要人类的同情共感机制起作用。在人类的生活市场中,斯密在每个领域的设计出于他心中那个完整的体系。詹姆斯·奥特森和加文·肯尼迪将斯密的体系归纳如下:①

成分	道德情操论	国富论	语言	天文(EPS 31—105)	讲稿
激励人的欲望	"相互赞同的快乐"	"个人为了改善自己的条件所作的自然努力"	"互相理解彼此的要求"	发现前后相随的事件之间的联系链的愿望	所有权保护、全部或部分的权利保护、对违反者的惩罚
发展而成的规范	"道德判断的标准和决定正当行为与品德的规范"	"公正的法律、所有权保护、合同化的协议以及自愿的交易"	"语法规则、发音规则"	检验和讨论一系列理论的规则	法典律法、正当程序、人身保护令、无罪假设、同行认定、法官判决
交易媒介	个人情感和道德判断	私有商品和服务	词语、观点及需求	假说、观念和理论推测	争论、劝说、判决及适当的惩罚
无意产生的制度体系	道德标准和道德判断	经济:规模巨大的商品和服务交易网	"用相互明白的语言进行交流"	"把秩序引入令人烦乱的混乱现象之中"(EPS 43—49)	在不完善却稳定的政府和法律制度之下的相对有序的生存环境

---

① 加文·肯尼迪:《亚当·斯密》,苏军译,华夏出版社,2009年,第51-52页表格。

"在斯密的著作中,不论是什么性质的题材,他很少错过纵情地从人性原则和社会环境去追溯他所描述的观点和制度的起源的机会。"[①]斯图尔特的评论一点不错。而且,在这个表格的基础上我们可以更进一步推理,除了天文学(天文学是个特殊的领域,这里暂且不论),斯密设计其伦理、经济、语言和法学体系的出发点皆可以归结到"同情共感"这一人类秉性的发挥和运用:因为,相互赞同的快乐、为改善自己条件而做的努力、互相理解彼此的要求、对安全的追求,这些人与人的交往,在斯密的体系中,都需要借助同情共感机制。这一点,以上论述已经清楚地表明。斯密始终追寻的是这些领域的基本原理,而同情共感则是其体系的原点。在叙述经济的历史、法律的历史时,如 J. G. A. 波考克所说,斯密的"计划产生了丰富的大大小小的故事,这些故事更多只是他体系的注脚而已"[②]。这个体系即斯密的"人性科学"。

总而言之,斯密很少论述他对历史学本身的看法,他对人类历史四个时代的叙述就穿插在经济史、法律史之中。斯密的"四阶段论"在很大程度上依据的是人的本性原则,而不是生产方式,因而与"经济决定论"大相径庭。这种历史叙述不像 19 世纪的摩尔根等依据对人类社会状态的详

---

① 杜格尔德·斯图尔特:《亚当·斯密的生平和著作》,蒋自强等译,商务印书馆,1983 年,第 31 页。
② J. G. A. Pocock, Adam Smith and History, in Knud Haakonssen (ed.), *The Cambridge Companion to Adam Smith*, Cambridge University Press, 2006, pp. 286-287.

细调查而做出的描述,它不属于人类学研究,而属于哲学研究的领域,是关于推理人类历史进程的哲学研究。在人类"生活市场"或"生活场域"一步步扩大时,人类在不同的生存环境下发挥着本性原则。柯林伍德批判18世纪哲学家把那个时代西欧的人的智力习惯性地等同于上帝赐予亚当及其后裔的智力才能,也批评进化论眼光下的人性,因为进化意味着一种形式取代另一种形式。[①] 但是,纵观上文对斯密人性论的分析,这两种批评均不能加于斯密头上。因为,尽管斯密将人类的本性作为人的活动起点,却也承认,能力增长亦受活动范围、风俗习惯这些因素的影响。因而,在不断变化的"市场"中,人类秉持固有的本性,但却没有在历史进程中进化为不同性质的本性。

综上所述,斯密在经济活动和治理活动的历史叙述中,很有启发性地道出了唯物主义的生产方式,这与斯密的意图没有太多关联,但却逐步证实他对人性的认识,为他的"人性科学"找到最有说服力的注脚。确实,斯密的企图在于理解人类的心灵本身,尤其是理解在历史舞台上活动的心灵的本质和才能。他选取的故事旨在说明这些本质和才能。这种企图并非像柯林伍德批评的那样是"一种虚假的企图"[②],而是真切的、颇具洞察力的、散发着思想活力的。

---

① 柯林伍德:《历史的观念》,何兆武译,商务印书馆,1997年,第314-315页。
② 柯林伍德:《历史的观念》,何兆武译,商务印书馆,1997年,第296页。

第二编

第三章 "陌生人"的历史意义

"文明社会"是休谟政治哲学或社会哲学的一个重要概念,它有多个维度。米克·托洛宁认为,休谟的"文明社会"是政治社会,而不是克里斯托弗·芬利主张的预示社会—政府两分的现代"市民社会"①。但实际上芬利强调的是休谟的同情概念与商业社会性的联系,强调激情在经济行为中的驱动力,其角度是现代社会的经济动机和形成机制。②托洛宁强调的是"文明社会"的政治运行机制。笔者以为,这两种讨论的偏向都包括在休谟的道德哲学中,特别集中

---

① Mikko Tolonen, *Mandeville and Hume: Anatomists of Civil Society*, Voltaire Foundation, 2013, p. 5, p. 20.
② Christopher Finlay, *Hume's Social Philosophy: Human Nature and Commercial Sociability in "A Treatise of Human Nature"*, Continuum International Publishing Group, 2007, pp. 105-123.

于《人性论》的第三卷,①同时也散见在他的其他著作中。在这一卷中,休谟的叙述背后潜藏着一条从小社会发展到大社会的历史线索。拉塞尔·哈丁指出,休谟提到的这两种社会,一个是"彼此熟悉的小社会",一个是"必须以正式制度维持秩序以便获得良好效果"的大社会。② 用米克·托洛宁的话说,后者是一个"人们没有必然的关联、甚或彼此不知"的大社会。③ 在这条叙事线索中,"小社会和大社会是有重要区别的"。休谟分析了"小的未开化的社会"中形成的正义规则如何适用于"大的优雅社会"或"大的文明社会"。而休谟的"文明社会"并非一开始就形成了,它实际上由小社会发展而来,最终成为一个充斥着很多陌生人的"大社会"。这里的"陌生人"并非必须是齐美尔定义的"今天来、明天留下来的漫游者"④,而"其实是普遍的他者,既

---

① 参见 1826 年《休谟哲学著作集》第 3 卷有 3 处,见 *The Philosophical Works of David Hume* (Four Volumes)(以下缩写为 T,),Vol. 2,Edinburgh: Printed for Adam Black and William Tait,1826,p. 306,p. 325,p. 358,对应的段落为 T. 3. 2. 6. 6,T. 3. 2. 8. 6,T. 3. 2. 12. 9;2011 年,大卫·诺顿和玛丽·诺顿编辑的《人性论》第 3 卷 T. 3. 2. 6. 6 这里是"society",见 David Hume,*A Treatise of Human Nature*(以下缩写为 *THN*),Vol. 1,edited by David Fate Norton and Mary J. Norton,Oxford University Press,2011,p. 349,p. 366. 根据 1946 年塞尔比-比格编辑的《人性论》翻译的商务版中译本在 T. 3. 2. 8. 6 处译为"政治社会",见大卫·休谟:《人性论》(下),关文运译,商务印书馆,2005 年,第 585 页。
② Russell Hardin,*David Hume: Moral and Political Theorist*,Oxford University Press,2007,pp. 135-136.
③ Mikko Tolonen,*Mandeville and Hume: Anatomists of Civil Society*,Voltaire Foundation,2013,p. 13.
④ 齐美尔:《社会是如何可能的》,林荣远译,广西师范大学出版社,2002 年,第 341 页。

第三章 "陌生人"的历史意义

非敌人也非朋友","我"与"他者"彼此都是"陌生人",非亲非友,没有利益瓜葛,陌生人社会就是这样一种"去亲属化"①的社会。叶礼庭在其1984年出版的《陌生人的需要》一书中指出,"休谟的社会哲学是最早将现代文明社会秩序理解为'需要的体系'的理论之一,用黑格尔的话说,这种秩序的维持是通过每个个体依赖陌生人以满足自己的需求"②。他说的现代文明社会是一个不同于传统的"熟人社会",在这样的社会中,人们不仅与陌生人共居,更是在陌生人之中居住。③ 这一评论明确指出了"需要"和"陌生人"这两个概念在休谟社会哲学中的位置。因此,本章试图从道德世界的陌生人来理解休谟的道德哲学,进而理解其文明社会的内涵。

本章将首先讨论"陌生人"在道德判断中的位置,然后分析休谟正义论中的道德义务和政治义务,最后分析陌生人对于确立文雅社会(polished society)中"良好教养的规则(rule of good breeding)"的作用。笔者试图展现休谟对文明社会的历史叙述,在18世纪的思想图景中勾勒休谟的对话者及其理论上的互动,从"陌生人"情感与道德世界关系的角度出发揭示休谟的社会思想。

---

① 陈正国:《陌生人的历史意义:亚当史密斯论商业社会的伦理基础》,《"中央研究院"及史语言研究所集刊》,2011年,第83本第4分册,第795、804页。
② Michael Ignatieff, *The Needs of Strangers*, Chatto & Windus, The Hogarth Press, 1984, p.21.
③ 詹姆斯·弗农:《远方的陌生人:英国是如何成为现代国家的》,张祝馨译,商务印书馆,2017年,第21页。

"陌生人"与道德判断中的同情

1740年10月,大卫·休谟在其首次出版的《人性论》第三卷中写道:"那是个陌生人,我对他没有任何关切,也没有任何义务,我对他的幸福的关切不会超过任何一个人,甚至任何一个情感动物的幸福,也就是说,他的幸福仅仅通过同情来影响我。"这样一个与我没有任何关联的陌生人,他的幸福却会引起我的愉悦和赞同。① 在这里,休谟明确指出同情在人际交往中的重要作用。同情在道德判断中的作用已经被很多学者承认和阐释。② 在休谟那里,"同情是我们尊重一切人为之德的根源",是"道德判分的主要来源"。③ 它让彼此没有友情或利益关联的两个人能够体会到对方的苦乐感受。借助同情,陌生人的言行举止进入了我们的评判之中:一个人的剧烈咳嗽虽然与我们无关,但还是令我们不快。因为,"我们的想象很容易改变这件事的情

---

① David Hume, *THN*, p.376.
② See Annette C. Baier, *A Progress of Sentiments: Reflections On Hume's Treatise*, Harvard University Press, 1991, chapter 10; Jacqueline A. Taylor, *Reflecting Subjects: Passion, Sympathy and Society in Hume's Philosophy*, Oxford University Press, 2015. 实际上,凡涉及休谟论激情以及道德情感的形成等主题时,"同情"(sympathy)都是必须提的话题。近年来,中国学者也注意到同情在休谟哲学中的重要作用,可参见吴红列:《作为自然法理学的古典政治经济学:从哈奇森、休谟到斯密》,中国社会科学出版社,2017年,第3章;杨璐:《同情与效用:休谟的道德科学》,《社会学研究》2018年第3期,第115-139页。
③ David Hume, *THN*, p.369.

境;我们要么根据他人对我们的看法来观察我们自己,要么根据其他人对他们自己的感觉来考虑他们,并借此体会到完全不属于我们,而只是借助同情才会使我们关心的情感"①。

同情让我们跳出了自我的圈子,②让我们根据他人的看法来反思自己。最终,我对各种言行有了判词,例如"值得称赞的""值得赞扬的""值得谴责的""令人憎恶的"等;在日常生活中,这些判词逐渐变成了一种道德判断。休谟强调:"道德的善恶是被我们的情感(sentiments)而非我们的理性区别出来的:不过这些情感或源于性格和激情单纯的类型或表象,或源于对人类或具体个人的幸福趋向的反思。在我看来,我们的道德判断混合了这两种原因。"③这一论断说明,情感而非理性才是道德评判中的主要依据,而情感沟通或交流的媒介则是同情。而休谟在其人性论中将同情视为人的秉性之一,这一点也被反复论证。④

然而,对陌生人的同情不是无限度的。休谟并不认为人具有普遍的仁爱之心,对陌生人有着无限的同情。他承认人们有着某种程度的自私,"认为自私和人性不可分离,

---

① David Hume, *THN*, p. 376.
② 对此的论述,可参见张正萍:《激情与财富:休谟的人性科学及其政治经济学》,浙江大学出版社,2018年,第2章,第53-68页。
③ David Hume, *THN*, p. 376.
④ Jacqueline A. Taylor, *Reflecting Subjects: Passions, Sympathy and Society in Hume's Philosophy*, Oxford University Press, 2015, pp. 102-103. 还可参见张正萍:《激情与财富:休谟的人性科学及其政治经济学》,浙江大学出版社,2018年,第1章,第34-35页。

并且是我们的组织和结构中固有的"①,因而人的同情是有距离的,而且总是以自我为圆心的。"一个人自然爱他的子女甚于爱他的侄儿,爱他的侄儿甚于爱他的表兄弟,爱他的表兄弟又甚于爱陌生人。"②陌生人显然处于同情的最远端。但谁是陌生人呢?休谟指出,陌生人总是处于语境之中的。于"朋友"这个身份而言,"一个英国人在意大利时就成为英国人的朋友,一个欧洲人在中国时就是欧洲人的朋友;我们如果在月球上遇到一个人,我们或者会仅因为他是一个人而爱他"③。相反,于"我"而言,陌生人的角色同样在不断变化。因此,陌生人并非异乡客,并非敌人,也非文化背景不同的邻居,而可能就是生活在自己身边、没有亲缘关系的同胞。"陌生人是氏族、封建、游牧或农业社会在经历迁徙以及去亲属化之后涌现的社会现象。"④休谟将"陌生人"与"我"的关系设置在不断变化的时空中:"无论对人或对物,我们的位置是永远在变化中的;一个与我们远隔的人在短时期内可能就变成我们的熟识者。"⑤因此,当陌生人与我的距离缩短时,我会更容易同情他,而非其他更遥远的陌生人。由于这种物理距离和心理距离的相对位置,我的同情力度也在不断变化之中,而我对那个"遥远的陌生

---

① David Hume,*THN*,p.372.
② *Ibid.*,p.311.
③ *Ibid.*,p.310
④ 陈正国:《陌生人的历史意义:亚当史密斯论商业社会的伦理基础》,《"中央研究院"及史语言研究所集刊》,2011年,第83本第4分册,第780页。
⑤ David Hume,*THN*,p.372.

人"的同情则是最弱的。但休谟也承认,"同情虽然有这种变化,可是我们不论在英国或在中国对于同样的道德品质,都给予同样的赞许"①。这是因为,在经验世界中,我们的道德判断总会有一些标准,"谴责或赞美一个人,依据的是他的性格和品质对于和他交往的人们产生的影响",而且"不考虑受到那些品质影响的人是我们的相识者还是陌生人,是本国人还是外国人"。② 休谟这里的标准便是:令他人愉快、令我愉快、对他人有用、对我有用。③ 这四条相当于休谟道德哲学的"一般规则"(general rule),在一定程度上可以消除同情的物理距离和心理距离。

值得注意的是,在休谟的道德哲学中,"我"而非"陌生人"的视角才是重点。他在《人性论》中反复强调,"我"总喜欢偏袒熟人,我的同情总是有距离的,我对陌生人的仁爱之情太弱,不会为了陌生人的利益作出改变,但他同时又声称,赞同与否与是敌是友无关,我们总是能够同情陌生人,等等。④ 这些主张看起来就像悖论,但这种悖论恰恰反映了休谟对"我"或者说对人的本质的认识:人性既不完全是自私的,也不是完全仁爱的,而是两者的复合体。休谟的这种人性论源于对当时两种人性论的回应。

17 世纪后半叶到 18 世纪头 30 年,人性自私说或仁爱

---

① David Hume, *THN*, p.371.
② *Ibid.*, p.381.
③ *Ibid.*, p.377.
④ 休谟在 T.2.2.2.8, T.3.2.1.8, T.3.2.2.11 这几段强调同情的距离;在 T.2.3.10.5, T.3.3.1.25, T.3.3.6.2 这几段又强调我们总能同情陌生人。

说的代表人物是霍布斯、曼德维尔和沙夫茨伯里、哈奇森，还可以加上约瑟夫·巴特勒这位牧师。而离休谟最近的是曼德维尔与哈奇森的论辩。这场争论始于伯纳德·曼德维尔1705年出版的《抱怨的蜂巢》。这是一首宣扬人性恶、鼓吹国家不可缺少恶德的诗歌。1714年，曼德维尔以《蜜蜂的寓言》收录该诗，并补充了评论和相关论文，1729年，他又发表了六篇对话，作为《蜜蜂的寓言》的第二部分。这部由诗歌、杂文、对话构成的著作不断再版，引起了广泛的争议。曼德维尔宣称，"一个国家必定不可不缺少恶德，如同饥渴定会使人去吃去喝，纯粹的美德无法将各国变得繁荣昌盛"，而"人既是一种精明的动物，亦是一种格外自私而顽固的动物"。① 这样的论调承袭了霍布斯的主张，驳斥沙夫茨伯里有关"道德善"的主张。弗朗西斯·哈奇森为替沙夫茨伯里辩护，自18世纪20年代便陆续发表论文，反驳人性自私说，主张人性的普遍仁爱。他在1725年发表的《论美与德两种观念的起源》中批评霍布斯和曼德维尔说，"某些道德学家宁愿把自爱（self-love）拧巴成一千种形态，也不愿承认任何赞同而非利益的原则"②，还抨击后者主张人类领袖怂恿道德的观点。这是曼德维尔在《蜜蜂的寓言》提出的，他说："道德的最初基础，显然是由老练的政客策划出来

---

① 伯纳德·曼德维尔：《蜜蜂的寓言》（第一卷），肖聿译，商务印书馆，2016年，第29、31页。
② Francis Hutcheson, *An Inquiry into the Original of Our Ideas of Beauty and Virtue in Two Treatise*, edited and with an Introduction by Wolfgang Leidhold, Liberty Fund, 2004, p. 93.

的,旨在将人们变得互为有用,变得易于管理。"他还认为,越是仔细探究人的本性就越是深信,"道德美德皆为逢迎骄傲的政治产物"①。哈奇森认为道德也不是"习惯、教育、榜样和学习的结果"②,主张道德源于人人都有的道德感(moral sense),而且借助恻隐之心(compassion)证明仁爱(benevolence)是我们天生的,因为"有恻隐之心,我们喜欢打量别人的利益却丝毫不关心自己的利益"。③ 哈奇森和曼德维尔对人性的假设是完全对立的,同样,他们对陌生人的看法也完全不同。"在曼德维尔的伦理学里,陌生人就是无关乎'自我'之喜怒哀乐的绝对他者",而"对哈奇森而言,道德哲学的终极使命就是培养道德、美感,也就是对人类表现出普遍的慈善。而对陌生人施以善意、帮助,就是对自利论的最大否定"。④

实际上,这两种学说在《人性论》"论道德"中都遭到不同程度的批判。首先,休谟采纳了哈奇森对曼德维尔的这些反驳。他认为,道德的善恶之别不是"人为措施和教育的结果",也不是"聪明的政治家们通过荣辱的概念,努力约束

---

① 伯纳德·曼德维尔:《蜜蜂的寓言》(第一卷),肖聿译,商务印书馆,2016年,第35、37页。
② Francis Hutcheson, *An Inquiry into the Original of Our Ideas of Beauty and Virtue in Two Treatise*, edited and with an Introduction by Wolfgang Leidhold, Liberty Fund, 2004, p.97.
③ *Ibid.*, p.159.
④ 陈正国:《陌生人的历史意义:亚当史密斯论商业社会的伦理基础》,《"中央研究院"及史语言研究所集刊》,2011年,第83本第4分册,第798页。曼德维尔与哈奇森伦理学的对立,尤其是在人性和陌生人的假设方面,可参见陈正国教授这里的详细分析。

人类泛滥的情感,并使那些情感对公共利益发生促进作用而得来的结果"。① 而且,休谟在某种程度上认同哈奇森对仁爱和恻隐之心的看法,相信人类对善(goodness)与仁爱(benevolence)的赞同是无关效用和利益的,其原因在于这样的品行激起了人们的愉悦之情。② 其次,虽然《人性论》中"论道德"第一章第二节的标题是"道德判分源于一种道德感",仿佛是在附和哈奇森的观点,但是,休谟并不认同后者的道德感学说。詹姆斯·哈里斯根据休谟与哈奇森的通信推测这一章是"论道德"三章内容中最后完成的,并认为"第二、三章构成了对哈奇森道德哲学主要原理的完整抨击";他认为"论道德"的主要观点体现在"结语"中,即"同情是道德判分的主要源泉"。③ 笔者认为这一评判是合理的:休谟在《人性论》和《道德原则研究》中都没有将"道德感"作为解释道德起源的依据。哈里斯还认为休谟的《道德篇》更多受惠于曼德维尔,而离哈奇森主义更远。这一论断的证据是休谟关于"解剖学家和画家"的比喻与曼德维尔《蜜蜂的寓言》第一句的呼应,以及他在论述骄傲、荣誉以及政治社会中的道德情感与后者的诸多相似之处,确实不得不更

---

① David Hume, *THN*, p. 370.
② *Ibid.*, p. 385。这种"不涉效用和利益"的说法在《道德原则研究》被改为"仁爱情感的价值至少一部分来自其促进人类利益和造福人类社会的趋向",虽然这种趋向可以借助同情感受到。休谟这里的效用不同于后来功利主义者可计算的效用。参见大卫·休谟:《道德原则研究》,曾晓平译,商务印书馆,2006年,第34页。
③ James A. Harris, *Hume: An Intellectual Biography*, Cambridge University Press, 2015, p. 138.

让人确信《人性论》中有着浓重的曼德维尔色彩。① 尽管如此，休谟还是希望自己能够与这两者保持距离，不偏向任何一方：他批评"某些哲学家对人类自私情形津津乐道的描述，就其性质而言就像寓言和罗曼司中对妖怪的记载一样普遍"，这里的"某些哲学家"包括霍布斯、洛克，也可能包括曼德维尔；②他看到"家庭"中的人大多数是慷慨和善的，把大部分收入用于妻子儿女，而将较少的部分留给自己。因此，他认为不应无限放大人性的自私或慷慨，虽然"必须承认这种慷慨是人性的荣光"，但"那样一种高贵的情感，不但使人不能适于大社会，反而和最狭隘的自私一样，使他们几乎与社会相互抵触"③（T.3.2.2.6）。这里明显针对哈奇森和曼德维尔所代表的两类人性论。

休谟创作《人性论》时"正处于标榜自己异于凡人、斗胆攻击人们通常奉为神圣的观点，最是醉心于虚荣自负和踌躇满志的年纪"④，因而他在 1737 年给凯姆斯勋爵的信中

---

① See David Hume，*THN*，p.395。休谟 1739 年致哈奇森的信中也提到"解剖学家和画家"的研究方式。See David Hume，*LDH*，Vol.1，p.33。伯纳德·曼德维尔在《蜜蜂的寓言》（第一卷）的序言也提到这样的术语。见伯纳德·曼德维尔：《蜜蜂的寓言》（第一卷），肖聿译，商务印书馆，2016 年，第 1 页。
② David Hume，*THN*，p.905；David Hume，*An Enquiry Concerning the Principles of Morals*，edited by Tom L. Beauchamp，Oxford University Press，1998，p.242。《人性论》的编辑大卫·诺顿、玛丽·诺顿和《道德原则研究》的编辑汤姆·比彻姆都认为，休谟在正义论中对自私说的批评对象包括霍布斯、洛克、曼德维尔等。
③ David Hume，*THN*，p.313.
④ Brougham，*Lives of Men of Letters of the Time of George Ⅲ*，vol. i，p.200，转引自 James A. Harris，*Hume：An Intellectual Biography*，Cambridge University Press，2015，p.5.

说他的书中充满了"全新的观点"①,但这并不意味着他的道德哲学全是创新。他试图超越哈奇森和曼德维尔的人性假设,结果是对这两者的调和。这种调和并不能理解为休谟在某些方面赞成哈奇森,另一些方面认同曼德维尔——这样的解读对于理解他的人性论毫无助益;而是说,他试图以他调和的人性论来解剖社会——自私和有限慷慨的人性预设了人与人之间的合作与冲突,而不是纯粹的冲突或普遍的仁爱。如下文马上要讨论的,休谟对正义起源及其他德性的讨论是基于这样的人性假设,尤其是将正义之德追溯到人类遥远的过去。可以推断的是,休谟对人的同情能力的设定是以他所处的时代为基准的。换言之,能够同情陌生人情感的"我"是休谟时代的一个人,他/她当然也具有最初的人的一些共性,但这个"我"对自己的"利益"(interest)②,而非宗教背景下的"荣誉"(honor)或者古典时代的"美德",有着比过去任何时代的人都更清晰的认识。

需要与正义的起源

休谟在《人性论》第三篇中断言,"正义起源于人的自私和有限的慷慨,以及自然为满足人类需要所提供的稀少的

---

① David Hume, *LDH*, p. 24.
② Albert O. Herschman, *Passion and Interest: Political Arguments for Capitalism before Its Triumph*, Princeton University Press, 1977, p. 31。

第三章 "陌生人"的历史意义

供给"①。罗尔斯将休谟的这两个条件引为"正义的环境"。他指出,在这样的环境下,"人类的合作是可能的和必需的","只要互相冷淡的人们对中等匮乏条件下社会利益的划分提出了互相冲突的要求,正义的环境就算达到了"。②罗尔斯在《正义论》中阐释了休谟没有明确的"稀少供给"的程度,但他省略了休谟对正义的历时性讨论。在这条历时性的线索中,读者可以看到社会从小到大的转变过程中正义的起源及其发展。

休谟在叙述正义的起源时也讲述了一段社会的"历史"。他声称,"人类绝不可能长期停留在社会以前的那种野蛮状态,而人的最初状态和处境可以合理地被视为是社会的"③。他的前提是人类一开始便具有社会性。这一主张并不新奇,它在与休谟较近的近代自然法传统中早已有之。格老秀斯、普芬道夫等自然法学家的著作经格拉斯哥大学教授格肖姆卡·迈克尔的改编,在18世纪初的苏格兰知识领域逐渐形成道德哲学的潮流。作为亚里士多德逻辑学和形而上学的对立面,近代自然法学家的理论吸引着青年休谟。④ 在讨论社会的"历史"时,休谟大体上批判地吸收了这些作家的观点。比如,普芬道夫说,"人是一种关心

---

① David Hume, *THN*, p. 318.
② 约翰·罗尔斯:《正义论》,何怀宏等译,中国社会科学出版社,2006年,第126-127页。
③ David Hume, *THN*, p. 317.
④ James A. Harris, *Hume: An Intellectual Biography*, Cambridge University Press, 2015, pp. 41-42.

自己的生存、需要,没有同伴的帮助便不能自存,从互助中受益的动物",同时人"又具有攻击性、挑衅性,容易被激怒,一有可能便去伤害别人",所以,"为了安全,社会化对他来讲是必要的"。① 1730 年,哈奇森在格拉斯哥大学的就职演说主题也是"人的社会本性"以及本性中的哪些部分引导人走向社会的问题。② 休谟承认这些说法,并特别强调人的"欲望和需求"(wants and necessities)。他说,自然赋予人类无数的"欲望和需求",却给予他"薄弱的手段",而且,与其他动物相比,只有人类最大程度地结合了他/她的"软弱和需求",这种结合使得人类只有依赖社会才能弥补自身的缺陷。③ 而人类的另一种需要,即两性间的自然欲望,让这种结社的需要成为现实,社会不仅可能而且必需。对此,安纳特·贝尔形象地评论说,拯救亚当的是夏娃的出现,而拯救这两个人的则是性欲。④ 两性的结合以及父母对子女天生的关爱(natural affection),使得人们形成了固定的群体,"家庭"成为最初的社会。在这样的家庭社会中,用不了多长时间,人类在经验中形成的惯例和习性(custom and habits)就会让子孙后代意识到社会的好处,逐渐适宜社会生活,而不是像野兽一样仍然四处分散。休谟对早期社会

---

① 塞缪尔·普芬道夫:《人和公民的自然法义务》,鞠成伟译,商务印书馆,2010 年,第 82-83 页。
② 弗兰西斯·哈奇森:《逻辑学、形而上学和人类的社会本性》,强以华译,浙江大学出版社,2010 年,第 209 页。
③ David Hume, *THN*, pp. 311-2.
④ Annette C. Baier, *A Progress of Sentiments: Reflections on Hume's Treatise*, Harvard University Press, 1991, p. 227.

第三章 "陌生人"的历史意义

的描述在某种程度上类似于曼德维尔《蜜蜂的寓言》"第二部分"的某些叙述。后者写道,"在未开化的国度里,人们必定共同面对那种普遍的危险。他们生活在本身就时常变动的小家庭里,既没有政府,也不互相依靠。我相信,这走向社会的第一步乃是一种结果,而其原因也完全相同,即我们频频提到的那种共同面临的危险"①。不同的是,曼德维尔虽然承认"家庭"是走向社会的第一步,但他认为其原因完全来自对外部环境的恐惧;而休谟强调两性间的激情、父母的血亲之情,以及时间、经验和习惯等的作用。他认为,相比外部环境的威胁,或者"丛林状态下的"敌对关系,这样的情感纽带更有利于社会的形成,也更有利于维持社会的运行。从这里开始,休谟就已经把"有限的慷慨"置于社会之中了。

一旦人类形成了社会,"你的"和"我的"的区别就很有必要,因为这一点最容易引起纷争。换言之,财产权的确立是社会关系得以维系的重要一步。② 在休谟那里,正义与财产权相关。休谟采纳了格老秀斯《战争与和平法》的分析。后者指出,当人们不再满足于果腹为生、洞穴为居、树皮兽毛蔽体的生活时,就产生了各种劳动分工。那种原始

---

① 伯纳德·曼德维尔:《蜜蜂的寓言》(第二卷),肖聿译,商务印书馆,2016年,第248页。
② 关于财产权的讨论是17、18世纪启蒙思想家的重要主题,1755年卢梭发表的《论人类不平等的起源和基础》被认为是与17世纪霍布斯的对话。参见迈克尔·索南斯切《所有权、共同体和公民权》,见马克·戈尔迪、罗伯特·沃克勒主编:《剑桥十八世纪政治思想史》,刘北成等译,商务印书馆,2017年,第473页。

的公有财产制就解体了,因为居住的地方相距遥远,而人们之间缺乏公平和爱,公正的平等不可能体现在他们的劳动分工或劳动成果、收成中。"我们也就知道了财产权的起源,它不是源于单纯的心灵内部的行为",而是"源于某种协议或同意,要么通过物品分配明白表示,要么因为占有而默认同意"。① 休谟也意识到分工和交换对于财产权利的影响②,因为交换的前提是人们已经确定"你的"和"我的"的区别,确定各自拥有的物品不是公共所有。不过,他省略或者说模糊了"共有财产"这一历史阶段,而是直接论述私有财产,并诉诸人的利益激情来讨论人类社会确立财产权的必要性③:人自己的贪欲太强烈,而对陌生人的仁爱太微弱,为了维持社会,人类不得不约束自利的激情,达成一种协议(convention),而随着戒取他人所有物的协议被引入,每个人的占有物都有了稳定性,正义与非义的观念就产生了,财产权、权利、义务的观念也随之产生。因此,在休谟看来"一个人的财产权是与他相关的对象。这种关系不是自然的,而是道德的,是建立在正义之上的"④。正是在这个

---

① See Hugo Grotius, *Rights of War and Peace*, edited and with an Introduction by Richard Tuck, From the edition by Jean Barbeyrac, Liberty Fund, 2005, Book Ⅱ, pp. 426-427。参见格老秀斯:《战争与和平法》(第二卷),弗朗西斯·W.凯尔西(英译),马呈元等译,中国政法大学出版社,2016年,第28页。
② David Hume, *THN*, p. 330。休谟并没有过多分析分工和交换;后来亚当·斯密在《国富论》开篇几章中话题重提,详细阐释了分工和交换。
③ 参见张正萍:《激情与财富:休谟的人性科学与其政治经济学》,浙江大学出版社,2018年,第135-138页。
④ David Hume, *THN*, p. 315.

意义上,正义是一种"人为之德",是"为了应对人类的环境和需要所采用的人为措施或设计"①之一。

这种正义论颠覆了休谟之前的道德观,因为"从柏拉图直到自然法的宏大体系中,正义从不被认为是一种人为的或约定的事情,而是'自然的'——公正地行事是人类本性的一部分"②。这种论调表明休谟对传统正义论的一种怀疑。值得注意的是,休谟所说的人为的正义与霍布斯描绘的正义图景是不同的。霍布斯的正义也是人为的,因为"正义的来源"在于"信约的订立","在正义与不义等名称出现以前,就必须先有某种强制的权力存在,以使人们所受惩罚比破坏信约所能期望的利益更大的恐惧来强制人们对等地履行其信约,并强制人们以对等的方式来维持通过相互约定、作为放弃普遍权利之补偿而获得的所有权"。③ 这种正义论遭到普芬道夫的批判。后者认为,"在能够知道一项协议是否应当被实施之前,个人应当确认,该协议是在自然法的命令或者至少是允许之下订立的"④。休谟不同意霍布斯的正义论,因为在他看来,正义存在于没有政府的社会之中;他也不完全赞同普芬道夫的自然权利说,因为是利益引导我们遵守协议,"没什么比我们的激情更警觉、更有创造

---

① David Hume, *THN*, p.307.
② 克里斯托弗·贝里:《大卫·休谟:启蒙与怀疑》,李贯峰译,华中科技大学出版社,2019年,第34页。
③ 霍布斯:《利维坦》,黎思复、黎廷弼译,商务印书馆,1985年,第109页。
④ 塞缪尔·冯·普芬道夫:《自然法与国际法》(第一、二卷),罗国强等译,北京大学出版社,2012年,第137页。

力,也没什么比遵守这些规则的协议更明显的了"①。詹姆斯·莫尔评论说,在休谟那里,"财产权以及遵守诺言的义务为社会生活提供了制度安排",但"这种安排在源头上是人为的、非自然的","正义法则对于社会生活应该是不可或缺的,因此应该与社会是共存的","正义法则以及由此派生的各种权利与义务都是人为的"。② 而詹姆斯·哈里斯认为,"休谟描述的正义和财产,其依据不在自然权利而在现实之中"③。因此,休谟与17世纪自然法作家的道德哲学已分道扬镳。

这种思想上的分岔还特别表现在休谟注重家庭、小社会和正义起源的阐释。休谟指出,每一个家长,为了维持他子女之间的和平,必须确立这种"戒取他人所有物、稳定每个人所有物"的规则。随着社会日益扩大,正义的这些最初萌芽必会日益改善。④ 换言之,在休谟看来,正义最初的萌芽在家庭内部之间。休谟眼中正义的发明者根据先前的经验知道合作和相互信任是可能的,而且是有利的。贝尔认为,这种正义的协议是性爱、家庭生活和友谊的协议;但稳定占有物、将占有物变成财产权的"协议"或有条件的同意

---

① David Hume, *THN*, p. 337.
② 詹姆斯·莫尔:《苏格兰启蒙运动中的自然权利》,见马克·戈尔迪、罗伯特·沃克勒主编:《剑桥十八世纪政治思想史》,刘北成等译,商务印书馆,2017年,第291页。
③ James A. Harris, *Hume: An Intellectual Biography*, Cambridge University Press, 2015, p. 127.
④ David Hume, *THN*, p. 316.

是非朋友、非爱人、非亲属之间的。① 所以,休谟必须将最初的协议推及非家庭成员之外的社会。他再次谈到自利的自我约束、戒取他人财物,此举不仅不违背自己或亲朋的利益,而且还能顾及双方的利益。因此,当社会成员相互表示出"普遍的公共利益感",便达成了最初的协议或同意(convention or agreement)。这份协议甚至没有加入一个"承诺",它靠的是双方相互参照的行为,在做出那些行为时假定别人也会那样做。所以,贝尔认为,"在休谟看来,协议不只是彼此充分的情感表达,还是彼此参照的、平行情感的表达"②。当一个社会内部的成员——即使是一个陌生人——遭到非义时,人们那种"普遍的公共利益感"仍然会促使他们谴责那个加害者。可以说,正义萌芽于家庭,形成于"社会"。因此,哈孔森指出,"基于永恒存在的人性的特征(自爱和有限的仁爱)和同样普遍的这个世界的特征(相对稀缺性),正义必定有一个历史,而这个历史又必定是纯粹自然的"③。

然而,在论述正义的起源时,休谟似乎没有表明违背正义会遭到怎样的惩罚。当论述正义的三条法则——即稳定财产占有物的法则、根据同意转移所有物的法则、履行诺言

---

① Annette C. Baier, *A Progress of Sentiments: Reflections on Hume's Treatise*, Harvard University Press, 1991, p.228.
② *Ibid.*, p.231.
③ 努德·哈孔森:《立法者的科学:大卫·休谟和亚当·斯密的自然法理学》,赵立岩译,浙江大学出版社,2010年,第46页。

的法则①时,他仅仅提到,"这些规则遭到忽视的地方,人们也不可能建立良好的联系",而"社会是人们福祉(well-being)所绝对必需的;而这些法则对于维持社会也是必需的"②。从一开始,休谟就主张社会对人类有用是因为它的力量、能力和安全。一个人脱离社会,其后果是他的力量变得弱小,有诸多不便,以及令人担忧的安全状况,但是,所有这些都不是"法律"意义上的惩罚。因此,在政府产生之前就已存在的维持社会的三条正义法则并不具有强制性:人们可以不遵守,保持孤立弱小的状态;但若要进入社会就必须遵守。因此,可以说,正义法则是人类相互需要、追求幸福的产物。

问题是,随着社会成员的增加,小社会逐渐变成较大的社会时,正义规则就可能面临难题。休谟清楚地知道小社会和大社会的区别及其对道德情感的影响。自爱和对直接利益的认识诱导小社会的人们自然而然地把"自己置身于"那些规则的约束之下,因为那些规则可以让他们的交往更安全、更方便。形成正义惯例的第一个动机是自利,自利在"最初形式的社会"中强烈有力足以引导那些未开化的人的行为。③ 但在大社会,直接利益变得遥远了,破坏正义规则

---

① David Hume, *THN*, p. 337。休谟认为,这三条法则是维持社会必需的,在政府形成之前就已经存在。参见大卫·休谟:《人性论》,关文运译,商务印书馆,2017年,第577-578页。
② David Hume, *THN*, p. 337.
③ Mikko Tolonen, *Mandeville and Hume: Anatomists of Civil Society*, Voltaire Foundation, 2013, p. 190.

带来的秩序混乱并不像狭小的、有过约定（contracted）的社会那样能够让人马上感受到。此时，休谟诉诸同情来解释正义的起源。他说，"自利（self-interest）是确立正义的原始动机，但对公共利益的同情是伴随正义之德而来的道德赞同的源泉"。他接着说，"后一种同情原则太过微弱以至于不能控制我们的激情，但它足以影响我们的趣味（taste），让我们产生赞同或谴责的情感"①。这里再次看到休谟调和了曼德维尔和哈奇森的学说，但这里的语调确实更像前者：他指出，这种"趣味"的形成受到"政治家们的人为措施""公众的褒贬""私人教育和教导"以及"荣誉感"等因素的影响。② 值得注意的是，休谟这里的叙述已经悄悄地从小社会转向了较大的社会，人对"社会"的需要转向了对追求利益时的权力保障以及对政治权利的诉求。

利益与"大社会"的政治义务

休谟非常清楚大小社会之别对道德情感的影响。在小的未开化社会，一旦正义规则建立，人人都会认识到自己的利益。正义的基础即自利直接呈现在面前，每一次违背正

---

① David Hume, THN, p.321。值得注意的是，这两句都不是《人性论》初版中包含的语句。前述1826年版以及1888年塞尔比-比格编辑的牛津版本都只有第一句，没有第二句。大卫·诺顿等编辑的2011年版加上了第二句，并在注释中解释了第二句话的来源，是初版《人性论》这一文本后添加的两句话。See David Hume, THN, p.910。

② 大卫·休谟：《人性论》，关文运译，商务印书馆，2017年，第536-537页。

义,对利益的感受都是具体的、实质性的,与社会成员息息相关。① 但是,人性的共同特征是偏好近的利益而非遥远的模糊的利益,因此,当社会逐渐扩大,"公共利益"遥不可及时,如休谟所言,对"公共利益的同情"就变得微弱了。所以,当他谈到如何让大社会中的人们相信必须恪守履行诺言的义务时,问题就出现了。

人类天性是自私的,所以"不会轻易被诱导着为了陌生人的利益而做出任何行为,除非是为了某些互惠的好处,而这种好处只有在自己做出有利于对方的行为时才有望获得"。② 但获得这种互惠的好处有一个时间先后的问题,其中一方处于一种不确定的状态,无法确定自己做出有利于他人的行为后对方是否可以回馈同样的好处。休谟举了两个例子:双方互相帮助收割谷子的例子,以及互相交换服务以换取好处,这两个例子显然涉及信任问题。在一个双方相互信任的社会,今天你帮我收割谷子,明天我帮你收割谷子,双方都收获了庄稼,互助的承诺能够兑现。但在这两个例子中,休谟所说的行为人都是对彼此没有任何真正善意的陌生人,如果缺乏"相互的信任和保证",我不帮你收割,你也不帮我,那么双方的收成可能都会损失。休谟在语言上区分了陌生人的互助和熟人之间的互助,用他的话说是自利的交往和不涉利益的交往,前一种可以称为"承诺",后

---

① Mikko Tolonen, *Mandeville and Hume: Anatomists of Civil Society*, Voltaire Foundation, 2013, p.231.
② David Hume, *THN*, p.333.

第三章 "陌生人"的历史意义

一种是慷慨高贵的友谊和善意。现实社会,尤其是在近代社会中,虽然友谊和善意的帮助仍然存在,但自利的交往在社会中占据了主导地位。而"承诺"是涉及利益的,一旦人们许下承诺,便受到利益的约束履行诺言,如果拒绝兑现诺言,他将再也得不到别人的信任。休谟认为,履行诺言的利益是人性能够感受到的,哪怕是原始人或未开化的人,"都感受到忠实履行约定的利益,并向社会成员表达那种感受"①,也足以让人们履行协约中的义务。在小型社会中形成的"承诺"能够得到遵守,是因为人们对利益的感受很直接,当社会规模扩大到人们无法直接感受到履行诺言的利益,扩大到人们可能有能力消失在人群中、逃脱制裁和惩罚时,人们就极有可能不遵守承诺或对协议食言。因此,休谟说:"正义规则虽然足以维持社会,但人们并不能在大的优雅社会中自动遵守那些规则。于是他们建立政府,作为达到他们目的的一个新发明,通过更严格地执行正义来维持旧的利益或谋求新利益。"②

尽管休谟诉诸对陌生人情感的同情,即使"当非义行为与我们距离很远、丝毫影响不到我们的利益时,它还是让我们不高兴。因为我们认为它是危害社会的,谁要和非义的人接近,谁就要遭到他的侵害"③。但是,在大社会中,光有同情是不够的,遵守正义的动机越来越弱,因为违背正义规

---

① David Hame, *THN*, p. 335.
② *Ibid.*, p. 348.
③ *Ibid*, p. 320.

则所带来的好处近在眼前。休谟需要解释,在大社会中,人们为什么也不得不遵守正义规则。没有政府强制实施的法律,即使有同情原则,正义也无法在大社会中执行。这也是"休谟在《道德篇》中关于财产权起源和承诺的论述后面为何必须接着论述政府的起源以及有义务服从人民生活于其治下的政府",因为在大社会中,"信守诺言的义务,只有在强制遵守协议的政府中才会很严格"。[①] 在这里,政治义务就和道德义务关联起来。这两种义务的联结点是"利益"。人类很大程度上总是关注自己的利益,即使在这份关注扩大到自身之外时,其范围也不会很大。人类对于陌生人和不相关的人的利益,可能只有很微弱的关注,因此,人们总是只看到眼前的利益,不关注遥远的陌生人的利益。与此同时,人类明白只有遵守正义规则才能维持社会、维护自己的利益,因此,遵守正义规则就成为最切近的利益。但是,执行正义并不是靠所有人完成的,只有少数人才能做到。这些人是民政长官、国王和大臣,这些统治者对国内大多数人来说是中立的,对向遥远的利益进行不义之举不感兴趣;他们满足于自己的现状和职责。其直接利益在于正义的每一次执行,而执行正义对于维持社会非常必要。休谟视之为"文明政府和文明社会(civil government and society)的

[①] James A. Harris, *Hume: An Intellectual Biography*, Cambridge University Press, 2015, pp. 130-131.

第三章 "陌生人"的历史意义

起源"①。这里,人们对正义的感受已经发生了变化:小社会中能够感受到的公共利益变成了大社会中的正义规则。因此,哈孔森评论道:"正义是如何被确立的是一回事,而一旦它建立起来了,我们与它的关系则是另一回事。"②这一评论非常准确,因为,若没有政府,社会可以维持一段时间;但若要严格执行正义,就必须要有政府。

休谟在其创作的不同文章中描绘了一段"政府的历史"。他认为,政府最初源于几个不同社会的战争,而非一个社会的内部。在他看来,对于同一个社会的成员而言,交易往来(commerce)有利于彼此,若不如此便不能维持社会,因此,内部不太容易引起争端,但"对于一个没有政府的社会,对外战争必然导致内战"③,较少的财物就足以引起不同社会的争端,而大量财物投入人群势必引起争端。休谟还以美洲部族为例说明战争中的权威为何能够在社会中延续下来,最初的政府为何总是君主制或军政府,在军政府之后才是"文明政府"(civil government),并顺便批判了父

---

① 此处几个版本的文本是有差别的。1826年版本的《人性论》此处原文是:"Here, then, is the Origin of Civil Government and Society", see, p. 316。而2011年牛津版此处为:"Here then is the Origin of Civil Government and Allegiance", See THN, p. 344. 根据塞尔比-比格编辑的《人性论》(1946年版)的商务版中译本译为"这就是政府和社会的起源",漏掉了"civil"一词的意思,见大卫·休谟:《人性论》(下),关文运译,商务印书馆,2005年,第578页。这一译文不太妥当。应该说,休谟明确区分了社会和政府的起源,但在这里没有可以区分文明政府和文明社会,两者似乎都是指"政治社会"(political society)。
② 努德·哈孔森:《立法者的科学:大卫·休谟和亚当·斯密的自然法理学》,赵立岩译,浙江大学出版社,2010年,第24页。
③ David Hume, THN, p. 346.

权制学说的理论基础。① 最后,他总结说,导致战争的是财富和占有物。"只有财富和占有物的增加"才会扰乱人们的和平和睦②,进而导致权威和政府的形成。这里的战争不是自然状态下人与人的战争状态,而是一个社会与另一个社会的战争;这里的政府也不是按照契约或同意缔结的政府,而是在经验和惯例中逐渐形成的政府。休谟在这里彻底抛弃了霍布斯或洛克的社会契约论,以利益阐释政府以及服从的原因:如果不服从民政长官的"政治义务",那就"没有一个政府能够存在,也不可能维持大社会的和平或秩序,因为大社会一方面有太多的占有物,另一方面有如此多现实或想象的需求"③,而"政府这个庞大机构的最终目的只是分配正义"④。

不同形式的政府执行正义的情形也不尽相同。休谟在《道德和政治论文集》中讨论了各种类型的政府:野蛮的君主国和文明的君主国,绝对政府、专制政府和自由政府等。在他看来,政府形式与文明程度并无太多关联:君主制可以是文明的,共和制也可以是野蛮的。野蛮和文明的区别是人治还是法治,文明的君主国也有良好的秩序,也能保障财产的安全。⑤ 休谟希望立法者"应该提出一套法律体系协

---

① 大卫·休谟:《人性论》,关文运译,商务印书馆,2017年,第537页。
② David Hume, *THN*, pp.346-347.
③ *Ibid.*, p.349.
④ 大卫·休谟:《政治与经济:休谟论说文集卷一》,张正萍译,浙江大学出版社,2011年,第28页。
⑤ 大卫·休谟:《政治与经济:休谟论说文集卷一》,张正萍译,浙江大学出版社,2011年,第72页。

调公共事务的管理"①,但是,"一个不受约束、尚未教化的蛮族君主不会成为一个立法者",在野蛮君主制统治下的民族是"完全和确切意义上的奴隶;他们不可能渴望任何趣味或理性上的提高,甚至不敢奢望过上丰衣足食、安全和平的日子"。② 而在文明国家中,为了保障公民自由,立法和执法的权力需要分开。"文明的君主从不纡尊去干涉世俗之事。在一个文明的政府中,统治者承认自己的任务是制定法律,不是执行法律。他全神贯注于阐释、增补一般法则,这么做的时候,他让自己远离具体事务,以便他公正行事。当他把自己的功能局限于此时,压迫的危险就很遥远了。"③休谟这里明确指出一般法则(general laws)与统治者制定的法律之间的关系,强调前者在整个法律体系中的地位。在这里,政府制定的法律是强制性的,不同于早期小社会中的正义法则,因为每个人都有保障自己利益的诉求,这些法律必须得到严格执行。休谟也谈到服从的限度,"利益是政府的直接裁断,两者相互依存;任何时候,民政长官如果过度压迫以至于人们完全不能忍受其权威,此时我们便没有服从他的义务了"④。因此,在他那里,政治义务与人们的利益诉求是直接相关的。

---

① 大卫·休谟:《政治与经济:休谟论说文集卷一》,张正萍译,浙江大学出版社,2011年,第15页。
② 大卫·休谟:《政治与经济:休谟论说文集卷一》,张正萍译,浙江大学出版社,2011年,第80-81页。
③ Neil McArthur, *David Hume's Political Theory: Law, Commerce and the Constitution of Government*, University of Toronto Press, 2007, p.55.
④ David Hume, *THN*, p.352.

但是，执行正义并不是政府的唯一目标。在休谟看来，政府还会扩大其有益的影响，它"常常促使人们通过齐心致力于某种共同目的或目标进而追求自己的好处"①。也就是说，政府带给人们的不仅是维持现有的利益，还会进一步增加人们的福利。休谟描述这种政府时说，"修筑桥梁、开辟海港、修筑城墙、挖掘运河、装备舰队、操练陆军，所有这些都是因为政府的关切；虽然政府是由缺点主导的人构成的，但在政府的照料下，凭借人们能够想象的最精微、最巧妙的发明，社会成为某种程度上免于所有这些缺点的一个组织"②。每个人都只关心自己的利益，结果导致了公共利益。不可否认，休谟在这里回应着曼德维尔的"蜜蜂的寓言"③；实际上，被后来评论者视为"无意图的结果"④的这一思想也被斯密、弗格森等人所共享。然而，并不是所有的政府都能形成"无意图的结果"。休谟在这里没有告诉读者，这样的政府不是野蛮政府，而是一种"文明政府"。

休谟不仅讨论了一个政府内的政治义务，他还将正义的法则扩大到多个文明政府同时存在时的道德义务，即国际法的规则。休谟认为，"和平、交往和互助的好处必然会把个人之间形成的正义概念扩展到各国之间"，人与人之间的利益诉求促使人们约束自己的行为，形成履行职责的道

---

① David Hume, *THN*, p. 345.
② *Ibid*.
③ 伯纳德·曼德维尔:《蜜蜂的寓言》(第一卷)，肖聿译，商务印书馆，2016年，第2页。
④ Mikko Tolonen, *Mandeville and Hume: Anatomists of Civil Society*, Voltaire Foundation, 2013, p. 228.

德义务,"同样,利益的自然义务也产生于各独立的王国之间,形成相同的道德"①。不过,休谟并不赞同之前政治学家们将政治团体(a body politic)完全当作一个人(one person)的说法,因为国家之间的交往虽然是有利的,有时甚至是必然的,但这种交往并不像个人之间那样必要、有利,因为个人的交往是以人性为基础的,但国家之间的交往却并非如此,因此,国家间履行正义的自然义务就不像个人之间那样有力,其道德义务同样也很弱。这样,休谟就解释了为何我们会更宽容违背诺言、破坏正义法则的国家,而对个人则要更严苛一些。在这里,我们同样看不到休谟对违反国际法的国家的惩罚,因为在他看来,自然正义和政治正义(natural and civil justice)的道德规则都"源于人类的协议,是出于维持和平和秩序的利益"②(T. 3.2.11.5)。因而,国际法同样存在退出机制,不仅如此,即使一个国家违背了国际法,也没有惩罚措施。尽管如此,休谟仍然强调"和平和秩序",而不是战争。这或许和他的"穷国—富国"以及对商业的认识有关。他曾在《论贸易猜忌》中写道,"作为一个人,作为一个英国人,我都真心希望德国、意大利,甚至法国都能繁荣昌盛。至少我相信,如果大不列颠以及其他各国的君主和大臣能够敞开心扉、以仁爱之心对待彼此,各国都将会更加繁荣"③。休谟以这种近乎"呼喊"的方式

---

① David Hume, *THN*, p.363.
② *Ibid.*, p.364.
③ 大卫·休谟:《政治与经济:休谟论说文集卷一》,张正萍译,浙江大学出版社,2011年,第205页。

表明"一个自由的世界贸易体系"①会让富国和穷国同时受益。不同于战争,商业的性质是温和的、和平的。在1752年发表的《政治论丛》(*Political Discourses*)中,休谟勾勒了一个追求利益的、更大的、国际性的商业世界,这个世界属于更多的陌生人。

文雅社会的"礼貌"

尽管休谟对"自由的世界贸易体系"持乐观态度,但他对现实中的国际正义并不抱太多希望,而且显然没有把国际法作为其道德论的重点。事实上,休谟没有完成《人性论》设计的讨论政府和批评的两卷。他的道德哲学聚焦的是人性本身,尤其是人在文明政府治下的道德义务。当然,"文明的政府(civilized government)与文明的社会相伴而行"②,在这样的社会中,人们可以合法地追求自己的个人利益,赢得自己的地位、荣誉和自尊。虽然休谟说《人性论》的第三卷与前面两卷没有多少联系,但显然,他在讨论"其他的德与恶"时延续了第二卷对"骄傲与谦卑"的讨论。

在中世纪基督教的语境中,"骄傲"并不是什么好品质,"谦卑"被列在诸德之中。即使到了17—18世纪,"攻击和

---

① 伊什特万·洪特:《苏格兰古典政治经济学中的"富国穷国"之争》,见伊什特万·洪特、米凯尔·伊格纳季耶夫编:《财富与德性:苏格兰启蒙运动中政治经济学的发展》,李大军等译,罗卫东校,浙江大学出版社,2013年,第326-327页。

② Neil McArthur, *David Hume's Political Theory: Law, Commerce and the Constitution of Government*, University of Toronto Press, 2007, p.35.

讽刺人的'骄傲'的神学家和文学家们总是不厌其烦、很不友善地指出来","因为欲望被满足所带来的快乐与主体对他人看待自己想法的信念有关,这种信念显然极易在错误或幻觉中产生,而实际上,这种欲望也喜欢根据它本身的强烈程度产生错误或幻觉"。① 但是,也正是在这一时期,越来越多的思想家开始为"骄傲"申辩。在休谟之前,霍布斯、曼德维尔都曾讨论过"骄傲"这种激情。② 他们的观点都让正统神学捍卫者们不快,常被斥为道德败坏。但这也无法妨碍这一时期的思想家探讨"人的科学"。芬利指出,在休谟的《人性论》中,骄傲有三层含义:第一,希望得到别人的认可或赞美;第二,自尊,或者说一个人对自身、品质、行为的"好评";第三,好胜心,渴望别人承认自己的优势并表达出这种认可。③ 这三层意思都意味着承认自己,无论是陌生人还是自己都能够承认自己的优势或长处。这种对自我的认可和期待他人对自己的认可的欲望,成为人们行动的一种动力。

在休谟看来,"那个被认为是最密切而且在其他一切关系中最常产生骄傲情感的关系,乃是财产权关系",将财产权定义为"在不违背正义的法则和道德上公平的范围内,允

---

① Arthur O. Lovejoy, *Reflections on Human Nature*, Johns Hopkins University Press, 1961, p. 90.
② 参见张正萍:《激情与财富:休谟的人性科学与其政治经济学》,浙江大学出版社,2018 年,第 56-57 页,以及第 57 页注释 1。
③ Christopher Finlay, *Hume's Social Philosophy: Human Nature and Commercial Sociability in 'A Treatise of Human Nature'*, Continuum International Publishing Group, 2007, p. 92.

商业社会的诊治
◆ 苏格兰启蒙史学研究

许一个人自由使用并占有一个物品,并禁止其他任何人这样使用这个物品的一种人和物的关系"。① 当休谟将"骄傲"这种激情与"财产权"关联起来时,实际上也暗含着将人的行动与激情关联起来。这里的行动是多种多样的,因为"财产权"是人与物的关系,人们占有或使用的一切"物"都可以构成财产权关系,财富、权力、名誉、地位、美貌等都是"物",都能引起人的骄傲之情。人们总喜欢追求让自己感到骄傲的事物,因为,骄傲是对自己的认可和重视,是对自己价值的肯定,它让我们对自己有信心。

虽然骄傲令自己感到快乐,但在与他人的交往中,自己的骄傲或过分的自负在他人眼中却是恶劣的。"令我们对他人的骄傲感到不快的,乃是我们自己的骄傲;我们无法忍受他人的虚荣,乃是因为我们自身虚荣。"② 人们虽然会同情他人的快乐,但这种同情的力量是有限度的:"对他人快乐的同情不会发展得太远以致完全改变我的情感和思考方式,但也不会太弱以致不扰乱我顺畅的思维,并推崇他的同意和赞许推荐给我的那个意见。"③ 也就是说,当我感受陌生人的情感时不会完全与他同喜同悲,也不会完全无动于衷,陌生人的情感在我这里就会形成一种新的情感。这种情感是在"比较"之中得出的。当我们直接观察他人的快乐时,我们会形成一种快乐,但当这种快乐与我们相比较时,

---

① David Hume,*THN*,p.202.
② *Ibid.*,p.380.
③ *Ibid.*,p.378.

就会产生一种苦涩的落差感；别人的痛苦会增加自己的幸福感。实际上，这种比较是一种反向的同情。这种反向的同情在"我"心中激起了不同的情感：陌生人的"骄傲"在我这里就会激起"谦卑"，但谦卑总是令自己不快的。因此，为了协调人际冲突，休谟指出："就像我们确立了自然法以便在社会中确保财产权，防止自我利益的相互对立；同样我们也确立了良好教养的规则，以防止人们的骄傲互相对立，并使交谈成为愉快的和不讨厌的。"①经济活动和道德行为的这两项规则并行不悖；由于财产权和骄傲的关联，两者甚至是互为补充的。这也是"礼貌"在文雅社会中如此重要的原因所在。

"良好教养"(good-breeding)、"礼节"(civility)、"好风度"等词都被休谟用来表示"礼貌"(politeness)。米克·托洛宁认为，"在《人性论》中，礼貌与骄傲直接相关，而且只与这一激情相关"②。这一论断可以从该著作第三卷第三章的第二节"论伟大的心灵"中得到印证。在休谟看来，自满(self-satisfaction)、虚荣在人的性格中是允许存在的，而且还是必需的，但是，几乎人人都有高估自己这一恶行的倾向(propensity of vice)，因此，"某种伪装是绝对必需的，如果我们心中藏着骄傲，我们也必须装出谦和的外表，在我们的一切言行举止中表现出谦和和恭敬"③。将"礼貌"说成一

---

① David Hume, *THN*, p.381.
② Mikko Tolonen, *Mandeville and Hume: Anatomists of Civil Society*, Voltaire Foundation, 2013, p.194.
③ David Hume, *THN*, p.381.

种"伪装",而不是发自内心的举动,休谟早年的信件也表达了这样的想法。他在一封写给迈克·拉姆齐的信中探讨英国人和法国人的礼貌时指出:礼貌的本质不是淳朴和诚实。真正的礼貌不是发自内心的,事实上任何礼貌行为都不是从心而为的。① 在《人性论》中,休谟再次强调习俗对于人们教养和礼貌行为的影响。人人都需要知道自己在这个世界上的等级和地位,做到合乎礼节、不逾规矩。门第、财产、职业、才能或声名等等,这些确立了人们的身份,骄傲或自负的情感需要与这种身份相称,并"据此调整我们的行为"。② 日常生活中表现出的礼貌和谨慎,实际上是一种"隐含的骄傲",但如果是符合礼数的言行,它仍然符合一般的习惯和习俗。坦言之,在休谟看来,高贵者的谦卑不过是其良好教养的体现,他以这种礼貌藏起本人的优势,让他的同伴感到与他交往的愉快。

把"有教养"说成"隐含的"骄傲,这样的说法在曼德维尔那里也很明显。后者在《蜜蜂的寓言》中写道,"有教养的绅士认为自己最值得骄傲之处,乃是掩饰骄傲的娴熟技巧,其中有些人在隐藏这个弱点时堪称专家,乃至他们心中充满自傲时,俗人反而以为他们最不受骄傲的主宰"③。但是,笔者认为休谟在这里没有不加批判地接受曼德维尔的

---

① James A. Harris, *Hume: An Intellectual Biography*, Cambridge University Press, 2015, p.79.
② David Hume, *THN*, p.382.
③ 伯纳德·曼德维尔:《蜜蜂的寓言》,肖聿译,中国社会科学出版社,2002年,第101页。

观点。他始终认为，骄傲或过度的自负，在他人眼中不是一种德行（virtue），而是恶（vice）。但是，为何大人物的骄傲却能引起人们的同情和赞美？这里涉及的是骄傲这种激情的程度。在休谟看来，"骄傲或自尊的价值在于两个方面，即它给予我们自己的效用和快乐，借此让我们经营事业（business），同时给予我们一种直接的快乐。当它超出了恰当的界限以后，它就失掉了第一种好处，甚至变得有害；这就是为何无论骄傲和过度的野心如何被良好教养和礼貌调节，我们依然要谴责它们的原因所在"①。至于大人物的英雄主义、军功荣耀，人们的称赞源于对那种昂扬斗志的强烈同情，它超出了人们对大人物军事荣耀给世界带来痛苦的憎恨。② 然而，在现实的日常生活中，别人的骄傲和傲慢总是会冒犯自己的骄傲，让人感到不快。因此，礼貌"严格遵从本质上日常的原则和习惯——就像军队中的勇气、迷信里的供奉一样"，它就像人的第二天性，"比起最好的天性，礼貌尤其对完全陌生的人是更可靠的行为准则"③。

在休谟的论述中，骄傲和礼貌仿佛一个"悖论"：每个人都想得到别人的尊重，拼命追求财富、地位等能让他感到骄傲的事物，"一个人的地位自然会招来别人对他恶意的猜

---

① David Hume, *THN*, p. 383.
② 休谟曾提到"双重的同情"，以及欣赏悲剧所感到的愉悦。这里对大人物英雄主义的称赞也是双重同情的表现，详细论述可参见张正萍：《激情与财富：休谟的人性科学与其政治经济学》，浙江大学出版社，2018年，第45-46页。
③ James A. Harris, *Hume: An Intellectual Biography*, Cambridge University Press, 2015, p. 79.

疑,礼貌的任务便是遏制这种猜疑,谨慎地流露自己的情感,表现出与易于嫉妒相反的情感"①。让这个"悖论"得以成立的乃是一个"大的优雅社会",是一个处处都可能遇到陌生人的文明社会。休谟曾提到一个出身名门但境况贫困的人为何更愿意抛弃亲友故土、投身于全是陌生人的社会中谋生,那是因为,在陌生人的社会中,大家彼此不知底细,因而更可能会保持一种礼貌的行为,而不像在熟人社会中,彼此的熟知反倒令他感到很不自在。约翰·麦齐评论"好风度"时说这些言行"都是轻微的人为之德"②。根据休谟对"人为"和"自然"的划分标准,礼貌、礼节、教养等显然属于"人为之德",是陌生人社会中人与人之间交往的优雅准则。而休谟就生活在这样的社会之中。

18 世纪已显露出不同于 17 世纪自然法学家们的时代特征。休谟面临的是一个相对和平的社会而非混乱的战争环境,一个越来越"去亲属化"的社会。因此,他不会全盘接受霍布斯或曼德维尔对人性和社会的论断,也不可能完全相信哈奇森基督教色彩的仁爱说。当他追溯道德的起源时,他看到了一个社会中每个个体之间的联系:他们之间有的是亲属关系,但更多是非亲属、非朋友的关系。这样的个体成为个体之间的心理距离和行动参照系:"一切谴责或赞美的情感,都是随着我们对所谴责或赞美的人的位置远近,

---

① 大卫·休谟:《论技艺和科学的兴起与发展》,见《政治与经济:休谟论说文集卷一》,张正萍译,浙江大学出版社,2011 年,第 96 页。
② J. L. Mackie, *Hume's Moral Theory*, Routledge, 1980, p.126.

第三章 "陌生人"的历史意义

随着我们现在的心理倾向而有所变化的。"①尽管对陌生人的同情是有限的,但在这有限的同情中,人们形成了最初的正义规则;也因为这种有限的同情,大社会中的正义法则必须依靠政府强制执行。这也可以解释为何在根据《人性论》第三卷改写的《道德原则研究》中,他更加突出"效用"②在道德评判中的作用。

在休谟的道德世界里,虽然"陌生人"一开始就存在于社会之中,但他/她与周围人的关系并非一开始就像文雅社会一样。就像社会有其历史进程一样,"陌生人"的道德内涵同样也有一个历史过程。实际上,"陌生人"这个概念一直存在于生活世界,比如,古典时代把外族、讲不同语言的人称为外邦人、异乡客。只有在商业社会中,陌生人之间才可以说有权利与义务的关系。如陈正国所言,"在传统社会或传统政治意识形态里,陌生人即使不必然被视为社会的敌人,也至少不属于社会这范畴。不管人类如何构想社会,陌生人经常不属于社会成员,遑论有权利义务关系的成员。

---

① David Hume, *THN*, p. 383.
② 1739年,休谟在给弗朗西斯·哈奇森的信中讨论"论道德"时已经暗示了他的思想渊源。他引用贺拉斯的话说"效用是正义和公平之母",并表示"格老秀斯和普芬道夫也会持同样的看法"。See David Hume, *LDH*, Vol. 1, p. 33. 而这些观点在休谟根据第三卷《论道德》重新改写的《道德原则研究》中更加明确。他说:"公共效用是正义的唯一起源,对这一德性的有益后果的反思是其价值的唯一基础。"见大卫·休谟:《道德原则研究》,曾晓平译,商务印书馆,2006年,第35页。值得注意的是,休谟的"效用"与后来边沁的"效用"内涵是不同的,前者不包含"快乐",而且"快乐"是和"效用"并行的,See Annette C. Baier, *A Progress of Sentiments: Reflections on Hume's Treatise*, Harvard University Press, 1991, p. 250。

然而至少到了18世纪,随着商业贸易的频繁,陌生事物与陌生人逐渐被视为日常生活的一部分"①。在休谟那里,"商业正式被当作一项国家事务"是17世纪的事情。② 因此,休谟解剖学式的人性论属于他那个时代,但也不只属于那个时代。

近20年后,休谟的道德哲学在亚当·斯密那里得到了回应。1759年,斯密在其首版的《道德情感论》中写道:"无论人被认为多么自私,他的本性中显然还存在某些秉性,使他关心别人的际遇,视他人之幸福为自己之必需,尽管除了目睹别人之幸福所感到的愉悦之外,他一无所获。"③ 詹姆斯·弗农也看到斯密这部著作对"陌生人社会"的预见,不过,他说,"斯密在1759年想象出的这个新兴的商业陌生人社会是个例外,而非常态,它仅存在于数量有限的地域和形式有限的交易内"④。这一评论有其道理,因为相比今天的世界,18世纪的英国贸易在范围和形式上的确都是有限的,但弗农也承认,"18世纪中叶,英国国内逐渐形成了一个全新的陌生人社会"⑤。这一点不仅斯密注意到了,此前的休谟同样也敏锐地捕捉到了。正是这样一种社会背景,

---

① 陈正国:《陌生人的历史意义:亚当史密斯论商业社会的伦理基础》,《"中央研究院"及史语言研究所集刊》,2011年,第83本第4分册,第790页。
② 大卫·休谟:《公民自由》,见《政治与经济:休谟论说文集卷一》,张正萍译,浙江大学出版社,2011年,第66页。
③ Adam Smith, *TMS*, p. 9.
④ 詹姆斯·弗农:《远方的陌生人:英国是如何成为现代国家的》,张祝馨译,商务印书馆,2017年,第35页。
⑤ 同上,第36页。

促使 18 世纪的哲学家去"理解市场经济中的竞争性个体如何既能彼此合作,又能为生活找到具有说服力的理由"①,去阐释一种新兴的"陌生人社会"的道德准则。

---

① Michael Ignatieff, *The Needs of Strangers*, Chatto & Windus, The Hogarth Press, 1984, p.21.

第四章　宗教的自然史

　　1956年,距1757年休谟的《宗教的自然史》首次出版近200年后,H. E. 鲁特在重新编辑出版的《宗教的自然史》"导言"中评论道:"可以说,休谟的两部相辅相成的著作,即《宗教的自然史》和《关于自然宗教的对话》,标志着今天人们一般所笼统指称的宗教哲学的开端。"①但鲁特认为此书的历史意义并没有被人们所了解。半个多世纪过去,该书又出版了好几个版本②,英语学界的学者仍然认为这

---

① David Hume, *Natural History of Religion*, ed. by H. E. Root, Adam & Charles Black, 1956, 引文出自中译本大卫·休谟:《宗教的自然史》,徐晓宏译,上海人民出版社,2003年,"编者导言",第1页。
② 据笔者了解,《宗教的自然史》的单行本不多,除了1956年H. E. 鲁特编的这版外,1889年伦敦的A. and J. Bradlaugh Bonner出版过一个单行本,John Mackinnon Robertson写过导言,Liberty Fund于2004年制作成电子版。此外,1976年,A. Wayne Colver和John Valdimir Price编辑《自然宗教对话录》和《宗教的自然史》为一本书;2007年,Tom L. Beauchamp编辑了《宗教的自然史》,将之和《论激情》放在一起;2009年,J. C. A. Gaskin把《自然宗教对话录》和《宗教的自然史》放在一起编辑出版。三本书均由牛津克拉伦敦出版社出版。中译本《宗教的自然史》目前有两个版本,上海人民出版社和商务印书馆各有一个译本,两位译者分别为徐晓宏和曾晓平。

是一部被忽视的著作。[1] M. A. 斯图亚特认为,"休谟在《宗教的自然史》一书中提出的观点与人们熟知的堕落和宗派腐败的传统观点大致相似,因此在历史上并未受到多大的重视"[2]。他还认为,"对于与他同时代的苏格兰人来说,大卫·休谟的确是最富争议的学者,但绝非领军人物",究其原因,"是因为那些反对休谟的传统思想在各自的领域内可以获得广泛的支持,来打退这个在当时看来不用太费神应对的挑战"。[3] 斯图尔特对休谟的评论是从18世纪启蒙运动反宗教的角度而言的,那时在宗教立场上的确有很多人都比休谟激进。当然,斯图亚特的描述也从另一个侧面说明,休谟怀疑主义色彩浓厚的论著、宗教论文为何可以在那个时代发表出来,尽管每次发表都会挑起巨大的争议,甚至有可能遭到苏格兰长老派宗教大会的审判[4],但18世纪的政治和文学空间还是给他留有余地。和休谟的其他多数作品一样,《宗教的自然史》的发表激起了宗教人士的一片喧哗,声音之大足以让休谟在他的自传中写上一笔。休谟以一种调侃的语调描述他敌人的攻击,"相对于其他作品所遭

---

[1] See Christopher J. Berry, *Essays on Hume, Smith and the Scottish Enlightenment*, Edinburgh University Press, 2018, p.106.
[2] M. A. 斯图亚特:《宗教与理性神学》,见亚历山大·布罗迪主编:《剑桥指南:苏格兰启蒙运动》,贾宁译,浙江大学出版社,2010年,第45页。
[3] 同上,第31页。
[4] James A. Harris, *Hume: An Intellectual Biography*, Cambridge University Press, 2015, p.361.

到的冷遇和漠然,这本小册子算是给了我些许安慰"①。与休谟对其他作品遭遇的"自怨自艾"相比,《宗教的自然史》引起的抨击倒像是他希望看到的。这也激起了现代读者对这篇文章的兴趣:究竟哪些人抨击了休谟?

在对《宗教的自然史》为数不多的研究中,学者们的研究涉及休谟在此文中运用的方法,如宗教心理学、比较宗教学、宗教社会学的方法②,尤其是标题中"自然史"这一术语常常与杜格尔德·斯图尔特描述苏格兰哲学家推测史方法③的经典之语联系起来。如克里斯托弗·贝里分析了这一文本中的心理机制以及休谟与同时代人论宗教著作的交叉关联。④ 另一些研究则注重这一文本在宗教思想史上的

---

① 休谟:《我的一生》,见欧内斯特·C. 莫斯纳:《大卫·休谟传》,周保巍译,浙江大学出版社,2017 年,第 656 页。
② 参见 Anton Thomsen, David Hume's Natural History of Religion, *The Monist*, Vol. 19, No. 2 (APRIL, 1909), pp. 269-288; Martin Bell, The Natural History of Religion, *Rivista di Storia della Filosofia* (1984-), Vol. 62, No. 3, Supplemento: NEW ESSAYS ON DAVID HUME (2007), pp. 389-410; P. J. E. Kail, Understanding Hume's Natural History of Religion, *The Philosophical Quarterly* (1950-), Vol. 57, No. 227 (Apr., 2007), pp. 190-211; Helen De Cruz, The Relevance of Hume's Natural History of Religion for Cognitive Science of Religion, *Res Philosophica*, Vol. 92, No. 3, July 2015, pp. 653-674。
③ Dugald Stewart, An Account of Life and Works of Adam Smith, in Adam Smith, *EPS*, p. 292.
④ See Christopher J. Berry, *Essays on Hume, Smith and the Scottish Enlightenment*, Edinburgh University Press, 2018, pp. 89-92.

第四章 宗教的自然史

思想关联，关注休谟这篇文章指涉的争辩人物及其观点。①例如，洛恩·法尔肯斯坦因从整体上分析休谟创作此文的目的，他认为《宗教的自然史》"不应该被理解为对真正有神论的哲学批评"，而是对"某些自然形成的假宗教信仰形式的原因进行心理研究，而这些错误宗教结果的理论研究通常是对社会和历史进程的研究"。② 理查德·塞利亚森则根据18世纪中期以前宗教思想的讨论点出了休谟的具体对手，包括拉尔夫·卡德沃斯以及卡德沃斯派人物威廉·沃伯顿与理查德·赫德、"骑士"拉姆齐，以及博林布鲁克的可能性。③ 本章打算在这些已有研究基础上继续解析休谟的宗教思想，根据《宗教的自然史》出版前后的历史语境，从"自然史"的角度分析休谟的宗教观，结合休谟在其他著作中的宗教讨论来揭示休谟的"不信教"在启蒙时代及当代的

---

① 参见 Christopher J. Wheatley, Polemical Aspects of Hume's Natural History of Religion, *Eighteenth-Century Studies*, Vol. 19, No. 4 (Summer, 1986), pp. 502-514; Michel Malherbe, Hume's Natural History of Religion, *Hume Studies*, Volume 21, Number 2, November 1995, pp. 255-274; Lorne Falkenstein, Hume's Project in 'The Natural History of Religion', *Religious Studies*, Vol. 39, No. 1 (Mar., 2003), pp. 1-21。
② Lorne Falkenstein, Hume's Project in 'The Natural History of Religion', *Religious Studies*, Vol. 39, No. 1 (Mar., 2003), pp. 1-21, p. 4.
③ Richard Serjeantson, David Hume's Natural History (1757) and the Modern Eusebianism, see Sarah Mortimer and John Robertson (eds.), *The Intellectual Consequences of Religious Heterodoxy* (1600—1750), Brill, 2012, p. 292.

意义。鉴于《宗教的自然史》一书在汉语学界的研究寥寥无几①,本章将先简述该书在1757年发表时的情形,其次分析他在"自然史"中在宗教史写作中的意义,然后通过分析休谟对宗教的看法,从这些观点透视18世纪的宗教争论,最后反思休谟及其《宗教的自然史》在启蒙时代的意义。

《宗教的自然史》的出版风波

1755年6月12日,休谟致信出版商安德鲁·米勒,说他手头有四篇论文,一是《宗教的自然史》,二是《论激情》,三是《论悲剧》,还有一篇《关于几何学和自然哲学之前的思考》②,四篇文章可以作为一本书出版。由于最后一篇论文不成熟,休谟在朋友的建议下撤下这篇稿子,换成《论自杀》和《论灵魂不朽》,题为《论文五篇》。该书正式发行前已有少量副本外泄,导致某些看到该书的人威胁休谟如果发表就对他提起诉讼③,最终,1757年出版的《论文四篇》以"论

---

① 国内关于休谟《自然宗教对话录》的研究尚有几篇,如罗长捷:《谁是休谟的宗教代言人——〈自然宗教对话录〉解析》,《世界哲学》2017年第5期;贾鹤鹏:《论休谟对自然神论的批判与建设》,《内蒙古社会科学》1999年第2期;李高荣:《论休谟〈自然宗教对话录〉中的宗教哲学观》,《兰州学刊》2015年第6期,等等;但关于《宗教的自然史》很少,仅有几篇论文涉及,黄济鳌:《回到人性本身:休谟宗教哲学的伦理回归》,《深圳大学学报(人文社会科学版)》2010年第5期;尹景旺:《休谟宗教思想的伦理政治意义》,《首都师范大学学报》2010年第1期。

② David Hume, *LDH*, Vol. 1, 223.

③ James A. Harris, *Hume: An Intellectual Biography*, Cambridge University Press, 2015, p. 361.

趣味的标准"替换了后面的两篇。该书标题从"论文四篇""论文三篇""论文五篇""论文三篇"几经变换,最终以"论文四篇"出版。① 休谟说,"出于过度的谨慎……我将这两篇论文撤了下来"②。

《论自杀》和《论灵魂不朽》讨论人对自己生命的自主权和灵魂是否存在之类的问题,在当时不列颠的宗教背景下,这两篇文章可能会极大触怒正统派宗教人士。而在此之前,收录在《道德和政治论文集》中的《论迷信与狂热》(1741),以及收录在《关于人类理解力的哲学论文集》中的《论神迹》和《自然宗教的实践结果》③(1748),已经挑起了宗教界的大讨论,尤其是《论神迹》对流行的"天启宗教"和"神迹证据"的颠覆性解释。而休谟在《道德原则研究》(1751年出版)中的道德理论,"虽然不是彻底的反宗教,但向同时代人传达了对神的道德权威的怀疑主义"④,同样也是危险的。这种怀疑主义早在《人性论》发表时就已经淋漓尽致地显现出来了。值得一提的是,《论神迹》是从《人性论》中撤下的文章,最终收在改写的《人性论》"第一卷"中出版。《人性论》的命运并非《我的一生》中说的"……出生便死

---

① 欧内斯特·C.莫斯纳在《大卫·休谟传》第24章详细叙述了这次出版的曲折故事。参见欧内斯特·C.莫斯纳:《大卫·休谟传》,周保巍译,浙江大学出版社,2017年,第354-356页。
② David Hume, *LDH*, Vol. 2, p. 253.
③ 1748年出版时标题如此,后来标题改为《论特殊的天意和来世》。
④ David Hume, *A Dissertation on the Passions*, *The Natural History of Religion* (以下缩写为 *DP& NHR*), Oxford edited by Tom L. Beauchamp, 2007, Tom L. Beauchamp, Introduction, p. xix.

在印刷机上",它不仅获得了应有的评价,还在1744年休谟申请爱丁堡大学灵魂学教授的时候成为对手攻击的借口,尤其是宗教方面。① 可以说,1757年之前,休谟"异教徒"的臭名已经在教会和大学中传开了。

在受到如此众多的抨击之后,休谟仍然能够写作《宗教的自然史》,并能够成功地出版,足以说明18世纪不列颠的宗教氛围总体算得上温和。这种温和的宗教氛围是苏格兰的温和派争取得来的,在"苏格兰启蒙运动的全盛期,他们凭借集体力量支配着教会和大学这些机构,而非依靠'大人物'特殊庇护的恩惠"②。像威廉·罗伯逊这样的温和派文人是休谟的朋友。苏格兰的整体环境有利于休谟作品的发表。作为唯一在休谟有生之年出版的单独阐释宗教问题的著作,《宗教的自然史》出版前后的历史语境——不仅仅是休谟本人创作时的境遇,还有彼时人们讨论的宗教主题,对于理解休谟出版该书的意图是有帮助的。

一般认为,《宗教的自然史》成书的时间大概在1749年春到1751年夏,但具体年代无法考证。詹姆斯·A.哈里斯推测说,《宗教的自然史》"不可能写于休谟集中研究古希腊和罗马资料之前,也不可能在1751年集中精力写《大不

---

① 欧内斯特·C.莫斯纳:《大卫·休谟传》,周保巍译,浙江大学出版社,2017年,第673页。
② Richard B. Sher, *Church and University in the Scottish Enlightenment: The Moderate Literati of Edinburgh*, Edinburgh University Press, 2015, p.147.

列颠史》之后"①。他还指出:这一时期休谟完成了《道德原则研究》和《政治论丛》,《自然宗教对话录》的初稿,另外还写了《宗教的自然史》《论悲剧》和《人性论》第二卷"论激情"的新版,以及可能重新阐释了《人性论》第一卷关于我们空间和时间的观念。② 按照哈里斯的推测,《宗教的自然史》和《自然宗教对话录》均在这一时期构思完成。两者的关系,用休谟自己的话说,"关于宗教的每一项研究都是至关重要的,有两个问题尤其能够考验我们的关注点,一是宗教的理性基础,二是宗教的人性起源"③,《自然宗教对话录》讨论前者,《宗教的自然史》讨论后者。休谟认为前者"已经有了最清楚、最明显的答案",似乎暗示"对话录"已经完成。H. E. 鲁特认为,"《宗教的自然史》的结论和意涵,致使《对话》仿佛不过是展示人类心灵之技巧的操演而已"④,这一评论或许可以说明宗教的人性起源更具统领性,但很难让

---

① James A. Harris, *Hume*: *An Intellectual Biography*, Cambridge University Press, 2015, p. 289.
② *Ibid.*, p. 29-30. 结合莫斯纳的休谟生平传记和哈里斯的休谟思想传记,我们可以简单描述一下自《人性论》第三卷"道德篇"发表之后休谟的生活和写作经历:从1739年休谟从伦敦返回家乡九泉一直到1745年,他一直待在家里读读写写。1741—1742年出版了《道德和政治论文集》两卷;1744年冬天到1745年春,谋求爱丁堡大学灵魂学教席未果,继而成为有精神疾病的安南戴尔侯爵的家庭教师,直到1746年;同一年,他受雇于詹姆斯·圣克莱尔将军,一直到1749年。休谟认为这两年的军旅生涯让他获得了财务独立。1748年,重写的《人性论》第一卷即《关于人类理解力的哲学论文集》出版。1749—1751年,休谟回到家乡秋恩赛德,继续过着文人生活,写作出版。
③ David Hume, *DP & NHR*, p. 33.
④ 大卫·休谟:《宗教的自然史》,徐晓宏译,上海人民出版社,2003年,"编者导言",第9-10页。

我们推断两部著作的创作孰先孰后。

也有作者指出,休谟对宗教的思考或许与这段时间的个人经历有关。1745年、1751年,休谟谋求爱丁堡和格拉斯哥大学教授职位未果,这两次不成功的理由大体相似:皆与休谟的宗教倾向有关。[①] 这两次求职,休谟比较认真对待的可能是第一次求职,即爱丁堡的教席[②],因此,他在1744—1745年谋求爱丁堡灵魂学讲席的过程中可能认真思考过如何给年轻人讲授宗教。因为,"根据1734年新大学规章,这一教席需要教授'灵魂学'(pneumaticks),即一个真实的上帝的存在和完美,天使的本质和人的灵魂,自然宗教对理性的造物维系至高无上的存在关系的义务、道德哲学以及'基督教的真理'",而且,教授的内容不得与"威斯敏斯特信条"(Westminster Confession)相悖,而在当时,"苏格兰大学的沙夫茨伯里教派的大多数道德哲学都与'威斯敏斯特信条'相反,因此,所有长老派温和人士都不得不在他们的官方信仰和真实信仰之间寻找某种相适之处",但

[①] 关于这两次谋求大学教职的过程,可以参见欧内斯特·C.莫斯纳的《大卫·休谟传》,第12章和第19章,第169-179页、第269-272页;詹姆斯·A.哈里斯在《休谟思想肖像》中也叙述了这两次大学求职,他认为休谟并不是很想得到大学教职,尤其是第二次格拉斯哥大学的提名,是由休谟的朋友们促成的。参见James A. Harris, *Hume: An Intellectual Biography*, Cambridge University Press, 2015, p.17, p.307.

[②] David Hume, *LDH*, Vol. 1, pp.55-59。1744年8月,休谟在写给威廉·穆尔的信中详细描述了爱丁堡谋职事件。

第四章 宗教的自然史

这个要求对休谟来说恐怕很难接受。① 伊萨贝尔·里弗斯推测休谟"或许发现可以以一种西塞罗式的方式教授基督教宗教"②。不过,休谟没有得到爱丁堡大学的教职。如同后来证明的,他也没得到格拉斯哥大学的教职。斯密曾说,"与他人相比,我更愿意与休谟先生一起供职,但恐怕社会并不同意我的意见"③。足见当时至少在大学教育中是容不下"异教徒"大卫·休谟的。不过,"对现有迷信的西塞罗式态度虽不足以让他被接受为一名大学的宗教和伦理学老师,但不妨碍他在职业生涯中被委以公职"④。在后来的生涯中,休谟依然担任了一些公职,如爱丁堡律师图书馆管理员(1752—1757)、赫特福特大人的巴黎秘书(1763—1766)、伦敦北方部门副国务大臣(1767—1769)。这也能从另一个侧面反映出当时不列颠对"异教徒"的宽容。

很难确定这两次事件是否或如何影响了休谟看待宗教的态度。他或许思考了如何向青年人甚至大众讲授宗教这样的问题。18世纪中期苏格兰大学的学生大多数是十几岁的青少年,如何向这些青年或大众开口讲宗教,休谟确实

---

① Isabel Rivers, *Reason, Grace and Sentiment: A Study of the Language of Religion and Ethics in England, 1660—1780*, Volume II, *Shaftesbury to Hume*, Cambridge University Press, 2000, pp. 253-254.
② *Ibid.*, p. 254.
③ Adam Smith, *Correspondence of Adam Smith*(以下缩写为 CAS), edited by Mossner and Rose, Oxford University Press, 1977, p. 5.
④ Isabel Rivers, *Reason, Grace and Sentiment: A Study of the Language of Religion and Ethics in England, 1660—1780*, Volume II, *Shaftesbury to Hume*, Cambridge University Press, 2000, p. 255.

needs to think about it. 需要思考一下。1764年4月,休谟写信给一位自由思想家朋友詹姆斯·爱德蒙斯图恩(James Edmonstoune),谈及自己对青年和大众的宗教教育问题。他说:"对庸俗大众和他们的迷信报以伟大的敬意,自己的诚意只能使自己感到气愤。人们会认为对孩子或疯子说出真理很光荣吗?如果事情值得被严肃对待,我将告诉他皮提亚的神谕,还有色诺芬的称赞,都建议每个人崇拜诸神(gods)——为了国家利益。我希望自己还有余力在这方面扮演一个伪君子——社会的日常职责需要这样做。基督教职位只要再加一点点无辜地装糊涂,或真正地装糊涂,若不如此便不可能混迹于这个世道。"① 休谟说这段话时距离"爱丁堡事件"已过去多年,彼时,他已是驻巴黎的副国务大臣。这段话指向的不仅是青少年,还有普通大众的宗教信仰。这也说明,休谟一直没有停止对宗教的思考。而现有资料表明,休谟对宗教问题的思考早已开始,"休谟的早期札记"中表明他思考了上帝的"统一性""道德善恶的存在问题"。② 这份札记的写作日期可能是18世纪40年代初③,那时休谟刚刚出版了《人性论》。如此看来,宗教一直都是休谟思考的对象。

最终导致休谟在写作、出版《英格兰史》(1754—1761

---

① David Hume, *LDH*, Vol. 1, pp. 439-440.
② Ernest Campbell Mossner, Hume's Early Memoranda, 1729—1740: The Complete Text, *Journal of the History of Ideas*, Vol. 9, No. 4, Arthur O. Lovejoy at Seventy-Five: Reason at Work (Oct., 1948), pp. 492-518, pp. 500-501.
③ 这份札记的写作时间有很多说法,詹姆斯·A.哈里斯经过考证认为写作时间是18世纪40年代初,参见James A. Harris, *Hume: An Intellectual Biography*, Cambridge University Press, 2015, p. 146.

第四章 宗教的自然史

年末)的间隙发表《宗教的自然史》的契机,可能还与休谟的朋友约翰·霍姆在爱丁堡上演的戏剧《道格拉斯》有关。约翰·霍姆本人是一位牧师,《道格拉斯》的手稿在 1754 年秋天流出,但没能在伦敦上演,最终在 1756 年 12 月 14 日在爱丁堡上演。① 这是一出新古典主义的悲剧,其中最挑衅宗教界的一幕是英雄母亲的自杀。② 上文提及休谟包含《论自杀》的《论文五篇》有几个副本泄漏到一些人手中,因此,《道格拉斯》剧本和舞台表演上的"自杀"就成为被攻击和谩骂的对象,约翰·霍姆与大卫·休谟这个"异教徒"的关系被放大,苏格兰长老教的民众派(popular party)指责前者对后者的自杀学说"不以此为警戒,反以此为榜样"。③ 休谟决定把 1757 年 1 月出版的《论文四篇》献给约翰·霍姆,以表明他看重思想自由和友谊。

《论文四篇》的出版风波与休谟面临的 18 世纪 50 年代的宗教窘境"碰巧"重合在一起,而《宗教的自然史》在出版的同一年就迎来了抨击性的评论。1757 年,卡莱·弗莱明在书评中质疑休谟对宗教本质的论述;而威廉·沃伯顿则

---

① Richard B. Sher, *Church and University in the Scottish Enlightenment: The Moderate Literati of Edinburgh*, Edinburgh University Press, 2015, pp. 74-77。理查德·B.谢尔在这里概括了《道格拉斯》搬上舞台的整个过程。
② James A. Harris, *Hume: An Intellectual Biography*, Cambridge University Press, 2015, p. 366.
③ *A letter to the Reverend the Moderated, and the Members of the Presbytery of Haddington*, p. 4, 转引自 James A. Harris, *Hume: An Intellectual Biography*, Cambridge University Press, 2015, p. 366。

认为休谟缺乏历史证据,想要"确立自然主义,毁灭宗教"①。那么,休谟在《宗教的自然史》中究竟提出了怎样的观点,让当时英国宗教界的各个派别都不痛快?

"自然史"与宗教的起源及演变

"自然史"这一术语,在17—18世纪的欧洲并不少见。2007年,牛津版休谟著作集的编辑汤姆·L.比彻姆认为休谟在标题中选择该词是要表明这部历史是"自然的"而"非超自然的"或"神学的",换言之是想表明宗教在人性中有其根源,这样的历史具有正当性(propriety)。② 比彻姆还考察了"自然史"在18世纪的科学和哲学语境,比如布丰从1749年开始出版的《自然史》,以及培根、霍布斯、洛克都曾以"自然史"作为"文明史"相对应的历史③,"自然史"在一定程度上被理解为"自然的历史",但这些与休谟的用法关系不大。笔者以为,休谟的"自然史"是18世纪苏格兰人撰写的从野蛮到文明的历史之一,如前文所述,它与杜格尔德·斯图尔特在斯密传记中说的"推测史"的含义类似。克里斯托弗·贝里、马丁·贝尔都论述过休谟的"自然史"与

---

① David Hume, *DP&NHR*, Introduction, p. cxxi, p. cxxiii.
② *Ibid*., pp. 215-216.
③ *Ibid*., pp. 216-217.

斯图尔特的"推测史"在方法上的一致性,[①]尤其是运用"人性原理"和"外在环境"的一致性。休谟考察宗教在人类社会之初如何形成以及"从粗陋的开端到一个更完善状态"的发展,在没有证据可循的情况下,也只能依靠"人性原理"和"外在环境"这两个核心因素。[②] 他在导言中已经说明,他要考察宗教在人性中的起源,探讨形成最初宗教的原则、引导其运行的事件和原因。[③] "宗教的自然史"不是对何种宗教在何时何地形成的描述,而是对宗教起源和演变的原因分析。

　　实际上,在"自然史"中考察宗教信仰和信念等问题,休谟并非第一人。1709 年,约翰·特伦查德发表了《迷信的自然史》。在这篇 50 多页的小册子中,特伦查德认为,真正的宗教会提高人的能力,振奋精神,让心灵沉静安详,让我们对社会有用;但人类也有各种软肋(weakness),这些软肋滋生了迷信。[④] 他的分析同样运用对人性的分析来揭示迷信的形成和影响。而且,在特伦查德这些自然神论者看来,"宗教史,包括基督教史,是一部自然信念和自然道德的

[①] Christopher J. Berry, *Essays on Hume, Smith and the Scottish Enlightenment*, Edinburgh University Press, 2018, pp. 92-93; Martin Bell, The Natural History of Religion, *Rivista di Storia della Filosofia* (1984—), Vol. 62, No. 3, Supplemento: NEW ESSAYS ON DAVID HUME (2007), pp. 389-410, pp. 391-392.
[②] 克里斯托弗·贝里:《苏格兰启蒙运动中的商业社会观念》,张正萍译,浙江大学出版社,2018 年,第 35 页。
[③] 大卫·休谟:《宗教的自然史》,徐晓宏译,上海人民出版社,2003 年,第 1-2 页。
[④] John Trenchard, *The Natural History of Superstition*, Sold by A. Baldwin at the Oxford Arms in Warwick Lane, 1709, p. 16, p. 50。

腐败史"①。在某种程度上,《宗教的自然史》因袭了特伦查德的分析方法和观点,这或许是为何 M. A. 斯图尔特认为休谟这本小册子没有多少新观点的原因之一。但休谟对宗教的分析与那些自然神论者是有区别的。他的"自然史"与其《人性论》中"解剖学"的研究方式②是密切关联的。但休谟也指出,宗教的观念"并非源自一种像自爱、两性相悦、爱护后代、感激、愤恨一样的原初本能或自然的原始印记"③,因为"自爱、两性相悦"这样的原初本能在任何时代、任何民族中都绝对是普遍的,但宗教信仰和实践却不像那些本能普遍,而且很容易被各种事情破坏或阻止,换言之,宗教不是人的最初本性,"最初的宗教原则一定是次生的"④。这一说法与休谟的朋友凯姆斯 1774 年的观点相反,后者指出,"神的形象必定印在每个人的心中","我们对神的最初知觉,肯定源于一种内在感,即所谓的神意(the sense of Deity)"。⑤ 因此,休谟对"宗教"的解剖学分析并不是"宗教"本身的解剖,不是对宗教"单个对象"起因发展的历史分析,而是"社会现象的自然史"⑥,换言之,是对宗教信仰和

---

① James A. Harris, *Hume: An Intellectual Biography*, Cambridge University Press, 2015, pp. 290-291.
② David Hume, *LDH*, vol. 1, p. 32.
③ David Hume, *DP&NHR*, p. 33.
④ *Ibid.*, p. 33.
⑤ Lord Kames, *SHM*, Book Ⅲ, 2007, p. 795.
⑥ Martin Bell, The Natural History of Religion, *Rivista di Storia della Filosofia* (1984—), Vol. 62, No. 3, Supplemento: NEW ESSAYS ON DAVID HUME (2007), pp. 389-410, p. 395.

实践的剖析。

休谟说,"如果我们要考察人类社会从粗陋的开端到一个更为完善的状态的演进过程,那么,多神教或偶像崇拜曾经、而且必定是人类最早、最古老的宗教"①。克里斯托弗·贝里认为这句话是《宗教的自然史》的"题眼",它指出了两个问题:一是从粗陋的宗教向更完善宗教的"进步",二是粗陋的宗教是而且"必定是"多神教。②可以说,休谟在开始宗教起源的叙述时就已经有了明确的针对性。他针对的是当时正统的一神教或圣经史学的主张(认为"人类从真正的一神教堕落到偶像崇拜"③),同时,他还指出,宗教史若是从最初的一神教堕落到偶像崇拜则完全颠覆了人类的认知过程。根据事物的自然进程,"心灵是由低级向高级逐渐上升的:它通过对不完善之物进行抽象,从而形成一种关于完善的观念。同时,通过慢慢在其自身框架的粗俗部分区分出更高贵的部分,它学会了只把更加崇高和高尚的后者移置到神身上"④。神不可能先被理解为"一个无所不知、无所不能、无所不在的纯粹精神",然后再被理解为"能力强大却有限、有着人类七情六欲和四肢五官的存在"。⑤ 这一顺序不符合休谟说的心灵的发展过程。人类最初的宗教观

---

① 大卫·休谟:《宗教的自然史》,徐晓宏译,上海人民出版社,2003年,第3页。
② Christopher J. Berry, *Essays on Hume*, *Smith and the Scottish Enlightenment*, Edinburgh University Press, 2018, p. 91.
③ 转引自 David Hume, *DP&NHR*, p. cxxi.
④ 大卫·休谟:《宗教的自然史》,徐晓宏译,上海人民出版社,2003年,第5页。
⑤ David Hume, *DP&NHR*, p. 35.

念源于人的好奇心。在休谟看来,"一个野蛮的、苦于生计的动物(社会起源时期的人正是如此)受累于众多的需求和情欲,根本没有闲暇赞慕有规则的自然面孔,也不会被迫探究他从幼时就已经逐渐习惯的那些对象的原因"[1]。换言之,和动物一样、没有好奇心的人不可能产生宗教的信念;只有有好奇心的人才会思考自然的奇观,思考隐藏在这些事件背后的不可见的力量,思考支配每一件不幸或幸事背后的力量。当野蛮人(barbarians)无法解释电闪雷鸣、洪水狂风等不规律的自然现象时,他们便将这些未知原因想象为某些看不见的存在(beings),甚至赋予它们和人一样的情感和外形,人们开始崇拜这些现象背后的未知力量,畏惧、敬拜它们,向它们献祭,祈求获得保护和希望,于是就产生了各种各样的"神",形成了最初的多神论。荷马史诗、赫西俄德的诗中就充满了各种各样的神祇,这些都是休谟用以表明多神论的例证。这一分析在斯密早年的《天文学史》中再次浮现[2],虽然很难确定这两个文本之间的思想关联性,但可以看出,这两位学者的论证思路如出一辙。

根据人类最初对多神或偶像崇拜的心理推理,休谟进一步指出,最初的宗教观念"源于一种对生活事件的关切,源于那激发了人类心灵发展的绵延不绝的希望和恐惧":比如"对幸福的热切关注、对未来悲惨生活的担忧、对死亡的

---

[1] 大卫·休谟:《宗教的自然史》,徐晓宏译,上海人民出版社,2003年,第6页。
[2] 亚当·斯密:《亚当·斯密哲学文集》,石小竹、孙明丽译,商务印书馆,2012年,第25-26页。

恐惧、对复仇的渴望,以及对食物和其他必需品的欲望"等等。① 而在希望和恐惧之间,休谟更多地将宗教信念归因于人对神的恐惧之情,因为人们在快乐时几乎无暇、也无意思考给他们带来幸运和快乐的力量,只有在不幸时才陷入对未来的"担忧、恐惧和忧郁","常常更容易因为忧郁、而不是愉快的激情而屈下它们的双膝"②,才会诉诸那些隐秘的"智性力量"。休谟强调,在早期社会,"人类最早的宗教主要来自对未来事件的一种焦虑的恐惧"③,因此可以说,多神教或偶像崇拜的原因多在于人的恐惧。

不仅如此,被奉为正统的一神教也源于人们的恐惧之情。休谟决定再抨击一下主张一神教基础是理性的一神论,他指出一神教的基础不是"无懈可击的理性"(invincible reasons)④,各民族中信奉一神教的俗众将一神教"建立在非理性的、迷信的原则上",他们被引向那种一神教信念"从来不是出于任何论证过程,而是出于某种更适于

---

① 大卫·休谟:《宗教的自然史》,徐晓宏译,上海人民出版社,2003年,第13-14页。
② 同上,第20页。
③ David Hume, *DP&NHR*, p. 77。休谟在这里用词比较谨慎,他说早期宗教主要源于恐惧,而不是说全都是源于恐惧。宗教社会学家涂尔干则指出宗教不是恐惧的产物,而是集体欢腾的产物,"宗教的观念似乎正是诞生于这种欢腾的社会环境,诞生于这种欢腾本身。在澳洲,宗教活动几乎全都在集会的时候进行,这一事实可以证明这种关于宗教观念的真正起源的理论"(涂尔干:《宗教生活的基本形式》,渠敬东、汲喆译,商务印书馆,2016年,第300页)。这一事实说明18世纪的休谟对早期宗教社会观察的缺憾。H. E. 鲁特也注意到《宗教的自然史》的诸多缺陷,因为休谟没有解释他同时代那些温和派牧师朋友的宗教信仰。
④ David Hume, *DP&NHR*, p. 52.

他们天赋和才能的一系列思考"①,而且,从起源上说,"一神教源于多神教"②。一个能力有限的神一开始只是被认为特定祸福的直接制造者,俗世的各种经历让人们逐渐把这个神抬高成宇宙最高的创造者,一神教便从多神教中脱胎而来。在这个分析过程中,休谟把一神教的形成与俗世的政治结构对应起来,人世间的专制君主会像那个最高的创造者一样被膜拜,两者相互配合巩固一神教的主导地位。但休谟指出,这样形成的一神论观念,只是"凑巧符合了理性和真正哲学的原则",它不是理性的产物,而是"迷信中的奉承和恐惧"。③ 休谟在这里仍然视一神教的基础是"奉承和恐惧",并没有提他那个时代的"仁慈上帝"的观念,也没有提从野蛮民族到文明社会人们宗教风俗的变化。④ 读者很容易注意到,休谟即便在论述一神论时,也有意无意地将宗教和迷信混淆起来。而迷信是软弱的表现。就像特伦查德说的,人们把自己的软弱、别人的欺骗归因于诸位神仙仙女、先知、预言家,以及各种半人半神的神祇⑤;休谟也认为人在最软弱、最怯懦的时候最容易滋生迷信,他引用斯特拉波《地理学》的说法"每一种迷信的领袖和榜样都是妇人",

---

① David Hume, *DP&NHR*, p. 53.
② *Ibid.*, p. 38。休谟在讨论多神教和一神教的起源时用的词语都是"origin"。
③ 大卫·休谟:《宗教的自然史》,徐晓宏译,上海人民出版社,2003年,第49页。
④ 凯姆斯1774年出版的《人类史纲要》第一卷讨论风俗时提到,野蛮民族中,人类的"神"是"愤怒的上帝",而"我们"这个时代的神是仁慈的。See Lord Kames, *SHM*, Book Ⅰ, p.191.
⑤ John Trenchard, *The Natural History of Superstition*, Sold by A. Baldwin at the Oxford Arms in Warwick Lane, 1709, p.10。

将人性的软弱和迷信、宗教的产生联系起来。休谟这里将"迷信"等同于"宗教"①,可见在他心中,多神教、一神教与"迷信"相差无几。也因为人类微弱的理解力,他们也不会满足于把神想象为纯粹精神和完美的智慧,但天生的恐惧又阻止他们给神披上一丝有限和不完美的阴影。人类在这两种倾向间摇摆不定,多神教和一神教便在尘世间往复流变。② 休谟其实在"恐惧"的基础上继续探索了为何多神教与一神教会如此演变。他也看到,人们后来也颂扬神,但这种颂扬仍然是"恐惧的结果"。两种不同的秉性导致了人对神的不同观念:一面是"天生的恐惧呈现出魔鬼般的恶毒神祇的观念",另一面是人性中"谄媚的倾向引导我们承认一个优秀的、神圣的神祇的观念"。③ 这两种秉性在不同的环境下导致人们不同的宗教信念,多神教和一神教是不同宗教信仰的实践而已。

这就是休谟的"宗教的自然史",他对宗教史的叙述基于人类的宗教心理,基于对人性在各种环境的反应。④ 这种"自然史"建立在"人性"和"外在环境"两个要素之上。如

---

① 大卫·休谟:《宗教的自然史》,徐晓宏译,上海人民出版社,2003年,第20页。斯特拉波《地理学》中译本这里翻译为"所有人都认为妇女是宗教的主要奠基人"(见斯特拉波:《地理学》(上),李铁匠译,上海三联书店,2014年,第411页),2007年牛津版《宗教的自然史》这句话用的是 superstition,但随后的"宗教日"一词用的是 religious days,见 David Hume, *DP & NHR*, p. 43.
② 大卫·休谟:《宗教的自然史》,徐晓宏译,上海人民出版社,2003年,第60页。
③ David Hume, *DP & NHR*, p. 77.
④ 休谟对宗教人性起源的分析与20世纪西格蒙德·弗洛伊德在《摩西与一神教》的心理分析还是有区别的,休谟更注重人性中的"恐惧"情感在各种环境中的反应,以及这些反应所造成的结果。

批评者所指出的,休谟没有论述"宗教是什么,基督教宗教是什么,天主教是什么"①,或者说没有描述当时教牧心中的宗教、基督教是怎样的。他曾打趣地谈到宗教的本质,设想有一种凭借道德获得神恩的宗教,但信众出于根深蒂固的偏见认为出席布道会是宗教的本质,而非德性和良好的道德。② 在这篇文章中,休谟的确没提宗教的本质,也没提他心中的"真正的宗教",他描述了不同时代、不同民族五花八门的宗教信仰和实践,以及这些信仰和实践在日常生活中的结果,他做的是解释这些实践和结果背后的人的欲望和情感,这是他的"解剖学式"的分析,"自然史家"的分析。这种冷静的、缺乏宗教热诚的态度,用 H. E. 鲁特的话说,"这种超然的、这种自然史家对待宗教的态度",在同时代的正统人士看来,"本身似乎就是渎神"。③

《宗教的自然史》与 18 世纪中期的宗教论争

休谟在《宗教的自然史》"导言"和"结语"中都表明存在"一个理智的创造者""一个至高无上的创造者"。尽管"野蛮而未经教导的人太愚昧"以致看不到这个"创造者",但"没有哪个有理性的探究者经过严肃思考后,会把他对真正的一神

---

① David Hume, *DP & NHR*, p. cxxi.
② *Ibid*., p. 81.
③ 大卫·休谟:《宗教的自然史》,"编者导言",徐晓宏译,上海人民出版社,2003年,第19页。

教和宗教之首要原则的信仰悬置片刻",而且,"当我们的理解力扩大到开始沉思这一可见体系的最初兴起时,我们就必须以最坚定的信念接受某个智慧的原因或智慧的创造者这一观念"。① 这样的表态可以从两个方面理解:第一,休谟可能的确相信存在这样一个"创造者";第二,又或者是,这样的声明是为在他遵循"一神论"的表象下掩饰他的怀疑,因为,他在此书结尾最终选择"遁入冷静而晦暗不明的哲学领域"②。仅从《宗教的自然史》这一文本来看,很难猜测这个"至高无上的创造者"是不是基督教的上帝,也很难认为休谟要"确立无神论",一如威廉·沃伯顿批评的那样。③ 确立"无神论"或"自然主义"可能不是休谟的主要目的,因为休谟在"自然史"中涉及了各种问题,时空极为广泛,从人类初始时期到休谟生活的年代,从西方到东方,涉及的宗教包括基督教、犹太教、伊斯兰教,以及古代埃及、印度和中国的宗教。读者可以看到休谟引用了大量古代和当代的著作,这也表明休谟的意图是所有宗教而非基督教的历史。在比较一神教与多神教对道德和人性的影响时,休谟在历时和共时的维度上对古今西东的宗教信仰都进行了比较,对罗马天主教"临

---

① 大卫·休谟:《宗教的自然史》,徐晓宏译,上海人民出版社,2003年,第1页,第117页;David Hume, *DP&NHR*, p. 33, p. 85。休谟这里使用的是大写的 Theism and Religion,他全篇都没有使用 monotheism,而这个词是博林布鲁克等论述宗教起源于一神论时使用的。
② David Hume, *DP&NHR*, p. 87.
③ William Warburton(and Richard Hurd), *Remarks on Mr. David Hume's Essay on the Natural History of Religion*, Printed for M. Cooper, in Pater-noster-row, Remark I, 1757, p. 9.

在论"的嘲讽,以及对不同派别如阿里乌派、索齐尼派等教义的奚落等。① 而休谟的意图恐怕有多个面向:比如一神论问题,比如宗教与迷信对道德和人性的腐蚀,宗教信仰与道德生活的关系,以及当时的希伯来—基督教传统,等等。

最显而易见的目标自然是正统基督教的一神论。而休谟这里针对的一神论,在理查德·塞利亚森看来,源于17—18世纪作家宗教思想中的优西比乌主义传统,一种教会史的论述传统。塞利亚森在《休谟的〈宗教的自然史〉与现代优西比乌主义》一文中指出,17—18世纪,有一些自由思想家强调古希腊、古埃及文化中的希伯来起源,强调希伯来文化的优先性,而这一传统可追溯到凯撒勒雅的优西比乌(Eusebius of Caesarea,260—340);当时优西比乌主义的流行可从法国哲学家皮埃尔-丹尼·于埃(Pierre-Daniel Huet,1630—1721)与英国的约翰·托兰德(John Toland,1670—1722)关于犹太人起源的争论窥见一斑。② 可见,在这两个世纪里,希伯来文化、摩西的历史与一神教的起源是宗教讨论的一个焦点。在塞利亚森的分析中,18世纪作家们费尽力气让摩西的历史出糗的时候,休谟直接忽视了这些内容,仿佛"圣经从未被写出来"③。事实上,休谟不仅

---

① 大卫·休谟:《宗教的自然史》,徐晓宏译,上海人民出版社,2003年,第78-80页,第97页。
② Richard Serjeantson, David Hume's Natural History (1757) and the Modern Eusebianism, see Sarah Mortimer and John Robertson (eds.), *The Intellectual Consequences of Religious Heterodoxy* (1600—1750), Brill, 2012, p. 271-272.
③ *Ibid.*, p. 284.

"忽视"圣经,而且将古代异教与圣经教义相提并论,他引用塔西佗和苏维托尼乌斯的著作论证道:埃及宗教如此荒唐,却与犹太教有很多相似之处,两者"教义之间的差别微不足道,不值一提"①——这一脚注直接否定了犹太教作为一神教的权威性。不过,塞利亚森还是认为,休谟针对性地批评了拉尔夫·卡德沃斯(Ralph Cudworth,1617—1688)及其18世纪的追随者威廉·沃伯顿等一些具体的观点,比如,古代异教一神论者都承认"一个至高无上的神","来世的观念是社会必需的"。② 早在1748年出版的《自然宗教的实践结果》中,休谟就已经借文中对话人之口表示否认"天意和来世"不会"破坏社会的根基",以及"宗教学说和推理对生活可能没有任何影响"③;在《宗教的自然史》中,他再次强调"来世"的观念虽令人陶醉,但当"来世"的观念"牢固持久地占据人的心灵时",它带来的恐惧一出现,那种陶醉和快乐便很快消失了。④ 宗教带来的"恐惧"远大于它所带来的"慰藉"。可见,休谟一边批评"一神论"起源的荒诞性,一边批评宗教对道德的腐蚀作用。

---

① David Hume, *DP&NHR*, p. 69, footnote 58. 大卫·休谟:《宗教的自然史》,徐晓宏译,上海人民出版社,2003年,第93-94页。
② Richard Serjeantson, David Hume's Natural History (1757) and the Modern Eusebianism, see Sarah Mortimer and John Robertson (eds.), *The Intellectual Consequences of Religious Heterodoxy* (1600—1750), Brill, 2012, pp. 285-286.
③ 大卫·休谟:《人类理智研究》,周晓亮译,中国法制出版社,2011年,第112、121页。
④ David Hume, *DP&NHR*, p. 87.

商业社会的诊治
苏格兰启蒙史学研究

通过发掘潜藏在《宗教的自然史》背后的宗教思想线索,塞利亚森为读者找到了休谟在18世纪中期宗教争论中卡德沃斯、威廉·沃伯顿这一派宗教上的对手。除此之外,"骑士"拉姆齐显然是休谟写作时心中想到的人物。《宗教的自然史》第13节中,休谟在一个长脚注中引用了"骑士"拉姆齐的宗教论述,以表明"有的宗教在描画神时有可能比古人表现得更不道德、更不友善"①。这里显然暗示现代基督教。休谟称"骑士"拉姆齐有着"值得称道的正统倾向","即便在自由思想家最踌躇顾虑的三位一体、道成肉身、赎罪的教义中,他的理性都不曾发现问题",而"仅仅他的人道精神就让他抵制了永世受罚说和预定论"。② 休谟在这里引用"骑士"拉姆齐抨击"自由思想家、犹太化的基督徒和宿命论的博士们"的证词,说"他们"扭曲玷污了我们神圣信仰的崇高迷思,"混淆了善恶的本质,把极为恐怖的激情转化为神的属性,把人类最恐怖的罪行归因于完善这一永恒的本质",以及拉姆齐批评异教徒和预定论的措辞③,来证明现代宗教与我们天生的"慷慨、仁厚、无私、正义的观念"④相差甚远,与道德生活无关。"预定论"和"永世受罚说"是

---

① David Hume, *DP&NHR*, p. 79, footnote 87.
② *Ibid.*
③ *Ibid.*, p. 80, footnote 87.
④ *Ibid.*, p. 79.

当时苏格兰盟约者和"民众派"①神学理论和实践的核心内容,②而这两者的教义受到加尔文教原则的推动。休谟借拉姆齐之口将矛头指向苏格兰的加尔文新教主义。联系到休谟在18世纪50年代初陷入的宗教抨击,以及好友约翰·霍姆在爱丁堡上演戏剧《道格拉斯》导致的"民众派"的攻伐与温和派的辩护,③我们可以理解他为何会在"拉姆齐"这个脚注中提及戏剧之神巴库斯:"在古代,戏剧甚至是在最为庄重的场合下进行公共崇拜的一部分,而且在瘟疫时期还常常被用来平抚受到冒犯的众神。但是,它们在晚些时候被狂热的虔信者所禁止。一位博学的教士说,剧场是地狱的走廊。"④这里,休谟显然是为约翰·霍姆辩护:舞台剧并非伤风败德之举,《道格拉斯》也不是不道德的。很明显,在这里,休谟将出版《宗教的自然史》视为对苏格兰教会"民众派"的一次反击。因此,詹姆斯·A.哈里斯说,"《宗教的自然史》不仅可以视为对各种教派的'迷信'的隐晦攻击,还可以视为对心胸狭隘的苏格兰加尔文教以及其他教

---

① 18世纪后半叶苏格兰教会有"民众派"和"温和派"之别。两者的对立也说明18世纪中期苏格兰教会宗教信仰的复杂性。See Richard B. Sher, *Church and University in the Scottish Enlightenment: The Moderate Literati of Edinburgh*, Edinburgh University Press, 2015, p.17.
② James A. Harris, *Hume: An Intellectual Biography*, Cambridge University Press, 2015, p.293.
③ Richard B. Sher, *Church and University in the Scottish Enlightenment: The Moderate Literati of Edinburgh*, Edinburgh University Press, 2015, p.79.
④ David Hume, *DP&NHR*, p.79, footnote 87.

派的含蓄批评"①。

休谟引用拉姆齐并不代表他赞同后者的宗教观。《宗教的自然史》采取的论证策略是"让一派迷信对抗另一派迷信,让它们互相争吵"②。所以,休谟补充说,"这位聪明的作家的意见非常新奇,我却不敢擅自保证其正确性"③。写这个脚注的时候,休谟显然了解拉姆齐的宗教观点。实际上,这位"骑士"拉姆齐与休谟相识,1734 年,他还接待了在巴黎逗留的休谟。拉姆齐曾在费纳隆的指导下研究天主教,并加入了天主教,他还是共济会成员。从休谟的早年经历看,"很难想象这两个人会有共同话语"④。拉姆齐在其身后出版的《自然宗教与天启宗教的哲学原则》(*The Philosophical Principles of Natural and Revealed Religion*,1748—1749)中指出,"宗教完全符合理性",自然宗教的原则建立在那些看不见的证据之上。⑤ 这些自然神论的观点正是休谟致力于批驳的。在基督教思想史家冈察雷斯看来,"休谟敲响了自然神论的丧钟,他指出,自然神论试图用来证明自然宗教的合理性的那些论点,并不像原来看起来那么合理","论证灵魂不朽的那些论点,是建立在灵

---

① James A. Harris, *Hume: An Intellectual Biography*, Cambridge University Press, 2015, p. 32.
② David Hume, *DP&NHR*, p. 87.
③ *Ibid*., p. 80, footnote 87.
④ James A. Harris, *Hume: An Intellectual Biography*, Cambridge University Press, 2015, p. 78.
⑤ G. D. Henderson, *Chievalier Ramsay*, Thomas Nelson and Sons Ltd, 1952, p. 216.

魂是非物质的实体这一概念上的,而当有关实体的这一概念受到怀疑的时候,这些论点就失去了大部分的说服力"。①

在18世纪中期的宗教论争中,博林布鲁克身后出版的《对一神论的兴起与发展的反思》(Essay the Third: Containing Some Further Reflections on the Rise and Progress of Monotheism; That First and Great Principle of Natural Theology, or the First Philosophy,1754)也是重要的著作。对于博林布鲁克,休谟非常熟悉他论述党派政治的观点。他在1741—1742年出版《道德和政治论文集》(Essay, Moral and Political)时就曾批评博林布鲁克关于党派、自由的看法是"颠倒因果"②,而且,休谟在《概论党派》中也把他视为对手。③ 他也极有可能注意到了1754年,博林布鲁克身后出版的《对一神论的兴起与发展的反思》。在这篇文章中,博林布鲁克也引用了优西比乌,认为埃及宗教中蕴含着一神论。他论述道:埃及多神教和偶像崇拜的确立越古老,从那些警示(notices)中就越能得出更有力的论断,即在最权威的埃及宗教体系中,我们有一个更纯粹的信仰和崇拜;"一个至高无上的、看不见的、难以理解

---

① 胡斯都·L.冈察雷斯:《基督教思想史》(第三卷),陈泽民等译,译林出版社,2008年,第366页。
② Nicholas Phillipson, *David Hume: The Philosopher as Historian*, Penguin Books, 2011, p.55.
③ James A. Harris, *Hume: An Intellectual Biography*, Cambridge University Press, 2015, p.170.

商业社会的诊治
苏格兰启蒙史学研究

的存在、万物的创造者,肯定曾牢牢地占据那个民族的心灵,在很多年代里,盛行的多神教和偶像崇拜不可能对它斩草除根,也不能消除崇拜他的痕迹"①。博林布鲁克的这种一神论还扩及中国,他认为,中国人和犹太人一样拥有他们的"摩西五书","其中一卷和帝国创建者伏羲一样古老"②,他还描述了中国上古伏羲供奉、太昊建庙宇、立法者舜为太上(Xam Ti)牺牲等事件,指出中国的无神论者和有神论者都承认的"天"(Tien)在古代是太上的同义词,最后断言:"一个至高无上的存在为中国古人所知,尽管迷信、偶像崇拜和无神论一直盛行于人民中间。"③总之,在博林布鲁克看来,所有民族最初都有一神论的认知,中国古代的宗教也是如此。但休谟对此并不以为意,他从法国传教士李明(Louis Le Comte,1655—1728)1696年出版的《中国近事报道(1687—1692)》中摘出一句说:"当他们的祈愿没有得到应允时,就会打他们的偶像。"④用来说明东亚地区的人们没有与西方对等的神的观念,所谓的虔敬无非是无神论者的迷信而已。尽管李明的《中国近事报道(1687—1692)》宣扬的一神论说"诺亚的儿女散布到了东亚大地","大洪水时期,他们领教了造物主的威力,从而也认识了造物主",而在

---

① Lord Bolingbroke, *The Works of the Late Right Honourable Henry St John, Lord Viscount Bolingbroke, with the life of Lord Bolingbroke by Dr. Goldsmith*, Vol. Ⅵ, 1809, p.200.
② *Ibid.*, p.211.
③ *Ibid.*, pp.214-216.
④ 大卫·休谟:《宗教的自然史》,徐晓宏译,上海人民出版社,2003年,第25-26页。

清王朝的历史中仍然能看到"雪泥鸿爪",①但这本书在欧洲掀起的中国热却"动摇了西方人精心建立的信念,同时赋予自由思想家以新的论据"②。实际上,17—18世纪,传教士引入欧洲的中国形象是独立于基督世界却富有教养的文明国家,这种形象促使欧洲文人反思"思想堕落"③的欧洲。柏应理(Philippe Couplet,1623—1693)、殷铎泽(Prospero Intorcetta,1626—1696)等人合编的《中国贤哲孔子》(*Life and Works of Confucius*,1687)可能是博林布鲁克了解中国的来源。④ 但是,博林布鲁克、休谟对这些文本的解读确实完全相反:前者看到了"一神论"在久远时代的影子,后者看到的却是迷信——而迷信滋生虚假的神灵,是批判的对象。

如果休谟完成《宗教的自然史》的时间是1749—1751年,那他针对的对象可能不包括博林布鲁克的这篇文章。考虑到博林布鲁克并非唯一论述一神论的人,因此塞利亚森倾向于认为,《宗教的自然史》抨击的是18世纪早先一些自由思想家最看重的历史论断,并认为从根本上抨击与博林布鲁克相关的"有神论者的历史主题",即"'上帝的完整

---

① 李明:《中国近事报道(1687—1692)》,郭强等译,大象出版社,2004年,第256页。
② 同上,"1900年法文版序:上帝创造了中国……",第9页。
③ 同上,第260页。
④ Lord Bolingbroke, *The Works of the Late Right Honourable Henry St John, Lord Viscount Bolingbroke, with the life of Lord Bolingbroke by Dr. Goldsmith*, Vol. Ⅵ, 1809, p.214, footnote.

性'在人类非常早的社会中就被'理性发现'了"①。这一推断是合理的,也可以从另一个方面说明休谟为何会采用"自然史"这样一个标题去反驳他的对手的"历史论断"。这样的结论并不意味着休谟赞同他那些朋友们的宗教观点,比如凯姆斯1751年出版的《道德原则和自然宗教》(*Essays on the Principles of Morality and Natural Religion*)。从18世纪40年代到1776年,可以说,弗朗西斯·哈奇森、凯姆斯勋爵、亨利·霍姆、威廉·罗伯逊等人与休谟有着"共同的敌人",但休谟却不一定能很好地对付他们共同的敌人。因而,哈奇森会帮助休谟出版《人性论》,却不同意他成为教育年轻人的爱丁堡教授。而《宗教的自然史》看似是对敌人的抨击,但对于温和派的事业和约翰·霍姆来说,此书不仅帮不上忙,还有可能帮倒忙。休谟在后来发行的版本中撤销了这一献词:"我想,没有这一献词,我的朋友会获益一点,我也会觉得有面子。"②这样的境况说明,无论在敌人还是在朋友眼中,休谟的宗教观——或者说他的"不信教"——都是特立独行的。用利维斯顿的话说,"休谟对宗教或世俗形式神意观念的彻底拒绝,在他那个时代的伟大思想家中是非同凡响的"③。

---

① Richard Serjeantson, David Hume's Natural History (1757) and the Modern Eusebianism, see Sarah Mortimer and John Robertson (eds.), *The Intellectual Consequences of Religious Heterodoxy* (1600—1750), Brill, 2012, p. 292, p. 294.
② David Hume, *LDH*, vol. 1, p. 243.
③ 唐纳德·利文斯顿:《休谟的日常生活哲学》,李伟斌译,华东师范大学出版社,2018年,第379页。

第四章 宗教的自然史

休谟在《宗教的自然史》中反复强调"好事物的败坏带来最坏事物"①,仿佛在回应自己1741年《论迷信与狂热》一文的第一句话,两文对迷信原因的分析也完全一样。②迷信与狂热的政治结果,如休谟在《大不列颠史》中表明的,"支持国王的阿明尼乌派迷信与清教反对者的狂热之间的宗教争斗导致了君主制的瓦解"③。"迷信是公民自由之敌,狂热是公民自由之友"④,这是休谟根据17—18世纪的英国政治得出的结论,但并非普遍真理,因为宗教迷信和狂热都是自由的敌人,这一点,至少可以从1757年出版的《宗教的自然史》的讨论中得出。在休谟看来,"道德义务清除了宗教功劳的所有借口,道德行为无非是我们欠社会和欠我们自己的","即使宇宙中没有神,正义之举也是他应该履行的,也是很多人本该履行的"⑤,因此,道德行为与宗教毫无关系。休谟否定了宗教对道德的劝诫作用,问题是,在那个时代,一个不信教的人能否成为一个有道德的人?一个不相信来世的人是否身陷恐惧之中?1776年,休谟临终时,"人人都想知道这名臭名昭著的异教徒如何面对生命尽

---

① 大卫·休谟:《宗教的自然史》,徐晓宏译,上海人民出版社,2003年,第69、72页。
② 大卫·休谟:《论迷信与狂热》,见《论道德与文学:休谟论说文集卷二》,马万利、张正萍译,浙江大学出版社,2011年,第6页。
③ Nicholas Phillipson, *David Hume: The Philosopher as Historian*, Penguin Books, 2011, p. 67.
④ 大卫·休谟:《论迷信与狂热》,见《论道德与文学:休谟论说文集卷二》,马万利、张正萍译,浙江大学出版社,2011年,第10页。
⑤ David Hume, *DP&NHR*, p. 80, footnote 82.

头,他有没有表现出悔恨或者放弃他的怀疑主义"①。休谟在平静中去世,"从未求助于宗教的慰藉"②。休谟在《自然宗教对话录》中借斐罗之口回应《宗教的自然史》:当克里安提斯说有宗教信仰总比没有好时,斐罗说,"宗教的恐怖通常是胜过宗教的慰藉的"③。亚当·斯密在休谟的讣告中评价说,无论生前死后,休谟都是"接近于具有人类脆弱的性格或许容许一个贤明之士达到的那样一种理想"④。因此,笔者认为约翰·罗伯逊的评价一语中的,他说:休谟《宗教的自然史》的根本目的在于表明,"在道德上,我们都可以是……友善的无神论者"⑤。

20世纪30年代以来,自由派和激进派对启蒙运动的争论一直在延续。卡尔·贝克尔在《18世纪哲学家的天城》中说,"哲学家们的著作比起他们所十分自信的或者我们通常所想象的,更为接近于中世纪,更未能从中世纪基督教思想的成见之下解放出来"⑥。彼得·盖伊在《启蒙时

---

① Dennis C. Rasmussen, *The Infidel and the Professor: David Hume, Adam Smith and the Friendship that Shaped Modern Thought*, Princeton University Press, 2017, p.1.
② 欧内斯特·C.莫斯纳:《大卫·休谟传》,周保巍译,浙江大学出版社,2017年,第648页。
③ 大卫·休谟:《自然宗教对话录》,陈修斋、曹棉之译,郑之骧校,商务印书馆,2008年,第106页。
④ 亚当·斯密:《亚当·斯密通信集》,欧内斯特·C.莫斯纳、伊恩·辛普森·罗斯编,林国夫等译,吴良健校,商务印书馆,2000年,第303页。
⑤ John Robertson, *The Case for the Enlightenment: Scotland and Naples 1680—1760*, Cambridge University Press, 2005, p.316.
⑥ 卡尔·贝克尔:《18世纪哲学家的天城》,何兆武译,生活·读书·新知三联书店,2001年,第35页。

代:异教的兴起》中延续了恩斯特·卡西尔的立场,他把"异教兴起"的起点定在休谟这里,将休谟视为"彻底的现代异教徒","既是最孤独的又是最具代表性的启蒙哲人",是"一小群人中最纯粹、最现代的样本"。[①] 盖伊概括性地解读了休谟三篇最具颠覆性的宗教论文,即《论神迹》《宗教的自然史》和《自然宗教对话录》,最后他写道,休谟"用冷静的方式表明:因为上帝是沉默的,所以人是自己的主人——人应该生活在一个除魅的世界里,对一切都持批判态度,凭借自己的力量,开辟自己的道路"[②]。《宗教的自然史》完全表现了这样的观念,休谟的"不信教"也体现了启蒙时代的信念;而这些信念,正是启蒙运动在今天依然重要的意义所在。

[①] 彼得·盖伊:《启蒙时代:现代异教精神的兴起》,刘北成译,上海人民出版社,2015年,第5、388页。
[②] 同上,第389页。

第五章　家庭的自然史

在大多数思想史著作中,18世纪格拉斯哥大学法学教授约翰·米勒(John Millar,1735—1801)的名字几乎不见踪影,尽管其有关妇女、家庭、政府等主题的观点可能影响了约翰·斯图亚特·密尔、马克思和恩格斯等思想巨擘。梁赞诺夫版《德意志意识形态·费尔巴哈》的"编者导言"曾提到,"弥勒的书有三分之一论述的是妇女在各个时期中的地位(第一章)",并指出"弥勒"的名字出现在马克思"1852年10月伦敦"笔记本中关于"论妇女史"的书目中。① 这里提到的便是约翰·米勒及其著作《等级差序的起源》一书了。米勒此书的论证逻辑与马克思唯物史观表面上的诸多相似之处,让后来者将其视为唯物史观的先驱者,②但另一

---

① 大卫·鲍里索维奇·梁赞诺夫主编:《梁赞诺夫版〈德意志意识形态·费尔巴哈〉》,夏凡编译,南京大学出版社,2008年,第15页。
② Ronald. L. Meek, *Economics and Ideology and other Essays: Studies in the Development of Economic Thought*, Chapman and Hall Ltd, 1967, pp. 40-50.

些研究者主张这两种历史观有着本质差异。[1] 该著作自1771年发表之后很快被翻译成德语、法语,并获得狄德罗、赫尔德等的评论,[2]但遗憾的是,在19世纪的人类学发展中,米勒对家庭、婚姻的历史考察几乎被湮没了。当代学者理查德·奥尔森曾猜测,19世纪考察女性地位的四位重磅学者亨利·梅因、巴霍芬、约翰·麦克伦南、刘易斯·摩尔,除了麦克伦南注意到米勒对早期母系社会的分析与巴霍芬的相似性外,其他三人几乎未提米勒,个中原因或在于,"在专业化与职业化的趋势下,社会科学研究的风格发生了改变"[3]。这或许导致18世纪苏格兰囊括诸多现代社会科学领域的道德哲学在19世纪被抛弃了。近年来,随着18世纪研究和苏格兰启蒙运动研究的兴起,约翰·米勒的这部著作又被重新发掘出来。尼古拉斯·B.米勒的《约翰·米勒与苏格兰启蒙运动:家庭生活和世界历史》一书试图在全球史的背景下比较米勒笔下的"家庭生活"与同时代作家对亚马逊部落的社会、家庭的描写,将"家庭"作为一个人类学

---

[1] Paul Bowles, Millar and Engels on the History of Women and the Family, *History of European Ideas*, Vol. 12, No. 5, pp. 595-610, 1990, p. 595. 米勒的哲学史观与唯物主义的关系,也曾有博士论文进行讨论,参见 Paul B. Smith, *The Materialist Interpretation of John Millar's Philosophical History: Towards a Critical Appraisal*, PhD thesis, 1998, University of Glasgow, http://theses.gla.ac.uk。
[2] See Nicholas B. Miller, *John Millar and The Scottish Enlightenment: Family Life and World History*, Voltaire Foundation, 2017, p. 5.
[3] Richard Olson, Sex and Status in Scottish Enlightenment Social Science: John Millar and Sociology of gender roles, *History of the Human Science*, Vol. 11, No. 1, pp. 73-100, 1998, p. 96.

单元,揭示了启蒙时期有关欧洲与非欧洲地区婚姻、人口以及人种等主题讨论的多样性。① 这一研究特别关注启蒙时代描述的美洲、亚洲等地区的婚姻和家庭关系的"例外情形"②,而对米勒所谓"人类几个重要领域的自然史"③这部分着墨不多。事实上,米勒的政治思想与其家庭"自然史"的描述直接相关,这一点几乎被忽视了。

自 1801 年米勒去世后,他的思想"就处于断断续续的、自相矛盾的再生之中。桑巴特、帕斯卡、米克声称他是唯物史观的奠基人,莱曼和施奈德则认为他是主流社会学之父"④。理查德·奥尔森总结说,考察米勒的视角可分为:以 J. G. A. 波考克为代表的公民人文主义视角,以哈孔森为代表的自然法理学,以及保尔·鲍尔斯等主张的对社会现象采取描述性、解释性的科学方法。⑤ 其实,还可以加上

---

① Nicholas B. Miller, *John Millar and The Scottish Enlightenment: Family Life and World History*, Voltaire Foundation, 2017, pp. 215-216.
② Veronica Lazr, Saving the Rules from the Exceptions? John Millar, the Scottish Enlightenment and the History of the Family, *Global Intellectual History*, 2021, VOL. 6, NO. 5, 779-787.
③ John Millar, *OR*, p. 89.
④ Michael Ignatieff, John Millar and Individualism, see Istvan Hont and Michael Ignatieff (eds.), *Wealth and Virtue: The Shaping of Political Economy in the Scottish Enlightenment*, Cambridge University Press, 1983, p. 317. 参见伊格纳季耶夫:《约翰·米勒与个人主义》,见伊什特万·洪特、米凯尔·伊格纳季耶夫编:《财富与德性:苏格兰启蒙运动中政治经济学的发展》,李大军等译,浙江大学出版社,2013 年,第 354 页。
⑤ Richard Olson, Sex and Status in Scottish Enlightenment Social Science: John Millar and Sociology of Gender Roles, in *History of the Human Science*, Vol. 11, No. 1, pp. 73-100, 1998, pp. 74-75.

第五章　家庭的自然史

邓肯·福布斯归功于斯密和米勒"科学辉格主义"的论断。① 最近也有学者指出,米勒在法国革命期间的政治主张是一位福克斯派的辉格主义而非激进主义。② 这些研究更侧重米勒的政治和社会思想,但"家庭"及其历史并不是他们的重点。汉语学界对米勒的研究寥寥无几,仅有两篇硕士论文讨论米勒的政治思想或反奴隶制思想。③ 有鉴于此,本章试图结合上述研究成果,从政治思想史的视角考察米勒对家庭"自然史"的论述以及他对家庭在商业社会中的定位。为此,本章将首先分析米勒之前的思想家对家庭关系的论断,进而讨论米勒对家庭起源及发展的历史叙述,最后评论米勒对商业社会中家庭角色的设想及其影响。在对家庭的讨论上,米勒与恩格斯的确有很多相似之处,但也存在明显的不同,本章结语将在简单比较的基础上表明米勒的家庭史论断对于现代社会的意义。

父权制与家庭法

在约翰·米勒之前,17—18世纪关于家庭的讨论或许

---

① Duncan Forbes, 'Scientific' Whiggism: Adam Smith and John Millar, *The Cambridge Journal*, 1954, pp. 643-670.
② Anna Plassart, Introduction: Millar and his Circle, *History of European Ideas*, 45(2) pp. 128-147, p. 136.
③ 傅琳:《约翰·米勒政治思想研究》,复旦大学硕士论文,2016 年;迟小蒙:《苏格兰启蒙学派中的反奴隶制理论——以亚当·斯密和约翰·米勒的反奴隶制思想为研究中心》,华东师范大学硕士论文,2015 年。

有三条主要的理论路径。一是在政治哲学中探讨父权或家长的权力,其典型代表是罗伯特·菲尔默。二是在自然法传统下讨论家庭成员的权利,这一传统可追溯到普芬道夫及其对苏格兰道德哲学的影响。三是18世纪社会舆论对婚姻制度的讨论,尤其是一夫多妻制和离婚的讨论,这里涉及对爱情等情感的讨论。这些对父权、对个人权利、对夫妻之情的探讨成为米勒思考家庭的起源、发展等问题的理论来源。

首先,菲尔默的《父权制》虽然经约翰·洛克的反驳,似乎失去了其在政治领域的权威,但家庭领域中的"父权制"并没有消失。事实上,菲尔默那篇著名的《父权制》,以及《论政府的起源》等相关文章批评的对象有两类:一是18世纪50年代前后英国与欧陆宗教争论中父权与王权的关系,二是针对霍布斯、弥尔顿、格老秀斯等的政治观点。约翰·P. 萨默维尔(Johann P. Sommerville)为《"父权制"及其他著作》所写的"导言"介绍说:"贝拉明(Bellarmine)和苏亚雷斯(Suarez)指出,国王的权力最初来源于人民。父亲对一个家庭所拥有的权力,是上帝直接授予他们的,不是他们孩子同意的结果。但是,一个父亲的权力完全不同于一个国王的权力,一个家庭不是一个国家。"[①]这类观点区分了家庭权力和国家权力的性质。至于霍布斯、弥尔顿和格老秀斯等阐述的政治理论,更不符合从家庭权力推出君主权

---

① Sir Robert Filmer, *Patriarcha and other Writings*, edited by Johann P. Sommerville, 中国政法大学出版社,2003年,Johann P. Sommerville, 'Introduction', p. xv.

力的逻辑。在1651年出版的《利维坦》中,霍布斯将"国家"比作一个"以保护自然人为其目的"的"人造的人",而这个"人造的人"的"制造材料和创造者"是人本身,[1]这就消解了自上而下的"君权神授"的理论。1652年,菲尔默评论道,"我对霍布斯先生的《论公民》和《利维坦》中有关主权者权利的论述很不满意"……"我同意他关于践行统治的权利(rights of exercising government)的观点,但是我不同意他关于获得这种权利的方式的主张"。[2] 尽管菲尔默承认霍布斯关于绝对主权的结论,但他绝不认同霍布斯那种"自下而上"的论证模式。至于弥尔顿主张共和制、格老秀斯对自然法的论述,菲尔默同样是反对的。他坚持认为:"如果我们比较父亲和一国之君的自然义务,我们发现它们完全一样,除了广度和程度上的区别,其他没有丝毫差别。父亲对一个家庭有权力;国王就像众多家庭的父亲,他照料着整个共和国,让它得以维持,供其衣食,引导它、保护它。"[3]菲尔默不仅引用《圣经》的经文,还借用了让·博丹等人的政治思想,以亚当对妻子夏娃及其子女的主权类比绝对君主的权力,论证父权、君权的地位。菲尔默或许是"父权制"或"家长制"传统的巅峰,"而从历史来看这也是它衰落的开

---

[1] 霍布斯:《利维坦》,黎思复、黎廷弼译,商务印书馆,1985年,第1-2页。
[2] Sir Robert Filmer, *Patriarcha and other Writings*, edited by Johann P. Sommerville, 中国政法大学出版社, 2003年, p.184.
[3] *Ibid.*, p.12.

始"。①

菲尔默去世后,《父权制》于1680年首次出版,"这本书被宫廷用来支持查理二世拥有行使专制权的神圣权力"②。《洛克传》的作者罗杰·乌尔豪斯指出,实际上,洛克在1667年的《论宽容》中就反对"君权神授"的观念,但1680年的问题是,针对政府的主动反抗是否可以是合法的。③洛克此时构思的《政府论》两篇对家庭和政府的权力都进行了反思。1690年,该作出版,我们看到,洛克不仅否定了父权与君权的类比,同时还提出了母亲的家长权。他写道:"即使承认父母创造了他们的儿女,给了他们以生命和存在,因此,就有了绝对的权力,这也只能给父亲以与母亲共同支配儿女的权力。因为,任何人也不能否认,母亲长期在自己的身体中以自己的血肉来养育孩子,她纵然不能取得更大的权力,至少不能否认她与父亲有同样的权力。"④同时,洛克还否定父亲和君主的绝对权力,尽管在《圣经》语境中,他似乎承认亚当在家庭中作为丈夫的权力,⑤而他在世俗背景下认为,家庭中的"统治"权力,"自然而然地落在较为能干和强健的男子分内了",但妻子仍然有自己的权利,

---

① 让·爱尔斯坦:《公共的男人,私人的女人:社会和政治思想中的女性》,葛耘娜、陈雪飞译,生活·读书·新知三联书店,2019年,第115页。
② 罗杰·乌尔豪斯:《洛克传》,李红等译,韩东晖等校,中国人民大学出版社,2021年,第171页。
③ 同上,第173-174页。
④ 约翰·洛克:《政府论》(上),瞿菊农、叶启芳译,商务印书馆,1982年,第46页。
⑤ 同上,第39页。

甚至可以和丈夫分离，丈夫的权力也不及专制君主。① 在鲁斯·W.格兰特(Ruth W. Grant)看来，洛克驳斥了当时流行的观点，"他的论断一方面为日益增长的妇女平等划开了一道大口子"，"另一方面也承认女人应该因其较低的能力而在政治参与中处于不平等的地位"。② 在洛克那里，家庭显然不是核心议题，尽管他关于"平等""个人主义"的只言片语可能为妇女后来的斗争留下一丝空间，但总体上说，女人在婚姻中的"从属地位可能以自然为基础而得到辩护"③，更不用提女人在政治中享有地位了。

其次，17世纪以来的近代自然法作家也开始专门强调婚姻与家庭成员的义务关系。塞缪尔·普芬道夫在1673年出版的《人与公民的义务》中明确指出，"一个男人因优先的人类行为而被设定的第一个获得性状态(adventitious state)是婚姻。婚姻可被称为社会生活的第一范例，同时也是人类物种的培育温床"④。普芬道夫用了两章篇幅讨

---

① 约翰·洛克：《政府论》（下篇），叶启芳、瞿菊农译，商务印书馆，1964年，第50页。
② Ruth W. Grant, 'Locke on Women and Family,' in John Locke, *Two Treatises on Government and A Letter of Toleration*, Edited and with an Introduction by Ian Shapiro *with essays by* John Dunn, Ruth W. Grant and Ian Shapiro, Yale University Press, 2003, pp. 299-300.
③ 让·爱尔斯坦：《公共的男人，私人的女人：社会和政治思想中的女性》，葛耘娜、陈雪飞译，生活·读书·新知三联书店，2019年，第140页。
④ Samuel Pufendorf, *On the Duty of Man and Citizen According to Natural Law*, edited by James Tully, Cambridge University Press, 1991, p.120。参见萨缪尔·普芬道夫著：《论人与公民在自然法上的责任》，支振锋译，北京大学出版社，2010年，以及塞缪尔·普芬道夫：《人和公民的自然法义务》，鞠成伟译，商务印书馆，2010年。

论婚姻和父母对子女的义务,接着讨论主仆关系。普芬道夫认为,"特别是在维持两性的自然条件时,不仅男人应该处于优势地位,而且,丈夫应该是他建立家庭的一家之主(head of a family)"。"丈夫的义务是爱护、养活、管理和保护妻子;妻子的义务是爱戴、尊重丈夫,成为他的帮手,不仅养育孩子,还要操持家务"。① 两性关系的地位因契约(contract)而定,"在男人而非女人建立的状态中,父亲的权利(right)主导一切,因为婚姻契约通常源于男人,而且他是一家之主"②。在父母对子女的义务中,"孩子尊重、感激母亲,却不需要服从母亲,尤其在母亲的命令与父亲冲突时"③;如果父亲去世,母亲似乎行使父亲对孩子的权利;但若母亲再婚,继父将拥有父亲的权力。如此,普芬道夫在自然法和契约论中赋予成年男人在家庭中的主导权。洛克可能获悉普芬道夫的自然法理论,因而为男人的主导权寻找了一个"才干和能力"这个自然基础。显然,他们都未摆脱家庭中的父权论。

普芬道夫的自然法经由格拉斯哥大学教授格肖姆·卡迈克尔(Gershom Carmichael,1672—1729)的增补、修订而在苏格兰流行。在家庭这一主题上,卡迈克尔并没有对"父权"作出大幅度修改,而是结合格老秀斯、洛克以及古典著作,对一夫多妻、妻妾关系、不同民族中民法对父亲权利

---

① Samuel Pufendorf, *On the Duty of Man and Citizen According to Natural Law*, edited by James Tully, Cambridge University Press, 1991, p.121, p123.
② *Ibid.*, p.125.
③ *Ibid.*

的规定等问题进行了更详细的阐释。① 苏格兰接受的自然法传统中,对家庭关系作出巨大改变的,或许是格拉斯哥大学道德哲学教授弗朗西斯·哈奇森。他在道德哲学讲义中明确指出:"婚姻关系是一种平等的伴侣关系或友谊关系,不是一种一方在所有家庭事务中都处于管辖地位而另一方完全服从的关系。就算通常说来,男性的体力和心智占有突出的优势,这在任何一个社会中也并没有给予他们完全的管辖权,它最多迫使另一方对他们突出的能力给予更多的尊重和敬意。"② 哈奇森的论述仍然在普芬道夫的自然法框架中,③ 但对夫妻与父母子女的权利和义务的论述更为丰富。他不仅主张友谊式的婚姻,而且认为,丈夫对妻子享有巨大权力——包括主宰妻子的生死,占有妻子的财产,把妻子视为奴隶和财产的行为,等等,都是有违自然法的。哈奇森还认为,在夫妻关系中,丈夫和妻子的权利是对等的,妻子和丈夫都应该忠贞,如果任何一方通奸或"顽固地回避同居",则可以离婚;在与子女的关系中,父权和母权是平等的,而且父母的权力在"子女能充分运用其理性时"就"自然

---

① Gershom Carmichael, *The Natural Right on the Threshold of Scottish Enlightenment: The Writings of Gershom Carmichael*, edited by James More and Michael Silverthrone, translated from the Latin by Michael Silverthrone, Indianapolis: Liberty Fund, 2002, p.130, p.135. 洛克也考虑过一妻多夫等婚姻形式,参见约翰·洛克:《政府论》(下),叶启芳、瞿菊农译,商务印书馆,1964年,第40页。
② 弗朗西斯·哈奇森:《道德哲学体系》(下),江畅等译,浙江大学出版社,2010年,第159页。
③ 哈奇森对婚姻关系的界定几乎完全沿袭普芬道夫。参见弗朗西斯·哈奇森:《道德哲学体系》(下),江畅等译,浙江大学出版社,2010年,第149页。

终止"了。① 换言之,父母的权力是有"期限"的,尽管子女成长到具有充分的理性后,父母子女的情感纽带以及相关的义务仍然存在,但先前的权力将不再适用。尽管洛克也曾提到父权或亲权的限度,②但哈奇森的这些观点反驳了17世纪菲尔默以及普芬道夫、洛克等人的父权论,也契合当时英国正在形成的商业社会的家庭观。

最后,18世纪对东方社会的想象也激发了作家们对婚姻形式和爱情等话题的开放式讨论。如尼古拉斯·米勒所言,"一夫多妻制是启蒙运动的敌人"③。18世纪的启蒙哲人将"一夫多妻制"视为东方婚姻的特征。苏丹后宫的妻妾制及其悲剧在1721年匿名发表的《波斯人信札》中体现得淋漓尽致。④ 在休谟看来,"亚洲风俗不仅破坏了友谊也毁掉了爱情"⑤。亚当·斯密的《法学讲义》对一夫多妻制也采取了类似的批评。他认为:"一夫多妻不利于主体自由,不仅仅因为家族族长之间出于妒忌心理而无法建立联盟和友谊,还因为其完全阻碍世袭贵族的存在。"同时,一夫多妻

---

① 弗朗西斯·哈奇森:《道德哲学体系》(下),江畅等译,浙江大学出版社,2010年,第183页。
② 约翰·洛克:《政府论》(下),叶启芳、瞿菊农译,商务印书馆,1964年,第108页。
③ See Nicholas B. Miller, *John Millar and The Scottish Enlightenment: Family Life and World History*, Voltaire Foundation, 2017, p.29.
④ 参见孟德斯鸠:《波斯人信札》,梁守锵译,商务印书馆,2012年,第307页。孟德斯鸠虚构的罗珊娜的悲剧,可参见该著收录的乔治·居斯多夫的评论,第360页。
⑤ 大卫·休谟:《论一夫多妻制与离婚》,见《政治与经济:休谟论说文集卷一》,张正萍译,浙江大学出版社,2011年,第105页

制"也不利于人口的增长"[1]。任何形式的一夫一妻制都好过一夫多妻制,这或许是斯密、休谟这些哲人的共识。在18世纪40年代发表的《论一夫多妻制与离婚》中,休谟既不赞同一夫多妻制,也不赞同罗马时代夫妻双方随意离婚的自由,而是欣赏"目前我们欧洲实行的婚姻形式"[2],那就是他心中"友谊式"婚姻的理想。斯密则讨论了一夫一妻制中离婚权的问题,总体上,他认为"婚姻关系还是应该严格而不应松散"[3]。从斯密1762—1763年、1764年两次讲义的整体内容来看,家庭法显然不是其法理学的重点,他三言两语便说完了婚姻与人口增长、子女教育等问题之后,便转向家庭财产继承与家长权的问题。他多从历史上引用案例,很难看出他对理想的家庭或婚姻模式的具体想法。作为斯密的学生,米勒肯定了解斯密的这些讲义,他对家庭和女性地位的历史讨论正是在上述背景下展开的。

在面对菲尔默的父权论和洛克的契约论时,米勒表示:"罗伯特·菲尔默爵士将君主消极服从的学说建立在孩子对其父亲的无限顺从的基础之上,这一观点在今天看来似乎不值得像它曾经遇到的那般认真严肃的反驳,只有当人们碰巧开始思考政府的首要原则时才会被反驳。说一个国

---

[1] 亚当·斯密:《法理学讲义》,冯玉军等译,中国人民大学出版社,2017年,第173、175页。
[2] 大卫·休谟:《论一夫多妻制与离婚》,见《政治与经济:休谟论说文集卷一》,张正萍译,浙江大学出版社,2011年,第111页。
[3] 亚当·斯密:《法理学讲义》,冯玉军等译,中国人民大学出版社,2017年,第175页。

王享有绝对权力是因为一个父亲享有绝对权力,无疑是以一种压迫制度为另一种压迫制度辩护。"① 米勒认为无需费力反驳菲尔默,他也顺带提到了洛克,② 但对洛克契约论的反驳需要从另一个角度展开,这是米勒论述的起点:两性的激情。而对哈奇森和斯密的论述和观点,米勒选择从"历史"出发,"推测"妇女的最初地位和最初的婚姻形式,在斯密《法理学讲义》的"四阶段"中讨论其起源和变迁。由此,在米勒这里,人的激情与"四阶段"历史就共同构成了家庭史的起点。

"四阶段"与妇女地位的变迁

与同时代的著作相比,约翰·米勒叙述的家庭史,最明显的特征是以人类的"激情"和"妇女在不同时代的地位和状况"为两个支点。这部分内容在《等级差序的起源》占据了1/3的篇幅,讨论了早期社会婚姻和家庭的形成,以及发展到文明社会的爱情和家庭生活。尽管爱丁堡医生威廉·亚历山大在1779年也出版了一部两卷本的《妇女史》,但其"历史"的因素较少,更多是为了"娱乐和教育女性"。③ 这

---

① John Millar, *OR*, p. 175.
② John Millar, *OR*, p. 175, footnote 3.
③ William Alexander, *The History of Women, from the Earliest Antiquity, to the Present Time*(Third Edition), 2 Volumes, London, 1782. 该书虽然以"妇女史"为题,但重点不是"史",而是关注教育、娱乐、优雅、贞洁、求爱、婚姻、独身等女性的生活方式。

第五章　家庭的自然史

显然不同于米勒的目的,后者"打算描述人类几个重要主题的自然史,试图指出逐渐产生于社会状态中比较明显和常见的进步,表明这些进步对于一个民族的风俗、法律和政府的影响"①。在米勒有生之年,该书在伦敦共出版了三个版本:1771年、1773年和1781年版。② 总体上看,讨论"妇女在不同时代的地位和状况"的第一章与讨论"父亲的管辖权"的第二章合起来约占全书一半的篇幅。其中,第一章最

---

① John Millar, *OR*, p. 90.
② 这三个版本的出版信息是:前两个出版时的标题是"*Observations Concerning the Distinction of Ranks in Society*";1773年版给每章加上了"节"(section),第二版篇幅从第一版的242页增加到312页,主要增补内容是第一章,其他四章也有少量增补;1781年版的标题改为"*The Origin of the Distinction of Ranks; or An Inquiry into the Circumstances which give rise to the Influence and Authority in the Different Members of Society*",整体篇幅扩充到362页,在先前的第四、五章中间插入了一章,作为第五章,标题为"随着技术和优雅风俗的发展,一个民族的政府产生的变化",该章共27页。第一章内容稍微扩充,从1773年版的102页扩充到115页。三版的出版商都是John Murray。

　　米勒去世后,1806年出版了第4版,该版与1781年的第3版内容相同,增加了约翰·克雷格(John Craig)为米勒所写的传记。现在通用的Liberty Fund版是根据米勒去世后1806年版再版,增加了艾伦·盖利特(Aarron Garret)所写的"导论"。

　　此外,该书还有1771年都柏林版和1793年Basil版,这两版分别是1771年和1781年的再版。米勒生前此书有两个德语译本和一个法语译本,1772年的德译本是根据1771年伦敦版翻译的,1798年德译本是根据1781年伦敦版翻译的。1773年的法译本是根据1773年的伦敦版翻译的。法译本的译者是著名的让-巴斯蒂斯特-安托万·斯华(Suard),他还翻译了休谟、罗伯逊和麦克弗森的著作。

大的修订是从 1771 年版的 78 页扩充到 1773 年版的 102 页;①在 1773 年版的基础上,1781 年版扩充了第一章第六节"大量财富与优雅技艺的文化对两性地位的影响"。相比之下,讨论父亲权威的篇幅在各版中没有很大的变化,基本是 30 多页。该书表面上是讨论不同"地位或等级"(ranks)的起源和发展,实际上讨论的是"权威"的性质及其变革,权利如何兴起以及如何变化的历史。② 这些复数的权利(rights)在米勒这里指的是丈夫对妻子、父亲对子女、首领对臣民、主人对仆人的权利。家庭作为一个小社会,它的成员及其权威的发展变化是米勒考察的重要内容之一。按照 18 世纪的苏格兰传统,《等级差序的起源》的第六章"主人对仆人的权威",也应包含在"家庭"的范畴之内,但米勒坚

---

① 相关篇幅如下:

1771	Chapter1 pp.1—78,(78)						
1773	Chapter1 pp.1—102,(102)	Sect. 1 pp.1—36,(36)	Sect. 2 pp.37—47,(10)	Sect. 3 pp.48—58,(10)	Sect. 4 pp.59—81,(22)	Sect. 5 pp.82—94,(12)	Sect. 6 pp.95—102,(7)
1781	Chapter1 pp.17—132 (115)	pp.17—56,(39)	pp.57—68,(11)	pp.69—80,(11)	pp.81—106,(25)	pp.106—119,(13)	pp.120—132,(12)

括号中的数字表示篇幅长短。第一章六节的标题分别是:第一节 贫穷和野蛮对妇女地位的影响;第二节 婚姻确立之前母亲对家庭的影响;第三节 牧人性欲激情的优雅;第四节 农业得以发展的民族对妇女的尊重;第五节 实用技艺和制造业的改进导致妇女地位的变化;第六节 大量财富和精美艺术的文化对两性地位的影响。

② John Millar, *OR*, Aaron Garret, Introduction, pp. ix—x.

持"家内自由"(domestic liberty),主张废除奴隶制。① 第三、四、五章讨论酋长、君主的权威,以及"随着技艺和优雅风俗的发展政府产生的变革",在某种意义上,家庭的历史与家庭权威的历史是其政治史叙述的参照和基础。因而,即使讨论米勒的政治思想,家庭史也是一个重要的参照系。

如上所述,激情与"四阶段"史是米勒的"家庭史"的两个支点。他在第一章开篇写道:"在我们所有的激情中,那些将两性结合起来的激情(passions)似乎最容易受我们所处具体环境的影响,也最容易受习性和教育力量的影响。因此,它们表现出最令人惊讶的多样性,在不同时代、不同国家,形成了最多样的风俗习惯(manners and custom)。"②由此出发考察这类激情从贫穷、野蛮到富庶、优雅的时代的不同表现形式:妇女的地位变迁,婚姻和家庭的起源和发展。换言之,米勒考察的是复数的激情,不仅指生殖繁衍的激情,还有相伴而来的其他激情,比如男女的爱情(love)和父母子女之间的自然亲情(natural affection)。尽管性欲是人和动物共有的本性之一,但与动物不同的是,人类在这类激情的影响下联合成小社会并逐步稳定下来。在最粗野的时代,野蛮人囿于生存的压力,"性欲不可能在野蛮人的心中占据相当大的分量"③,繁衍、抚养后代让两性关系逐渐稳定,逐渐形成了婚姻。米勒认为,与动物相比,人类幼崽

---

① John Millar, *OR*, pp. 269, 279-280.
② *Ibid.*, *OR*, p. 93.
③ *Ibid.*, *OR*, p. 94.

出生后需要"长期抚养",出于自然亲情(natural affection),父母将会为了养活孩子而被激励相互帮助,因而联合为一个小社会。在这一点上,米勒与同时期的休谟、弗格森等苏格兰哲学家的看法一致,都认为家庭是最初的社会。① 他还认为,在此过程中,人们"自然倾向于维持他们长期习惯的那种社会状态:更重要的是,在一个人数众多的家庭首领的带领下,他们享受着安逸、尊重和安全,而若不如此,他们就会失去这一切",由此最先促成了"这个地球上粗鲁野蛮居民的婚姻"。② 而婚姻"无疑是一项非常早的制度",正是在这项制度下,家庭成员形成了权力关系。

米勒认为,贫穷和野蛮导致的自然结果是妇女在家庭中沦为男人的奴隶或仆人,因为在采集—狩猎时代,女人不如男人坚强勇敢,尽管她们可以陪伴男人一起狩猎或打仗,但无论在野蛮时期或文明时代,总体上,女人的力量和勇气在绝大多数情形下不可能超过男人,不得不落到卑微的地位;女人被迫劳动,没有继承地产的权利,不能与男人同时进餐,被当作财产随意买卖,生死大权由丈夫决定,等等。他认为这种现象是性别劳动分工的结果,这种说辞看似与洛克等人无异,都是从生产能力来看待男女的地位差异。不过,在早期社会,还有一种例外情形,即妇女也有可能在家庭中享受权威。米勒引用了18世纪能读到的异域游记、

---

① 克里斯托弗·J.贝瑞:《苏格兰启蒙运动的社会理论》,马庆译,浙江大学出版社,2013年,第31页。
② John Millar, *OR*, p.96.

通史中的大量案例来说明妇女在家庭中的影响力：比如，在中国台湾岛和秘鲁摩克梭族（Moxos），丈夫放弃自己的家庭进入妻子的家庭，并一直和妻子住在一起；在拉德罗岛（Ladrone），妻子绝对是一家之主，没有妻子的允许，丈夫没有处置任何事情的自由；北美的一些部落中，妇女被允许加入公共议事会，发表她们的见解。米勒还引用斯特拉波《地理志》中描述的古代米底人（Mede）的一妻多夫制来说明早期社会婚姻形式的多样性。他指出，"这种罕见的多偶制"，"目前在马拉巴尔（Malabar）海岸，以及北美易洛魁人的某些村落中得以确立。尽管没有比这些实践更不符合文明国家的态度和风俗的了，但却很可能被很多个体以及不了解常规婚姻制度的国家所采用"。① 尼古拉斯·B. 米勒认为，约翰·米勒于1781年版修订了前两个版本有关亚马逊人父母权力的叙述，并将霍屯督人（Hottentots）的父权与马拉巴尔等地区的母权和妇女战争能力进行比较，其动机是为了给初民社会的例外留出空间，以回应17—18世纪欧洲的亚马逊人争论；但这并不意味着米勒意识到19世纪人类学家所说的"母系社会"，他也从未用过"女权政治"这样的字眼。② 笔者以为，米勒将这种例外情形纳入他的叙述脉络中，恰好反映了他对人类情感的认识，尤其是妇女对子女那种自然的怜爱之情。米勒解释说，"对于一个几乎不了解

---

① John Millar, *OR*, pp. 120-121.
② Nicholas B. Miller, *John Millar and The Scottish Enlightenment: Family Life and World History*, Voltaire Foundation, 2017, p. 74, pp. 108-109.

婚姻制度的民族(a people)来说,孩子和母亲的联系要比父亲多得多。如果一个女人对任何人都没有忠诚或忠贞(attachment or fidelity)观念的话,如果她虽然偶尔和不同人发生关系,但她一直靠自己生活,或与她自己的亲戚一起生活,那么,她生的孩子以及她照看的孩子,肯定被认为是她自己家庭的一员,而住在遥远地方的父亲没有机会建立起自己的权威"①。根据这一说法,家庭或者说家庭社会早在婚姻制度正式确立之前就已经形成,而在这样的社会中,母亲的权威是根据自然情感形成的。米勒没有提到对生育能力的崇拜等后来的人类学解释,但他注意到早期社会的妇女也可能具有杰出的能力,这种例外实际上为他论证妇女地位的提升奠定了一定的基础。

尽管早期社会的婚姻生活有上述例外情形,但米勒认为,一旦婚姻制度确立,父亲便是"一家之主,领导和统治所有的家庭成员"②,其中自然包括妻子。尽管野蛮时代妇女的地位是低下的,但随着社会的发展,财富的增多,性的激情也逐渐变得优雅。在游牧时代,"她们的状况自然因各种条件得到了改善,这些条件往往产生了对性愉悦的更多关注,增加了适合女性特性的工作的价值。这些条件包括生活技艺的培养,财富的进展,趣味和风俗的逐渐优雅"③。保尔·鲍尔斯认为米勒的考察依据还可以增加一条,即"男

---

① John Millar, *OR*, p.116.
② *Ibid.*, p.157.
③ *Ibid.*, p.123.

人不得不花在女人身上的时间"①。这一点确实潜藏于米勒对"四阶段"的叙述之中：野蛮时代，性欲随时满足，但男人囿于生存危机，不得不更关注生活资料的获取；而在游牧时代，牧民获得了更多的牲畜，生存状况也更轻松舒适，源于两性交往的愉悦感比过去更受关注。野蛮时代那种纯粹动物式的愉悦，在此时常常伴随着偏好和情感，但由于个体品位多种多样，情感愉悦就变得越难以满足了，而那些"歌曲的质朴表达"就成为牧人日常的娱乐和消遣。"爱情"在这时产生了："由于这些进步，贞洁之德（virtue of chastity）开始被承认。因为当爱情成为一种激情而不是纯粹的性欲时，人们自然会认为，那些没被各种享受驱散的依恋之情（affections），将是最纯洁、最强烈的。"②米勒注意到，财产打乱了两性之间的自由交往，家族、部落之间相互掠夺、竞争，牧人时代的真实生活是残酷无情的。《伊利亚特》的故事只是表明女人如同男人的财富，成为被争夺的对象。像奥维德这样的诗人只是"粉饰"了那个时代的传统，那些优美的诗歌只是源于人的想象。

就妇女地位的改善而言，米勒肯定中世纪骑士制度的积极影响。他认为，"军事荣誉的崇高观念，罗曼蒂克式的爱情和殷勤有礼，这些让现代欧洲国家如此与众不同的特征，同样都源于那些特殊的环境"③。男人为获得女人的爱

---

① Paul Bowles, Millar and Engels on the History of Women and the Family, *History of European Ideas*, Vol. 12, No. 5, pp. 595-610, 1990, p. 599.
② John Millar, *OR*, p. 124.
③ *Ibid.*, p. 133.

情而进行决斗,在某种程度上是对女人和爱情的看重。在骑士比武大赛中,男人为了荣誉、尊严、礼节而战,也为赢取看台上首领的女人而战。"陷入爱河"是骑士的必要品质,对上帝之爱和对女人之爱是刚开始从军的年轻人的第一课。他心甘情愿成为女人的奴隶或仆人,展现他对情人的忠诚、始终如一的感情。米勒认为,这种感情自然产生了"最纯洁的行为举止,是对女性最大的尊重和敬意",这种摆脱了肉体之欢的情感促成了"对淫荡放纵的普遍憎恶",违背贞洁的妇女会遭人唾弃。米勒引用了大量古典时代和15世纪以来的诗歌来描述"爱情"的发展,认为"对妇女的巨大尊重和敬意"以及由此而来的"礼貌、温柔和关注"是"希腊人和罗马人不懂的,或许也是所有古代国家都不理解的","这产生了改善两性交往的氛围,有助于强化社会的高雅愉悦,因此被认为是源于夸张烦冗的哥特式风俗习惯的有价值的改进(valuable improvement)"。[1] 米勒将爱情以及相关礼仪的优雅视为社会进步的表现;他也很清楚,骑士对爱情的渴望实际上反映了封建社会横亘在男女交往中的门第财产之别。《等级差序的起源》虽然没有像一般的历史著作那样过于强调欧洲封建社会的财产制度,但这部"爱情的历史"恰恰反映了不同等级之间的社会隔阂,也体现出18世纪苏格兰哲人对封建社会的一种肯定:将"对女性的

---

[1] John Millar, *OR*, p. 142.

巨大尊重和敬意"视为这一"中世纪的遗产"。①

但是,中世纪"对女性的巨大尊重和敬意",只是将女性视为"罗曼蒂克式的爱情的对象",它和军事荣誉一样,不过是男人的"战利品"。随着商业、实用技艺和制造业的发展,两性交往的障碍逐渐被消除,并获得了一定的自由。只有在商业交换日益频繁的年代,换言之,在商业社会中,女性的真正价值才逐渐得到尊重和肯定:"女人不再是男人的奴隶、玩偶,而是朋友和伙伴。妻子获得的地位等级看来最合乎情理,适于她的品行和才能。她的天性……让她适合履行养育孩子这一重要的职责,同时也特别适合从事那些需要技巧和熟练度而非力量的工作,这些对于家庭的内部管理是如此必要。"②米勒描述的这种女性形象非常类似于19世纪英国的"家庭天使":女性在家庭经济中扮演着重要的角色。但他并没有将"家庭经济"(domestic economy)视为私人事务,而是强调其社会性。他指出,虽然希腊人也注重女性管理家庭经济的这种角色,还让妇女受教育,学习勤勉持家、培养对社会有用的才能,但妇女一直被排除在公共事务之外。"哥特式制度相关的混乱平息后,妇女开始因其有用的才能和成就而受到重视。她们的思虑和地位,让前一个时期盛行的罗曼蒂克式精神存有一些残余,现在却主要由她们在承担事务和维持社会交往的那些部门的重要意义

---

① John Dwyer, *The Age of The Passions*: *An Interpretation of Adam Smith and Scottish Enlightenment Culture*, Tuckwell Press, pp. 84-89.
② John Millar, *OR*, p.144.

来决定。"①在人类历史很长时间内,妇女一直都承担家庭事务,但这种家庭经济只有在商业社会才被赋予了意义。需要指出的是,米勒虽承认家庭经济在社会中的作用,但不认为家庭经济可以完全置于公共的政治领域中考量,而是将家庭视为个人与社会的中间地带,"家庭横跨公法与私法的领域"②,家庭经济是否繁荣对于社会发展同样重要。因而,在米勒看来,某种程度上,妇女的地位与家庭经济的重要性密切关联:当家庭经济日益重要时,妇女对家庭经济的价值才被"看见"。这一点在他对家庭财产的分析中表现得尤为明显。

由此看来,似乎在米勒的叙述中,妇女在商业社会的地位达到了最高。保尔·鲍尔斯在比较米勒与恩格斯对妇女和婚姻的叙述时曾指出,在米勒那里,自游牧时代以来,妇女的地位在不断上升,而在商业社会,其地位先上升继而下降;在恩格斯那里,女性在狩猎时代的地位最高,此后地位

---

① John Millar, *OR*, p. 149.
② Nicholas B. Miller, *John Millar and The Scottish Enlightenment: Family Life and World History*, Voltaire Foundation, 2017, p. 74, p. 181.

一直下降。① 这种说法或许忽视了米勒对父权的论述。实际上,米勒承认,在婚姻制度正式确立之后,即便妇女的地位有逐渐上升的趋势,男人作为"一家之主"的地位在商业社会到来之前从未动摇过。他大量引用希腊、罗马、中华帝国和波斯帝国的历史,说明男人可以随意处置他的子女,抛弃婴儿、卖掉孩子,决定儿女的婚姻。在狩猎、游牧和农耕时代,子女们在父亲(上述母系家庭除外)的家中长大,没机会获得财产;但在商业社会,孩子们很早就出去学习谋生技能,其住处也与原来的家庭相隔很远。父亲的权力被压缩到很小的领域。"家长的权威应该只可以让他们引导孩子的教育,约束年轻人的失范之举,灌输那些让子女成为社会

---

① Paul Bowles, Millar and Engels on the History of Women and the Family, *History of European Ideas*, Vol.12, No.5, pp.595-610, 1990, p.600。鲍尔斯在比较米勒和恩格斯对妇女地位论断的变迁时,绘制了一张表格,翻译如下:

米勒				恩格斯			
阶段/生产	财产权	婚姻	妇女地位	阶段/生产	财产权	婚姻	妇女地位
狩猎	集体	? 多偶制 对偶制	低 高 低	蒙昧/狩猎采集	集体	群婚	高
游牧	土地集体所有;牲畜私人所有	一夫一妻制	逐渐上升	野蛮/游牧然后进入农业阶段	土地集体所有;牲畜私人所有	对偶婚 一夫一妻制	地位下降 低
农业	私有制	一夫一妻制	高			私有	
商业	私有制	一夫一妻制	高,然后地位下降	文明/商业和制造业	私有	一夫一妻制	低

有用之才的原则。"① 这一描述似乎表明，父亲的权力逐渐被削弱，家庭成员获得了之前没有的自由独立；而且这里使用的复数的家长(parents)，似乎表明母亲在家庭中也有一定的权威，但总体上，米勒并没有明确指出，妇女在家庭中享有平等甚至更高的地位，即使在商业社会中，女性成为男性的"朋友和伙伴"，但家庭依然以父亲为主。

纵观整部《等级差序的起源》的叙述，妇女的价值始终是从男人的视角来看的；贞洁、忠贞等妇女的德性与家庭经济有关，或者说与男人的财产和利益有关。无论是游牧时代对爱情的吟咏，还是农耕时代罗曼蒂克式的爱情，以及商业社会的"伴侣式婚姻"，米勒的讨论从未站在妇女本身的立场考虑情感满足或女性对自己价值的认可，因而，很难说米勒是具有现代"女性史"意识的作家。他对妇女和家庭史的叙述从性的激情出发，始终围绕家庭经济展开，据此评判人类历史的各种婚姻形式。无论是同时代富庶的东方国家，还是古希腊、罗马时代，一夫多妻和随意离婚的制度都不利于家庭经济的发展。古罗马可以随意离婚的自由，让男女之间充满了不信任，因离婚而导致家庭经济破产；而东方的一夫多妻制既不利于人口增长，也无助于实用的改良。因而，米勒主张要消除一夫多妻制，防止自愿离婚导致婚姻的解体，寄希望以一种"朋友式婚姻"，构建一种"看似平等"的夫妻关系。这种论调在18世纪的英国并无多少新意，如上节所述，孟德斯鸠、哈奇森、休谟、斯密等这些米勒的前辈

---

① John Millar, *OR*, p.176.

已有相关讨论,但与这些哲学家相比,米勒对家庭的理论研究可能更为完整,并尝试在法理学的框架中将家庭作为个体与商业社会的中介来解决后者面临的一些困境。

家庭经济与米勒对商业社会的构想

随着商业社会的到来,商业精神对家庭情感纽带的剧烈冲击在米勒看来是一把双刃剑:一方面,家庭成员越来越多地注重个人权利,妻子、子女和家仆(以及奴隶)的屈从地位逐渐得到改善——事实上在今天看来,那时的妇女仍然处于屈从地位。故而,1792年玛丽·沃斯通克拉夫特为女权辩护,1869年约翰·密尔仍然在为此大声疾呼,更不用说1884年恩格斯的《家庭、私有制和国家的起源》中对妇女解放提出的希望了。至于奴隶制,英国直到1833年才通过《废除奴隶法案》,而家仆制度持续的时间则更久。另一方面,夫妻、父母子女之间那种最自然、纯朴的情感纽带在利益的冲击下变得松散、乏力,家庭关系变得唯利是图。在叶礼庭看来,米勒面临的两难困境说明"公民人文主义的道德主义与政治经济学"两种话语[①]在一位理论家身上的分裂。"个体"正在兴起,这是一个显见的趋势,家庭和社会关系都面临道德败坏的威胁,夫妻之间、父母与子女之间的自然情

---

① Michael Ignatieff, John Millar and Individualism, in Istvan Hont and Michael Ignatieff(ed.), *Wealth and Virtue: The Shaping of Political Economy in the Scottish Enlightenment*, Cambridge University Press, 1983, p.341.

感在利益冲突面前逐渐淡漠,这是米勒等18世纪苏格兰哲人的焦虑之一。哈孔森并不赞同叶礼庭所谓的"分裂",他承认米勒的道德化倾向是强烈的,也常常采取"公民人文主义的道德主义"的语言,但如果认为米勒把私人领域的"德性"与公共领域的"正义"分开会颠覆他的理论结构则是不对的。[①] 这一争论的前提是哈孔森和叶礼庭赞同米勒宁愿将现代社会的"德性"局限在"家庭生活"的私人领域。但实际上,在18世纪的英国,家庭并不是彻底的私人领域,家庭法在法律上也属于公法和私法之外。这种定位将家庭置于一个特殊的中间位置。因而,在个人主义兴起后,米勒依然希望家庭在商业社会中扮演它特殊的角色,进而在一定程度上解决财富与德行的某些矛盾。

叶礼庭认为,《等级差序的起源》在涉及经济关系这一主题时,"家庭,而非市场,是隐含的参照框架",它"不是一部论述自由交易者所组成的市场的'政治经济学'著作,而是一部家庭'经济学'专著"。[②] 这一论断强调了家庭在米勒思想中的重要位置:他不仅在此作中好几次提到"家庭经济",而且,在《英国政府史观》描述英国和欧洲封建王国的管理时也提到王室"家庭经济"分支管理与王国管理各机构

[①] Knud Haakonssen, *Natural Law and Moral Philosophy: From Grotius to the Scottish Enlightenment*, Cambridge University Press, 1996, pp. 168-169;努德·哈孔森:《自然法与道德哲学:从格老秀斯到苏格兰启蒙运动》,马庆、刘科译,浙江大学出版社,2010年,第172-173页。

[②] 米凯尔·伊格纳季耶夫:《约翰·米勒与个人主义》,伊什特万·洪特、米凯尔·伊格纳季耶夫编:《财富与德性:苏格兰启蒙运动中政治经济学的发展》,李大军等译,浙江大学出版社,2013年,第356页。

功能之间的相似之处,①这一类比或许从色诺芬《经济论》到让-雅克·卢梭的《政治经济学》都提到过。但显然,如本章第一节所述,米勒不赞同以家庭类比政治社会的权力结构,因为"个体在家庭中的联合是情欲所致,部落或村落的家庭联合是需要或防御所致",政治社会中个体的联合是"生产、交换、相互的自利促成的,在政治社会中,穷人服从富人,转让财产的自然权利受到保护,每个个体承认,服从政府和法律符合他们自己的私利,也符合他人的利益",②家庭的成因与形成政治社会的动机显然不同。因此,在斯密所说的那种"人人皆为商人"的"商业社会"中,米勒希望家庭在教育子女,尤其是抵御贫穷等方面担负起重要的责任,而这些责任不仅体现家庭的经济功能,也为道德秩序的形成提供了一种可能。

18世纪欧洲流行的两种家庭教育理念,以约翰·洛克的《教育漫话》和卢梭的《爱弥儿》为代表,前者讨论包括身体健康、品德和知识技能的"绅士"教育,后者则对从幼儿出生到成年结婚的"公民"成长提出了各种建议和要求。米勒没有专门论述家庭具体在教育子女方面应该如何去做,尤其是洛克和卢梭所说的那种家庭教育。在很大程度上,米勒对教育的看法深受斯密的影响,而且在很多方面都遵循了斯密的原则,尤其是在反对公共教育的寄宿制度方面。

---

① John Millar, *HV*, p.126.
② Paul B. Smith, *The Materialist Interpretation of John Millar's Philosophical History: Towards a Critical Appraisal*, PhD thesis, 1998, University of Glasgow, pp.204-205, http://theses.gla.ac.uk.

斯密认为男孩住在很远的学校学习，女孩住在修道院接受教育，有损家庭幸福，因为父母子女不能天天见面，彼此的情感就可能疏远，其结果是，"从所谓的公共教育之中学到的东西，可能都无法弥补那几乎一定也是必然因为公共教育而丧失的东西之万一"①。这里，斯密主要是指寄宿制度对于青年人自然情感的伤害，对此，米勒完全赞同。他认为家庭是人道（humanity）的起源："由婚姻缔结的社会，虽然无疑源于人类盲目的倾向，却得到了更高层次的情感的促进和支持。夫妻和睦、父慈子孝、兄友弟恭，产生了相互同情和仁爱之情的各种变体，这些情感虽然不是最广泛的，却在它们的领域适应人类心灵有限的能力，其方向最有利于人性的伟大目标。"②因此，18世纪60年代以来英国提倡的那种斯巴达式的公共教育，将孩子与父母分离，以此培养孩子的公共美德，这种做法是米勒不愿接受的。他在相关手稿中指出，一般而言，父母对孩子有"天生的亲情"，承受教育孩子的负担也是心甘情愿的，但负责教育抚养孩子的"公共官员""因为没有情感纽带"，"往往会粗心大意"。③ 他坚持斯密的论断："家庭教育是自然的设置，公共教育是人的设计。"④在商业社会中，家庭更有利于发展出人的同情和仁爱——尽管这些情感是有局限的；而斯巴达式的公共教

---

① Adam Smith, *TMS*, p. 222.
② John Millar, *HV*, p. 765.
③ 转引自 Nicholas B. Miller, *John Millar and The Scottish Enlightenment: Family Life and World History*, Voltaire Foundation, 2017, p. 189。
④ Adam Smith, *TMS*, p. 222.

育不仅会导致成长过程中孩子与父母的情感障碍问题,也会导致一笔新的公共支出。这笔支出对纳税人来说也是不小的负担。

然而,贫富家庭在承受青年的教育支出以及教育目标上是完全不同的。对于更多穷人家庭来说,这笔支出是沉重的负担,而若不对青年进行教育,贫富差距只会越来越大。米勒反对斯巴达式的公共教育,但不反对公共教育,尤其是为穷人家庭提供的公共教育。这一点是他讨论社会不平等问题时特别关注的问题。《西德尼来信或论不平等》(以下简称《西德尼来信》)中写道:"我们现在可以开始研究下穷人的教育吗?唉,先生!穷人被剥夺了可以冠于教育之名的一切。他们的父母一直为纯粹的生活必需品而工作,他们自己也处于最可悲的无知之中。他们既无时间、偏好,也无能力向他们的孩子灌输道德。他们让孩子到处乱跑,直到他们长的力气能为家庭增添一点微薄的小钱。当那一刻来临时,他们便让孩子永远置身于无知和辛苦的劳动中了。在所有的痛苦中,这种彻底的无知是最大的痛苦,它扼杀了潜在的天才种子,它是所有邪恶的沃土。一定程度的劳动对人来说是好的;但妨碍他养成自己的兴趣、形成自己的权利、义务的劳动程度,则是最难以忍受、最毁灭性

商业社会的诊治
苏格兰启蒙史学研究

的灾难了。"①穷人为生存所困不得不终生劳碌,穷人的孩子没有接受教育的机会,长大后依然无法改变卑微的经济处境。更糟糕的是,在这样的环境中长大,穷人的孩子既无知,又很难形成独立的人格,甚至会堕落、干出邪恶的勾当。米勒将"无知"与道德关联,必定会招致各种批评,但考虑到"西德尼"的通信对象是"尊敬的劳德代尔公爵"这样的贵族议员,那么,我们可以猜测米勒的潜台词似乎是希望说服决策者为穷人的公共教育背书,因为这不只是穷人的生计问题,更关乎社会秩序和道德问题。米勒将教育与社会道德关联起来,附和了斯密的某些主张。后者在《国富论》讨论青年人的教育时说,一个人接受的教育越多,越不容易被狂热和迷信欺骗;受过教育的人也比无知和愚蠢的人更懂礼节、更守秩序,对一些煽动性言论以及政府安全有自己独立的判断。② 因此,斯密并不认为教育只有纯粹经济的目标,仅仅为较低阶层的求职做更有效的准备。唐纳德·温奇评论道:"教育帮助他们理解他们的利益与社会其他人之间关联的方式,还帮助他们领悟每个人都被赋予的那些自然权利和义务,因此,每个人都能够得到尊重。"③

---

① Sidney, *Letters of Sidney, on Inequality of Property*, the Office of the Scots Chronicle, 1796, pp. 8-9. 虽然很难确定《西德尼来信》的作者是约翰·米勒还是其侄子约翰·克雷格,但现在学界基本认定,即使这本小册子并非米勒执笔,也体现了米勒本人的思想。参见努德·哈孔森:《自然法与道德哲学:从格老秀斯到苏格兰启蒙运动》,马庆、刘科译,浙江大学出版社,2010 年,第 159-160 页注释 7。
② Adam Smith, *WN*, p. 788.
③ Donald Winch, *Riches and Poverty: An Intellectual History of Political Economy in Britain, 1750—1834*, Cambridge University Press, 1996, p. 120.

第五章　家庭的自然史

"西德尼"接着说,在自然"不可抗拒的权威"之下,人类需要偶然的放松。"如果我们贬低心灵的作用,摧毁除了感官快乐之外的任何愉悦想法,有效阻止一切智力和道德的提高,把人变成野兽,这个人还有什么放松的形式呢?骚乱、放荡、纵欲不仅害自己,也毁掉了他的家庭。"① 一个工人能抚养和教育他的孩子,必须勤勉、节俭、节制,但若让工人置于不断劳碌、毫无闲暇的境地,很难期望他们形成良好的德行。米勒应该注意到 1795—1796 年英国乃至欧洲普遍的粮食歉收导致人们困窘的生活现状,在这种困境下,穷人很难节省,甚至有可能堕落到犯罪的境地。在另一封信中,"西德尼"指出,"劳动人民的无知也是有害的","很多制造业分支会因工人的独创性而有巨大改进的空间;各行各业中,知识带来的冷静、关注和开阔思维将是十分有利的"。② 米勒在这里比较了西班牙、法国和苏格兰的制造业产品,非常自豪苏格兰人的聪明才智使其在国际竞争中具有"决定性的优势"。因此,教育不仅能让穷人的孩子变成摆脱困境,养成有良好道德的国民,还有利于个人和民族的竞争力。

"西德尼"希望将青年人培养成财富的创造者和德性的践行者,并为家庭经济做出贡献,但他也意识到,这个独立的个体只能在商业社会才能发挥其作用。《西德尼来信》在

---

① Sidney, *Letters of Sidney, on Inequality of Property*, the Office of the Scots Chronicle, 1796, p.9.
② Ibid., p.22.

讨论不平等导致社会道德败坏时从历史的角度论述了长子继承制的弊端,尤其会导致财产不平等的恶化。作为法学教授,米勒考察了野蛮时代以来财产继承法的演变。他注意到,野蛮时代,财产是家庭成员共同所有的,父亲只是管理者而已;在父亲死后,家中最长者管理公共物品,财产没有因死亡而发生转移。但在早期法律中,孩子一旦离开父亲,就丧失对共同财产的权利,而被收养的陌生人若在这个家庭中养大则享有继承权利。而在文明国家,"移交财产、其他各种不受控制的财产权的行为,每天都在发生,共同拥有的观念没有了。父亲被认为是唯一的所有者,每次继承都是权利的开始,而不是权利的延续"。[1]而封建社会的长子继承制却导致家族成员的财产不均:"家族骄傲比理性或正义更有影响。家族的影响因瓜分地产而消失,即使最小的弟弟也被教育去更多考虑他们代表的尊严而非自己的舒适,或他们孩子的福利。长子继承制的这一影响,助长了财产不平等并让它长期化,却是马上废除它的最有力证据。"[2]长子继承制让财富集中到少数人手中,不仅助长不平等,还不利于爱国情怀的培养,因为当大多数人手中没有财富时,他们就不会关心国防问题,在现实中与国家也没什么羁绊,因而财富最好分散到多数人手中。"西德尼"在最后一封信中建议废除这一制度,承认所有后代的继承权,并

---

[1] Sidney, *Letters of Sidney, on Inequality of Property, the Office of the Scots Chronicle*, 1796, p.50.
[2] *Ibid.*, p.59.

主张对富人的征税要大于穷人的税收比例,如此"广大人民不仅免遭税收压力,还能通过继承获得一点财产,让他能够教育自己的孩子,并在自己年老体衰时享有独立舒适的生活"①。在这里,"西德尼"不仅考虑到抚育孩子的问题,还考虑到老年生活问题。这里的老年人是不依赖子女的独立个体,他有权利继承祖辈的财产,有能力抚育子女,并通过勤俭持家换来一个舒适的晚年。这个人正是商业社会的普通个体,通过自己的勤劳谨慎获得独立舒适的生活。

《等级差序的起源》第二卷勾勒了商业社会家庭亲情关系的松弛,"孝道纽带的强度、坚韧度和持久性的衰落"②,但《西德尼来信》却一直强调个人德行为自己及其家庭带来的积极影响。如同斯密在《道德情感论》第四卷描述的那个穷人儿子发家致富的过程一样,③"西德尼"也描述了一个男人建立家庭过程中的品质。"人们常说,建立家庭的欲望是对勤勉和节俭的额外刺激。但我认为,稍微注意一下就能让我们相信此事并不常见。一个融入生活的人,他勤勉是为了确保他获得的直接需求之后才节俭,他或许要确保财富不会流失。实现了这一目标,附着在财富上的出人头地的欲望才会驱使他。当他老了,因为长期以来严格的节俭习惯导致的几乎不可避免的影响,他常常变得过于贪婪。

---

① Sidney, *Letters of Sidney, on Inequality of Property*, the Office of the Scots Chronicle, 1796, p. 92.
② Nicholas B. Miller, *John Millar and The Scottish Enlightenment: Family Life and World History*, Voltaire Foundation, 2017, p. 74, p. 193.
③ Adam Smith, *TMS*, p. 181.

建立家庭的虚荣是积累的结果,而不是积累的原因,而且往往单纯诉诸自我欺骗,隐藏贪婪的缺点,因为贪婪在未来除了积累无用的财富便没有其他目标。一个人甚少生来就有恰到好处的财富,从他生命一开始,他可能就想到让后代富裕的可能性。这个人后来建立了家庭。相反,他在年轻时与困苦斗争,长期以来适应了最苛刻的节俭。在他获得大量财富后,他再也不会鄙视那些让他从最初的贫困中爬起来的习惯。"①在这里,米勒将建立家庭视为个人节俭积累的结果,而非其原因。在这个过程中,这个男人会终生保持节俭、勤劳的好习惯,在年老时甚至会变得吝啬,而目的只是为后代创造良好的生存环境。这个"立业成家"的过程表面上不仅让一个男人摆脱了贫困,养活了家庭,还践行了德性,实现了财富与德性的统一。然而,这个表面上的"统一"也充满了紧张和冲突。在这个过程中,米勒描述的是家庭中的男人品性,他与妻子儿女之间的关系,将会随着商业的契约精神发生巨变。

这里顺便提一下米勒谈及奴隶制和家内仆人这一问题时的态度。在《等级差序的起源》最后一章,米勒炮轰了奴隶制,并对1778年的最后决议表示欢迎,"因为它明确谴责了黑奴制,作为本岛任何法庭表达的第一份旗帜鲜明的意见,它可以视为18世纪后半叶自由情操的真正见证"②。

---

① Sidney, *Letters of Sidney, on Inequality of Property*, 1796, the Office of the Scots Chronicle, pp. 68-69.
② John Millar, *OR*, p. 280.

第五章　家庭的自然史

在他看来，奴隶制对一个民族勤勉精神的损害和对良好道德的损害一样大，因为奴隶没有自尊，更没有自由，这样的制度既没有工作效率，也不利于道德秩序的形成。只有废除奴隶制，让每个家庭成员都享有家庭自由，才有利于道德、技艺的进步，才能促进家庭的福祉和国家的繁荣。米勒写道："总体来说，当人们在商业和艺术上获得较大的进步时，家庭自由的形成具有比较重要的意义。在那些富庶优雅的国家，它的影响延伸到最大多数的人民，这些人构成了共同体的主要成员，他们在食物供给上令人舒服的地位从不应该被忽视，而这些构成了一国的幸福和繁荣。"[1]这是米勒自由主义思想最明显的体现，在他叙述的"家庭的自然史"进程中，主人对奴仆的权威逐渐消解，家庭实际上逐渐成为现代意义上的"核心家庭"，这样的家庭作为一个经济体，会在经济动机的刺激下促进整个社会的繁荣。

问题是，家庭并不是一个纯粹的"经济体"，它也是不同个体的小型综合体。在米勒叙述的历史中，除了早期社会妇女参与群体决策的少数例外情形，女性几乎都不是一个独立的经济和政治个体，尽管他强调妇女掌管家庭经济的作用日益被重视，但她作为从属的地位没有多少变化。米勒自然希望，在商业社会中，女性能够成为男人的朋友和伴侣，夫妻之情和家长对后代的爱能够继续将家庭黏合在一起，让家庭幸福汇聚成商业社会的繁荣。但他清楚地看到，在富裕的商业国中，"婚姻几乎总是利益的联结"，男人希望

---

[1] John Millar, *OR*, p. 272.

通过这场唯利是图的交易换来生计或防止自己破产,女人则在母亲的主持下寻个高价,子女们因财富分配不均而仇雠相向。① 勤劳节俭的结果本应是建立家庭,但唯利是图的商业精神扭曲了这一进程,将婚姻作为牟利的手段。对于深受商业精神毒害而建立的家庭,米勒自然是谴责的。在他的设想中,男人应该凭借自己的德性获得财富,其自然的结果是组建家庭、繁衍后代;剥离金钱关系,根据两性之间的激情缔结"朋友式婚姻",这样的家庭能否成为商业社会的主体,恐怕是值得怀疑的。

约翰·米勒与恩格斯的家庭史观之比较

罗纳德·米克在 1960 年讨论苏格兰学派对马克思主义社会学的贡献时将米勒视为历史唯物主义的先驱。他说,"即便我们不能将这种唯物史观恰当地归功于斯密,我们也可以将一种对后来作家产生相当大影响的唯物史观归功于他","正是在米勒的研究中","我们发现了这种看待社会的新方式是阐释最明确、运用最专业的"。② 米克的这一结论影响深远,一些马克思主义者基本上赞同斯密和米勒的四阶段论在理论渊源上与马克思主义的唯物史观有着密切联系。然而,随着苏格兰启蒙运动研究的兴起,这种关联

---

① John Millar, *HV*, p. 782.
② Ronald. L. Meek, *Economics and Ideology and other Essays: Studies in the Development of Economic Thought*, Chapman and Hall Ltd, 1967, p. 40.

遭到了相当多的反驳。就米勒的情形而言,最直接的反驳是从自然法的角度展开。哈孔森特别指出,"对米勒进行唯物主义解释的主要障碍在于,他清楚表明了自然法和权利的观点。除非历史(对斯密以及对米勒来说)是一个开放的过程,有多种因素在发挥作用,其中之一是人类对正义规则制度化的应用,否则无法理解这种理论"①。换言之,财产权的、经济的变化与权利关系的演变是否具有辩证的、决定性的影响。表面上看,米勒对家庭史尤其是对夫妻、父子关系的历史叙述,确实是围绕着财产权和经济发展状况展开的,但这种叙述并不是19世纪马克思、恩格斯所说的那种辩证关系。鲍尔·B. 史密斯在其论文中批评米克时辨析了两种唯物主义:自然主义的和辩证的。马克思曾在《1857—1858年经济学手稿》中提出了"自然主义的唯物主义"这一概念。② 史密斯借此指出,米勒和马克思、恩格斯对人类史叙述的相似之处被他们的深刻差异淹没了。在对马克思、恩格斯有关私人财产权、劳动分工、普遍与个体等观点进行分析之后,史密斯指出,米勒在这些领域的看法与辩证唯物史观相去甚远,并认为米勒看待社会和历史的方式仍然在"古典传统"之内。③ 鲍尔斯从马克思的《德意志

---

① 努德·哈孔森:《自然法与道德哲学:从格老秀斯到苏格兰启蒙运动》,马庆、刘科译,浙江大学出版社,2010年,第182页。
② 《马克思恩格斯全集》第30卷,人民出版社,1995年,第51页。
③ Paul B. Smith, *The Materialist Interpretation of John Millar's Philosophical history: Towards a Critical Appraisal*, PhD thesis, 1998, University of Glasgow, http://theses.gla.ac.uk, pp. 67-74.

意识形态》等文本反观米克对米勒的评论，试图将18世纪米勒的哲学史写作与19世纪马克思、恩格斯的唯物史观区别开来，再讨论前者的历史贡献。这一论证确实是有必要的，因为米勒的贡献并不局限于此。

"对四阶段进行唯物主义的解释绝对不是必要的"①，这不妨碍我们从家庭史的角度简单比较一下米勒和恩格斯所写的家庭史。米勒对18世纪家庭史最大的贡献可能是他描述早期社会女性权利的多样性。他的确引用了大量例子来说明贫穷和野蛮让女性处于被奴役的状况，但也举出了他所了解的例外：台湾岛、拉罗德岛以及北美一些部落中女性在家庭、部落中的主导权或参与决策权等。② 比较一下1773年版和1781年版"婚姻确立之前妇女对家庭的影响"一节，我们就会发现，米勒在后一版补充了一段重要内容，即对女性主导家庭权的评论。他承认这种非常规的婚姻制度"极有可能"（highly probable）是亚马逊、斯基泰（Scythia）和美洲某些地区的有名传统，这些描述虽然有些夸张，但还是有一定的基础的。更有意思的是，他在维吉尔的《埃涅阿德》（Aeneid）中印证"妇女共和国"（female

---

① 唐纳德·温奇：《亚当·斯密"不朽而独特的贡献"：一个政治与世界主义的视角》，参见伊什特万·洪特、米凯尔·伊格纳季耶夫编：《财富与德性：苏格兰启蒙运动中政治经济学的发展》，李大军等译，浙江大学出版社2013年，第289页。
② John Millar, *Observations Concerning the Distinction of Ranks in Society*, Printed for John Murray, 1771, pp. 32-34.

republic)这种虚构的概念。① 米勒描述的这种社会状态(rude ages)有"动产"(moveables),但财富和奢侈品是极少的,与私有财产观念相去甚远。米勒没有为这种例外状态命名为后来恩格斯所说的"母权制",而是使用了"母系家谱"(maternal genealogy in female line)这样的字眼,他关注到这种例外至少说明他对早期社会两性关系的认识并不是恩格斯所说的"18世纪启蒙时代所流传下来的最荒谬的观念",即"妇女在最初的社会里曾经是男子的奴隶"。②

因此,米勒也不可能像恩格斯那样提出:"母权制被推翻,乃是女性的具有世界历史意义的失败。"③但米勒、斯密、弗格森等18世纪启蒙哲学家对人性的认识在某种程度上与恩格斯确有一些相似之处,比如前者指出"大自然的两个伟大目的"是"个体持存和种的繁衍"④,这一点虽不如恩格斯"两种生产"说⑤精辟,但也反映出前者对自身"生产"的重视。正是在此基础上,米勒才将联合两性的激情作为

---

① John Millar, *The Origin of the Distinctions of Ranks*: *or An Inquiry into the Circumstances which give rise to the Influence and Authority in the Different Members of Society*, Printed for John Murray, 1781, pp. 67-68.
② 《马克思恩格斯全集》第28卷,人民出版社,2018年,第64页。
③ 同上,第73页。
④ 这一点可以说18世纪苏格兰启蒙哲学家的共识。参见 Adam Smith, *TMS*, p. 87; Adam Ferguson, *ECS*, pp. 16, 21。
⑤ 《马克思恩格斯全集》第28卷,人民出版社,2018年,第32页。恩格斯说:"一方面是生活资料即食物、衣服、住房以及为此所必需的工具的生产;另一方面是人自身的生产,即种的繁衍。一定历史时代和一定地区内的人们生活于其下的社会秩序,受着两种生产的制约——一方面受劳动的发展阶段的制约,另一方面受家庭的发展阶段的制约。"

其考察权威和社会史的出发点,而家庭作为一个特殊的社会单元,其历史是考察权威的重要对象。当然,米勒的家庭史与恩格斯也存在巨大的差异。如上所述,米勒仍然将家庭作为社会的经济单位,在讨论商业社会的家庭时虽然从劳动分工的角度论证妇女地位的提高,但他并没有意识到妇女全面进入公共领域的可能性,更多是将妇女作为家庭经济的管理者。恩格斯在论述工业革命时期的家庭时说:"妇女解放的第一个先决条件就是一切女性重新回到公共的事业中去,而要达到这一点,又要求消除家庭作为社会的经济单位的属性。"① 恩格斯以妇女经济地位的变化作为妇女解放的前提,这种观点在米勒那里几乎没有明确的说明。

尽管存在这些差异,我们也无需否认米勒对家庭史理论的贡献。米勒从历史和自然法的角度揭示了妇女的权利以及妇女地位的变化,其论述至少反映了18世纪启蒙思想家对妇女史的重视。有学者主张米勒影响沃斯通克拉夫特、密尔、杰克·古迪等人的妇女观和家庭观。实际上,很难有直接的证据表明沃斯通克拉夫特的《为女权辩护》受米勒的影响,她在书中批评了洛克和卢梭的观点,却没有直接引用米勒的看法。不过,米勒对密尔父子的影响是显而易见的,前者的《英国政府史论》是老密尔教育小密尔的教材,② 前者的妇女观和家庭观或许也对小密尔形成了一定

---

① 《马克思恩格斯全集》第28卷,人民出版社,2018年,第92页。
② Duncan Forbes, 'Scientific' Whiggism: Adam Smith and John Millar, *The Cambridge Journal*, 1954, pp.643-670, pp.669-670.

第五章 家庭的自然史

的影响。杰克·古迪也专门讨论过欧洲的家庭史,他注意到休谟等苏格兰哲学家观察到妇女责任的变化,[1]他在为《家庭史:现代化的冲击》写的序言中说,"在世界上的许多地方,家庭组合可能已不再处于生产过程的中心了","但作为消费单位、共同生活居住单位和繁衍体制单位,家庭并未消失,家庭仍然是相互支持的源泉,又是最密切的、最普遍的纷争的源泉"。[2] 从这个层面上说,虽然米勒论述的家庭史并没有在商业社会戛然而止,他对家庭成员之间权利关系的论断依然可以成为现代社会的参照系。

---

[1] Jack Goody, *The European Family: An Historico-Anthropological Essay*, Blackwell Publishers, 2000, p.94.
[2] 安德烈·比尔基埃等主编:《家庭史·现代化的冲击》,袁树仁等译,生活·读书·新知三联书店,1998年,杰克·古迪,"序言",第11页。

第六章　文明社会的历史

1767年,亚当·弗格森(1723—1816)在首次出版的《文明社会史论》中写道:"商业的、谋利的技艺可能会一直繁荣,但它们获得的优势是以其他追求为代价的。对利润的欲望压制了对完美的热爱。利益让想象冷却,让心肠变硬,并根据职业是否有利可图、获得多少收入而驱使才智抱负走向柜台和车间。"紧接着的一段又说:"随着商业的发展,专业分工似乎提高了技术,也确实是每项技艺产品变得更完美的原因;但是最终,根本的结果就是以同样的程度打破了社会纽带,以形式取代才智,个人退出最令内心情感和心灵愉悦的共同工作舞台。"① 类似这种对商业技艺和专业分工的悲观论断在该作中并不少见。一些评论者认为,与

---

① Adam Ferguson, *ECS*, p. 206.

第六章　文明社会的历史

同时代的人相比,弗格森更怀疑商业的作用。① 在这种"怀疑论"的眼光中,商业和专业化常常被视为道德败坏与社会堕落的"罪魁祸首"。丽莎·希尔在2013年的研究中评论说,"弗格森相信,公民德性是现代性的代价,只要道德衰退的信号没有在还来得及补救之前被发现,专业化的增进、过度扩张和享乐主义造成的公民美德的丧失将不可避免地导致国家毁灭。帝国主义和劳动分工导致官僚化,它严格限制了大众对公共事务的参与,而新的商业伦理抹杀了公共情感",具体表现为"商业文化对个人和社会关系的影响",以及"传统的价值和关怀被新的商业'精神'或心态所取代"。② 希尔并非第一位这样看待弗格森的学者。J. G. A. 波考克在20世纪70年代就指出弗格森看到了商业精神与公民美德之间的紧张关系。他写道:"商业范式将历史运动描述为走向商品无限增加的运动,并把物质、文化和道德文明的进步全部归于它名下",但"矛盾是根本性的","不可理喻的'命运'向积极和进步的商业的转化,并没有改变

---

① 持这种观点的评论者有唐纳德·温奇、理查德·谢尔等,对此的综述可参见 Craig Smith, *Adam Ferguson and the Idea of Civil Society*: *Moral Science in the Scottish Enlightenment*, Edinburgh University Press, 2019, p. 31, note1。邓肯·福布斯在1966年《文明社会史论》的编者"导言"中也持相同的观点。See Adam Ferguson, *An Essay on the History of Civil Society*, edited by Duncan Forbes, Edinburgh University Press,1966, Duncan Forbes, 'Introduction', p. xiii.
② 丽莎·希尔:《激情社会:亚当·弗格森的社会、政治和道德思想》,张江伟译,华东师范大学出版社,2018年,第226、254、256页。

美德与命运相互对应的这个时刻的性质"。① J. G. A. 波考克在共和主义传统下解释弗格森对商业和德性的看法,这一做法取代了哈耶克为代表的自由主义的解释,并影响了其他一些学者,②而他将弗格森视为马基雅维利式的温和派也激起了更多的讨论。③

这些讨论的重要主题之一是商业与德性(或者说美德)。④ 而这一主题是弗格森文明社会史的核心内容。在《文明社会史论》的最后两段中,弗格森声称,"人类除了德性别无所依,但也打算获得任何好处",又说,"人类的制度

---

① J. G. A. 波考克:《马基雅维里时刻:佛罗伦萨政治思想和大西洋共和主义传统》,冯克利、傅乾译,译林出版社,2013年,第 526、529 页。
② Anderas Kalyvas and Ira Katznelson, *Liberal Beginnings*: *Making a Republic for the Moderns*, Cambridge University Press, 2008, pp. 51-2, p. 51 note 2, p. 52 note3. 1995 年,范妮·奥兹-萨尔茨伯格在《文明社会史论》的编者导论中也强调公民美德在弗格森思想中的位置,see Adam Ferguson, *ECS*, Fania Oz-Salizberger, Introduction, p. xviii. 哈耶克的自由主义解释也影响了国内学者的研究,参见林子赛:《论亚当·弗格森的社会自发秩序思想》,《浙江学刊》2014 年第 1 期;翟宇:《哈耶克与弗格森:政治思想的传承与断裂》,《晋阳学刊》2013 年第 3 期。
③ J. G. A. Pocock, *Barbarism and Religion*, Vol. Two, *Narratives of Civil Government*, Cambridge University Press, 1999, p. 330. 波考克一直将弗格森置于共和主义思想传统中。对这一阐释的质疑可参见 Craig Smith, *Adam Ferguson and the Idea of Civil Society*: *Moral Science in the Scottish Enlightenment*, Edinburgh University Press, 2019, p. 204.
④ J. G. A. 波考克:《马基雅维里时刻:佛罗伦萨政治思想和大西洋共和主义传统》,冯克利、傅乾译,译林出版社,2013年,第 526 页。波考克认为弗格森区分了两种不同的德(virtù/virtue):德性是指与人格的社会基础融为一体的首要价值,美德是对源自社会进步的每一种价值的实践。还可参考波考克在另一本著作《德行、商业和历史:18 世纪政治思想与历史论辑》(冯克利译,生活·读书·新知三联书店,2012 年,第 61-62 页)对 virtù/virtue 的讨论。

第六章 文明社会的历史

如若不是旨在维持德性,实际上也可能有其目标,正如其有起点一样"。"它们的持续并不固定在有限的时期。没有一个国家的内部衰败不是源于其内部成员的。我们偶尔愿意承认我们同胞的恶行,但谁愿意承认自己的恶行呢?"①将这段作为结尾,似乎为这本著作定下一种悲观的语调。马尔科姆·杰克指出:"可能的逆转或衰退表明弗格森相信人类事务的某种不可预知性。进步不是自然而然的,改良也不是不可避免的。"②这一点显见于《文明社会史论》,而弗格森也常被视为"西方近代思想家里面最早从'现代性危机'的角度对现代文明加以批判的经典作家之一"③。除了"诊断"现代社会的"弊病",弗格森实际上也开出了一些药方进行补救。④ 在不同的研究者眼中,补救的药方多种多

---

① Adam Ferguson, ECS, p. 264. 此处不同版本的表述有所不同。《文明社会史论》在弗格森有生之年共出版了7个版本,弗格森的修订和增补超过100多处。最重要的变化是从1768年的第三版到1773年的第四版。1995年,剑桥大学出版社的版本依据是1767年版。See Fania Oz-Salizberger, 'A Note on the Text', in Adam Ferguson, ECS, p. xxxv。笔者这里采用的文本结合了1767年和1768年的版本,见剑桥版第264页的注释。
② Malcolm Jack, Corruption & Progress: The Eighteenth-Century Debate, A. M. S. Press, 1989, p. 115.
③ 亚当·弗格森:《文明社会史论》,林本椿、王绍祥译,浙江大学出版社,2010年,"中译本序",第1页。关于弗格森历史著作和历史观的探讨,中文研究有李悦:《亚当·弗格森历史观研究》,河北大学硕士论文,2017年;姚正平:《论弗格森的史学》,淮北师范大学硕士论文,2011年;以及刘华:《文明的批判——亚当·弗格森及其〈文明社会史论〉》,《历史教学问题》2004年第5期。
④ Malcolm Jack, Corruption & Progress: The Eighteenth-Century Debate, A. M. S. Press, 1989, p. 116.

样,①而这些看法与他们对弗格森的文明社会史观及其思想体系的认识密切相关。

与同时代的大卫·休谟和亚当·斯密不同,弗格森在思想史上的声名沉寂了很长一段时间,尽管他在世时作品也获得了广泛的传播,尤其是在德国得到了很好的译介和接受。②弗格森对劳动分工和异化的讨论也在一定程度上影响了马克思,③这些观点在 20 世纪下半叶的研究中得到进一步探讨。④ 而在 20 世纪上半叶,弗格森被威廉·莱曼定位为现代社会学的开拓者之一,其依据源于德国学者对弗格森的理解,也受到 19 世纪法国学者解读弗格森的影响。⑤ 当然,弗格森对人性和社会的理解的确蕴含了现代社会学的因素,而"社会学鼻祖"这种形象的塑造可能是 20 世纪 30 年代社会学兴盛的结果之一。⑥ 随后的 20 世纪 40

---

① See Lisa Hill, *The Passionate Society: The Social, Political and Moral Thought of Adam Ferguson*, Springer, 2006, pp. 216-222.
② Fania Oz-Salizberger, *Translating the Enlightenment: Scottish Civic Discourse in Eighteenth-Century Germany*, Oxford University Press, 1995, pp. 131-133.
③ 马克思:《资本论》,人民出版社,2004 年,第 420 页。弗格森谈到人的"异化",这一思想对马克思影响很大,以致马克思甚至将弗格森误认为斯密的老师,参见《资本论》第 410 页。如果马克思生前看到了斯密的《法学讲义》,可能就不会有这样的误会了。
④ See Lisa Hill, *The Passionate Society: The Social, Political and Moral Thought of Adam Ferguson*, Springer, 2006, pp. 4-5.
⑤ W. C. Lehmann, *Adam Ferguson and the Beginning of Modern Sociology: An Analysis of the Sociological Elements in His Writings with some Suggestions as to His Place in the History of Social Theory*, Columbia University Press, 1930, pp. 24-25.
⑥ See Lisa Hill, *The Passionate Society: The Social, Political and Moral Thought of Adam Ferguson*, Springer, 2006, pp. 4-9.

第六章 文明社会的历史

年代,在洛夫乔伊"观念史"方法的影响下,格拉迪斯·拜尔森在其出版的《人与社会》第二篇便讨论了弗格森的人性论和道德哲学。[1] 二战后,研究者们继续开拓这一领域。[2] 20世纪60年代,邓肯·福布斯、大卫·凯特勒开始从弗格森创作的其他重要著作来考察其社会和政治思想。这样,除了1767年的《文明社会史论》,弗格森一生创作的小册子、历史著作和道德哲学讲义等都被纳入整体考察之中。弗格森的思想是否前后一致、有没有一个体系,在研究者们那里就成为一个仁者见仁、智者见智的问题。这也是克雷格·史密斯最近的著作试图回答的问题之一。[3] 史密斯详细解析了《道德与政治科学原理》(1792),认为"弗格森远非一个商业现代性的怀疑论者,他力求诊断其潜在的弊病,并着手构建一个捍卫文明社会的道德科学体系"[4]。这一结论没有抛开《文明社会史论》中的论断,而是将其著作作为一个连贯系统的整体。简言之,史密斯并不认为弗格森早年和晚期的思想存在断裂,他的文明社会史观也不像某些研究者认为的那样是悲观的。史密斯分析弗格森思想的方法是近十年来丽莎·希尔、伊恩·麦克丹尼尔、杰克·希尔等学

---

[1] Gladys Bryson, *Man and Society: The Scottish Inquiry of the Eighteenth Century*, Princeton University Press, 1945, p. 36.

[2] 参见张正萍、克雷格·史密斯:《也谈苏格兰启蒙运动》,《读书》2017年第5期,第129-138页。该文勾勒了苏格兰启蒙运动研究在英国兴起的大致脉络。

[3] Craig Smith, *Adam Ferguson and the Idea of Civil Society: Moral Science in the Scottish Enlightenment*, Edinburgh University Press, 2019, p. 1, p. 31, note1.

[4] *Ibid.*, p. 226.

者常常采用的,即不再孤立地看待弗格森的某部著作,并尽量将其置于弗格森生活的历史语境和思想语境中考察。如杰克·希尔所言,"草率地阅读《文明社会史论》,可能会认为弗格森不公正地贬低了商业社会相关的文化影响;而草率地阅读《道德与政治科学原理》,则会认为他肯定痴迷于与这些技艺相关的开明社会(enlightened societies)"[①]。这一提醒是相当中肯的。只读其中一部著作,的确有可能得出截然不同的观点。笔者赞同史密斯的大多数论断,但弗格森的道德科学在多大程度上能够以及如何捍卫"文明社会",还有待进一步探讨。

"文明社会"是苏格兰启蒙运动研究中反复讨论的一个概念,它曾出现在休谟、斯密的文本中,而弗格森第一个在著作标题中使用了该术语。英语学界对弗格森这一思想的

[①] Jack A. Hill, *Adam Ferguson and Ethical Integrity: The Man and His Prescriptions for the Moral Life*, Lexington Books, 2017, p.136.

讨论已经非常兴盛。① 2000年后，国内研究也紧随其后，②将其译介为"市民社会""文明社会"等。中文语境中的不同译文也反映了接受者和阐释者采取的不同立场。本章将在历史的维度下理解弗格森的"文明社会"史观，并试图在丽莎·希尔和克雷格·史密斯等学者的研究基础上进一步讨论他给"商业现代性"开出的处方，讨论他的道德教育思想，即弗格森对人的本质解析和对培养公民品质的见解，以期揭示弗格森的道德科学捍卫"文明社会"的方法和作用。

---

① 关于 civil society 概念的讨论，可参见 Craig Smith, *Adam Ferguson and the Idea of Civil Society: Moral Science in the Scottish Enlightenment*, Edinburgh University Press, 2019, p.186, note 2。除了该处提到9位学者的研究外，诺伯特·瓦齐和伊恩·迈克丹尼尔等学者也有讨论，参见 Norbert Waszek, *The Scottish Enlightenment and Hegel's Account of 'Civil Society'*, Kluwer Academic, 1988; Iain McDaniel, *Adam Ferguson in the Scottish Enlightenment: The Roman Past and Europe's Future*, Harvard University Press, 2013, Chapter 3。2000年以后，随着国内苏格兰启蒙运动研究的兴起，civil society 也成为重要的讨论主题。
② 中国学者多将 civil society 理解为"市民社会"。可参见项松林:《市民社会的德性之维:以苏格兰启蒙运动为中心的考察》，《伦理学研究》2010年第5期;臧峰宇:《苏格兰启蒙运动与青年马克思的市民社会理论》，《天津社会科学》2014年第2期;林子赛:《市民社会的进步与腐化之悖论探析——弗格森的市民社会思想及启示》，《兰州教育学院学报》2017年第9期。也有一些学者将其理解为"文明社会"，参见梅艳玲:《从弗格森的文明社会概念到马克思的市民社会概念——基于〈文明社会史论〉的弗格森与马克思比较研究》，《南京政治学院学报》2012年第5期;张正萍:《苏格兰启蒙视野下的"公民社会"理论——兼论其在英德两国的理论变迁》，见曹卫东主编:《危机时刻:德国保守主义革命》，上海人民出版社，2014年。从政治思想史的研究角度上说，这三种理解都有其合理性。本文从历史的角度、从"野蛮"与"文明"的关系来理解这一概念。

商业技艺的本质

在某些场合,弗格森并没有直接使用"商业"(commerce)一词,而更多使用"商业技艺"(commercial arts)。因为,在弗格森的道德科学中,"技艺"与人有着特殊的关联。在《道德与政治科学原理》第一卷中,弗格森在整个自然世界中解释人的"技艺":自然界有两种性质的技艺,一种是静止的(stationary),一种是进步的(progressive)。静止和进步的区别是,前者"就其本质而言没有改变的秉性",后者则在于"对象本身发展的秉性从一种状态过渡到另一种状态","进步性有前进或衰退之变迁,但可能在其存在的任何阶段都不是静止的"。① 因此,在弗格森的语境中,自然界的"进步性"(progressive nature)只是一种变化,这种变化没有好坏之分。换言之,这里的"进程"(progress)仅仅描述了一种变化的过程,而这一过程并不必然会朝着更好的方向发展。

人本身的"进步性"也和自然界一样。弗格森指出,"就手工技艺和商业技艺而言,即便是在那些最劳碌的居住地,只要还有改良的空间,就会有繁忙的创造,就像人们从未做过什么事情来满足生活之必需或实现生活之便利一样。但

---

① Adam Ferguson, *Principles of Moral and Political Science*(以下缩写为 *PMPS*), with a new Preface by Lawrence Castigligone, AMS Press, 1973, Vol. I, p. 190.

是，即便在这里，在其进程的每一步，这种积极的本性，源于其他方面的好处，无论是知识还是技艺的好处，如果没有某种进步的努力，仍然会倒退衰落。不想了解更多知识，或者不想比前人做得更好，这样的一代人可能不会有多少知识，也不会做得更好。在这种智识能力影响下的下一代人势必会衰落，一如更积极进取的天性势必会取得进步一样"①。这段话一方面表明人有提升自己的能力，另一方面也表明，如果一代人失去提升自己的欲望，那么这代人以及下一代人的智识水平很可能就会下降。弗格森以此表明人类的进步并非必然，倒退衰落是完全有可能的。

人类和自然界都处于"进程"（progress）之中。不同的是，人天生是匠人（artist），心灵手巧、善于观察，被赋予意志。尽管弗格森强调人类的"进步秉性"（principle of progression）与其他有生命的存在一样常见，但在人类的进步秉性中，雄心（ambition）与习惯（habit），尤其是后者，"确切地说，是第一位的，因为在每一个追求和成就的考虑中，它们或是成果或是激励。人类的积极参与由雄心促成，事实上很大程度是由他们谙熟已久的习惯驱使而成"②。弗格森随后用了四节内容来讨论习惯对人类思维、偏好、获取力量和权力以及在人类普遍历史中的深远影响。尽管在18世纪苏格兰的思想家中，休谟和斯密的道德哲学也谈到习惯对于道德评判的作用，但弗格森可能是最强调"习惯"

---

① Adam Ferguson, *PMPS*, Vol. I, pp. 194-195.
② *Ibid.*, p. 208. 下文将会看到，弗格森在谈到儿童教育时也非常注重习惯的作用。

的一位。

弗格森强调技艺的实践对于习惯的养成有着重要的意义。他曾提到人类发展出了一系列的技艺,如寻求安全的技艺、战争技艺、维持生存的技艺等,①并指出,"获得性倾向的好处伴随着天赋或获得性能力。某些情况下,这两者被称为技艺(an art)或天职(a calling)"②。在这里,技艺与天职相提并论,解释了弗格森道德科学中的神学语境。他在该节的最后写道:"人被赋予洞察在自己偏好或才能的真实状态中何为错或何为残缺的能力,并不是徒劳无益的。他能够理解超越其真实成就的完美也不是徒劳无益的。对他而言,这不是遗憾的无用功,那也不是白费力气的激励。它们引导他做出的最小努力,成为习惯的基础,指向他注定要推进到的进步的目标,尽管这个过程很慢。"③在这里,技艺的每一步实践都成为习惯的基础,而习惯又会反过来继续影响技艺的实践,最终引导人类走向"完美",而这种"完

---

① Adam Ferguson, *Institutes of Moral Philosophy*(以下缩写为 IMP), Routledge/ Thoemmes Press, 1994, pp. 27-28.
② Adam Ferguson, *PMPS*, Vol. I, p. 225. Calling 本身也有"职业"的意思,但考虑到弗格森对"完美"(perfection)和"目的"(end)的追求,以及他的神学思想,这里理解为"天职"是较为恰当的。弗格森关于"天启"(providence)和"完美"(perfection)的思想非常明显,体现在其多部著作中。这是另一个主题的研究内容,这里不便赘述。
③ Adam Ferguson, *PMPS*, Vol. I, pp. 225-226.

美"只属于上帝。①

和18世纪的其他思想家一样,弗格森也强调雄心,尤其是其在改善人类自身状况方面的作用。他认为:"智慧存在者的生活和行动在于意识到或觉察到一种可改进的状况,在于努力获得更好的状况。这就构成了人性中的雄心这一坚持不懈的秉性。人类有着不同的目标,不断追求这些目标。但无论从哪种意义上说,每个人最渴望的就是改善自己的状况。"②在基督教语境中,雄心曾经是被压制的激情,但经过曼德维尔、休谟的重新阐释,它已获得了积极意义。作为温和派的弗格森,同样也接受了这种积极意义,并认为雄心这种"行动中最强有力的动机"推动着"技艺"。雄心渗透在人类生活的各个层面,从"对单纯的动物式生活的关切"到"对完美的每一个目标":③获得知识或荣誉、成为一个有荣耀的人;但雄心的真正目标在于获得某些人格品质,比如智慧、善、刚毅等。在雄心的推动下,技艺被人们用来提供不同的需求,进而呈现出各种形式,商业、政治、科学、审美、道德都是特殊的技艺。

商业技艺是人们进行交换的技艺。在弗格森那里,"商

---

① See Lisa Hill, *The Passionate Society: The Social, Political and Moral Thought of Adam Ferguson*, Springer, 2006, pp. 205-209. 笔者赞同丽莎·希尔对弗格森在"作为进步的完美"中的分析。弗格森这里虽然谈的是技艺,但也在为"道德"做铺垫,因为人的行为就是对技艺的实践,道德行为也是技艺的实践。
② Adam Ferguson, *PMPS*, 1973, Vol. I, p. 200。这种描述与斯密1759年《道德情感论》中"改善自己的状况(better one's own conditions)"的提法并没太多的差异。
③ Adam Ferguson, *PMPS*, Vol. I, p. 235.

业技艺源于动物生活的需要和必需。它们持续不断、层层叠加、延伸扩张以提供一种连续不断或不断增加的消费,以满足大量累积的需求,在获得财富、便利和装饰时才会终止"①。这种技艺得以运用有两大原因:一方面,"人被造出来从事各种职业,不仅是因为各种倾向和才能,还因为他们必须运用它们的场合";另一方面,适于居住地区的地理环境各不相同,②居民面临的资源也不尽相同。在实践中形成的不同技艺使得人们开始有了初步的分工,而交换(或者说商业)正是在这种情况下用以满足个体不同需要的手段。③ 商业正是产生于"商品交换"的,"因为人们不同的追求和优势,通过处理相互的多余品,使彼此的需求得到满足"。④ 从商业技艺的产生看来,交换的最初目的只是满足彼此的需求,但让商业技艺一直繁荣的原因在于对"利益"的追求。弗格森承认:"商业技艺是每个人独特的追求或关切,最好由各自利益和私人发展的动机推动。富人在财富占有上享有优势;穷人为了逃离他们身陷的恶劣境况,绷紧每根神经成为有钱人。在这种动机下,交易者继续劳动,即使他得到了必需品,他的需求也不可能让他停歇下来。"⑤"利益"仿佛人类行为的"永动机";在人类的历史中,"商业的目标(object)就是财富(wealth)","商业技艺的目的

---

① Adam Ferguson, *PMPS*, Vol. I, p. 242.
② *Ibid.*, Vol. I, p. 246.
③ Adam Ferguson, *IMP*, p. 32.
④ Adam Ferguson, *PMPS*, Vol. I, p. 245.
⑤ *Ibid.*, Vol. I, pp. 244-245.

第六章 文明社会的历史

(end)是财富可以实现的便利和快乐"。① 那么,商业技艺的发展会危及文明社会的美德吗？对于这个重要的问题,我们还是要回到他对商业技艺本身的论断上来。除了财富,商业技艺还会给人类带来些什么？

首先,从个人权利来看,对于从事谋利技艺的人而言,确保其劳动果实的安全让他期待独立或自由,公众在获取财富时找到忠实的执行者、在囤积他的所得之物时找到一个忠实的管家。简言之,"商业技艺的成功,分散在不同部门,需要那些从事商业的人维持某种秩序,有必要使个人和财产得到某种安全,我们对此命名为文明,这种特征,从事物的性质和世界的起源来说,更多是法律和政治制度对社会形式的影响,而非仅仅谋利职业或财富的情形"②。商业技艺的发展带来的人身安全和财产安全,是"文明"的特征。一个商业技艺不发达的社会,可能算不上是"文明社会"。

其次,从历史上看,商业技艺不发达的时代,作为交易者的个人同样德行败坏。弗格森指出,"在野蛮时代(rude ages),交易者目光短浅、欺骗奸诈、唯利是图；但在他的技艺发展推进之后,他的视野开阔了,树立了自己的原则,他变得守时、开明、守信、富有进取精神；在普遍腐败的时期,唯有他拥有德性,除了强行保护他的所得"③。这说明,商业技艺的发展培养了一种德性,用弗格森的话说,这种德性

---

① Adam Ferguson, *PMPS*, Vol. I, p. 254.
② *Ibid.*, Vol. I, p. 252.
③ Adam Ferguson, *ECS*, p. 138.

是"贸易理性"(reason of trade)。而且,弗格森认为这种贸易理性在商业技艺娴熟的人身上更能体现。他以"偷窃、欺诈、腐败盛行"的清王朝为例说明大商人与他人的信任难能可贵。①

最后,从商业交换的信任来看,贸易和商业还与人的另一个本性即"社会性"相关。因为,"贸易和商业是社会性的行动",弗格森对劳动分工的分析,常常被视为个人化或异化。但是,"劳动分工取决于他们可以交换的信任,我们依赖别人为自己提供我们的需求"②。而弗格森所谓的"贸易理性"正是人与人之间的一种信任。除此之外,商业"社会性"还非常鲜明地体现在人类联盟和竞争的天性中。弗格森评论商业国家时说,"实际上正是在这种国家里(如果有的话),男人偶然会被认为是冷漠孤立的存在:他在与其同胞的竞争中找到了目标,他对他们的态度就像对待自己的牲畜和土地一样,因为它们为他带来了利润。我们认为形成社会的强大引擎仅仅在于让它的成员陷入冲突,在于那种情感纽带被打破后继续他们的交往"③。弗格森希望通

---

① Adam Ferguson, *ECS*, p. 138. 很难追溯这里弗格森对清王朝和大商人的印象源自何处。
② Craig Smith, *Adam Ferguson and the Idea of Civil Society: Moral Science in the Scottish Enlightenment*, Edinburgh University Press, 2019, p. 171.
③ Adam Ferguson, *ECS*, p. 24。这段话有两个中译本(林本椿、王绍祥译本,浙江大学出版社,2010 年;张雅楠等译,中国政法大学出版社,2015 年)似乎都没有表达出商业国家的人为何对待其同胞像对待自己的牲畜和土地一样,实际上是因为后者会带来利润,而其同胞也会给他带来好处。这两个中译本也没有突出联盟和竞争的天性。

第六章 文明社会的历史

过这一比较说明,无论社会能否给人类带来便利,那种联盟的天性一直存在,即使人与人相互竞争,也会为了利益而联盟,这是商业国家的精神。它不同于希腊罗马的爱国热忱,但仍然将人类联结在一起。

商业技艺的发展不仅带来"文明"的特征,也产生了新的商业德性。如弗格森所言,"财富(riches)是技艺和勤勉的结果"①。人们在不断追求财富的过程中,不仅提高了人的各种技艺,同时在雄心的刺激之下变得勤勉。如上所述,技艺的每一次推进都是人们走向"完美"的一步。至少在这个意义上,弗格森看到并肯定商业技艺的积极意义。这并不意味着他对商业技艺盲目乐观,如本章开头所引段落,弗格森当然意识到商业对其他技艺的破坏性作用。杰克·希尔指出,"他看到商业技艺的确切好处,但也认为它们带来了坏环境和动机,从而让其他非商业技艺的实践至少被部分削弱了。商业技艺对人类的繁荣本身既有消极影响,也有积极的意义,对道德生活也一样"②。这一评论当然是中肯的。弗格森最担心受到商业技艺负面影响的其他非商业技艺恰是政治技艺,而政治技艺的腐败是"文明社会"走向衰败的前兆,是"文明社会"的病症。

---

① Adam Ferguson, *IMP*, p. 31.
② Jack A. Hill, *Adam Ferguson and Ethical Integrity: The Man and His Prescriptions for the Moral Life*, Lexington Books, 2017, p. 136.

诊断"文明社会"

何谓"文明"(civilization),何谓"文明社会"?弗格森有自己的定义。他在《道德与政治科学原理》中说,"文明""更多是法律和政治制度对社会形式的影响","文明在商业或技艺没有多少进步的国家中也是显而易见的"。① 他所举的例子是罗马和斯巴达:他认为罗马人建成了一个卓越的共和国,但其生产者几乎都是农夫和粗人;而斯巴达还直接反对贸易的原则,这个国家的公民关心的只有"他的个人品质和为祖国的服务",而不是财富。② 他接着说道:"财产要求法律保护,谨慎要求商人在交易中公平行事",但喜爱经商的迦太基人也和其他民族一样残忍,"倾向和平""温和对待其他民族"这样的期望并没有体现在迦太基人身上。弗格森区分了商业和商人的品质,并将"文明"赋予了罗马人。

伊恩·麦克丹尼尔认为,弗格森"对'文明'一词的重新定义"维持了他对"经济和政治的明确区分",并进而认为"纵观《文明社会史论》,弗格森都明确拒绝将'国家幸福'归功于像财富、商业、人口这样的外部因素。《文明社会史论》中'国家的一般目标'和'人口与财富'这两节,其主要目的

---

① Adam Ferguson, *PMPS*, Vol. I, p. 252.
② *Ibid.*, Vol. I, p. 252.

是强调民风民俗和军事储备优先于狭隘的经济效用"①。强调风俗和军事力量对国家的意义,确实是弗格森的意图,但否认财富对国家幸福的意义,则不是弗格森的初衷。克雷格·史密斯认为麦克丹尼尔"忽视了一个事实,即弗格森表示,作为政治的原因和作为结果的经济之间存在明确的关联",他还指出,"财富、贸易、增长的人口、艺术和科学的进步、改良的风俗是一个繁荣文明的要素。所有这些最好被认为是文明的结果"。② 笔者以为,史密斯的这一评论更符合弗格森的本意。在讨论"国家的幸福"时,弗格森指出"财富、商业、疆域、技艺知识,被恰当运用时是自我保存的手段,是力量的基础",如果没有这些,国家就会变弱,甚至灭亡。不过,弗格森对"幸福"的理解也带有很强的斯多葛色彩,"强大的国家能够征服弱国;文雅的商业民族比野蛮民族拥有更多财富,践行更多样的技艺。但人们的幸福在于坦诚、积极、坚韧的心灵的福祉,这在任何情况下都一样"③。他强调德性、强调心灵的完满,但并不否认通往幸福的手段。如果仅仅只要心灵的福祉,那人类无需开疆拓土、也无需改进各种技艺,如果这样,弗格森为何要区别"未开化""野蛮"民族与"文明""文雅"民族?如果"人只是被视为一个商业艺术家(commercial artist),被安置在堆积物和

---

① Iain Mcdaniel, *Adam Ferguson in the Scottish Enlightenment*: *The Roman Past and Europe's Future*, Harvard University Press, 2013, p. 97.
② Craig Smith, *Adam Ferguson and the Idea of Civil Society*: *Moral Science in the Scottish Enlightenment*, Edinburgh University Press, 2019, pp. 153-154.
③ Adam Ferguson, *ECS*, p. 60.

欢快之中，没有出路；如果18世纪的人像古人一样对商业所得或喜或忧，那么问题是：'真正获得的是什么？'"① 如果野蛮社会的德行足以让个人和国家幸福，文雅民族的意义何在？

弗格森在"阶段论"中给出了这些答案。在《文明社会史论》中，弗格森讲述了一部人类社会演进的自然史。他以两个高频词来概述这部历史的特征：一个是"野蛮民族"（rude nations），一个是"文雅民族"（polished nations），以及"文雅的商业民族"（polished and commercial nations）等。弗格森将人类历史进程简化为三个阶段：野蛮、未开化、文雅（rude，barbarous，polished），但实际上前两者都被他称为"野蛮民族"（rude nations）。而"野蛮"（rude/savage）与"未开化"（barbarous）的区别不过是一个没有财产权，一个被打上了财产权和利益的印记。弗格森并没有像斯密《法学讲义》那样以财产权或生存方式作为人类历史不同阶段的特征，而是追溯到一般的法律概念。在野蛮社会（savage society）中，没有政府和财产权的概念，也不存在是否平等之说；在未开化社会中，出现了某种政府和不太稳定的法律，存在明确的不平等；而在文雅社会中，有着常规政府和稳定的法律，同样存在等级制度和不平等。他对社会的分类非常随意，对野蛮、未开化和文雅社会的描述分散在人口、财富、风俗等内容之中。最明显的是他在风俗论中

---

① Jack A. Hill, *Adam Ferguson and Ethical Integrity: The Man and His Prescriptions for the Moral Life*, Lexington Books, 2017, pp.142-143.

对野蛮与文雅民族特征的描述。这两段描述虽然很长,但有必要放在这里进行对比。

弗格森说,"就风俗的状态而言,**蛮族**(*barbarian*)一词不可能被希腊罗马人以我们所说的意义来形容一个毫不关心商业技艺的民族的特征。他们毫不吝惜自己和别人的生命,忠诚于一个社会时慷慨激昂,仇视另一个社会时不共戴天。在他们伟大光辉的历史中,这是他们自己的特征,也是其他一些民族的特征,正是在这一点上,我们才以**未开化**或**野蛮**(*barbarous*, *rude*)这一称呼以示区别"①。而对于另一类民族,弗格森说,"这或许是在现代民族里我们以'**文明**'或'**文雅**'的绰号(epithets of *civilized* or of *polished*)来描述的主要特征。但我们已经看到,文明没有与希腊人技艺的发展相伴而行,也没有与政策、文学和哲学的进步保持一致。文明没等到现代人学识和礼貌的回归,它存在于我们历史的早期阶段,或许比现在更能区别于野蛮而缺乏教化的年代的风俗"②。脱离18世纪语境的现代读者必定会好奇,这里的"蛮族"和"文雅民族"究竟指的是谁?从弗格森的描述来看,这里的"蛮族"是好斗的民族,并创造了辉煌的历史,这样的民族让人不得不想起他常说的罗马和斯巴达。而弗格森说"文雅"在400年前就已经存在,那么,14世纪处于封建制度下的欧洲,在何种意义上是"文雅的"?按照弗格森的说法,骑士的礼节(civility)是文雅的,然而他

---

① Adam Ferguson, *ECS*, pp. 184-185.
② *Ibid.*, p. 190.

又说,"如果我们衡量礼貌和文明的准则"在于"商业技艺的进步","我们已大大超越了任何古代的闻名民族"。① 这里的"我们"应该是指当时的英国人和欧洲人。"我们历史的早期阶段"指的是骑士制度下的欧洲,而18世纪的欧洲正是由此发展而来,并取得了"商业技艺"的明显进步。由此看来,弗格森所说的"文明"既包含非正式的习惯和风俗等,也体现在正式的政治和法律中。"文明"是财富、人口、商业、风俗、法律和政治制度等的综合体。

  根据这些要素,希腊和罗马是否称得上"文明社会"?实际上,弗格森区分了"文明"与"文明社会"这两个概念。罗马人有自己的政府和法律,也形成了自己的文明,但"文明社会"却需要更多的要素。弗格森肯定古典时代的政治德性,但他也不否定现代欧洲的商业德性,"文明社会"的历史并不是在"古今之争"的背景中展开的,而是在一个广泛的阶段性图景中展开的。古代虽然有着光辉的"文明",但古代并没有发展出让他们有资格称为现代意义上的"文明"的法律和政治制度。现代欧洲的确存在一些问题,但"法治""公民自由"是古人未曾享有的权利。

  值得注意的是,弗格森在"阶段论"中很少使用"时代"(ages)、"阶段"(stages)这些术语,而更多使用"民族"(nations)这个词。这就说明,弗格森不是在描述一条线性发展的历史——不同的民族必然会经历这些阶段——而是在描述历史上存在的世界和当时的世界。在他的描述中,

---

① Adam Ferguson, *ECS*, p.193.

清王朝、印度、美洲、鞑靼等民族的历史交错在一起,不同类型的社会获得了不同程度的文明。苏格兰低地是文明的,高地则是欠缺的,但高地和美洲印第安人的情况又是不同的,所以应该被视为一种单独的社会类型。在他看来,"文明"和"文明社会"都不是经济决定论的。对文明社会政治因素的强调弱化了马克思主义者对弗格森的解读,也让我们重新审视弗格森与斯密"阶段论"的区别。需要注意的是,弗格森并没有将经济和政治分开,而是在这两者之间建立了一种联系:"如果弗格森的思想中有一个基础/上层建筑的话,那么,政治和法律是基础,而经济是上层建筑的。"[①]这一点在弗格森对"文雅"的定义中非常明显。他说,"文雅"(polished)"最初指的是法律和政府方面的国家状态",后来被用来指"博雅艺术、制造技艺、文学和商业的精进";他在1768年的版本中补充说,"文明的人(men civilized)是履行公民职务的人","是学者、上流人物和商人"。[②] 显然,制度是弗格森对野蛮与文雅的划分标准,但这并不是说经济不重要。

恰是因为弗格森如此理解政治与经济的联系,他才会对"文雅民族"的腐败更加焦虑。因为,随着商业技艺的发展,道德标准和人们追求的目标开始发生变化。虽然"单纯的财富和功劳(merit)没有天然的联系",财富原本的价值

---

① Craig Smith, *Adam Ferguson and the Idea of Civil Society: Moral Science in the Scottish Enlightenment*, Edinburgh University Press, 2019, p.154.
② Adam Ferguson, *ECS*, p.195.

在于用来维持人的生计、提供便利或改善,但财富、出身总是和人的地位高低关联起来,而"财富被设想为一个评判的主题,容易激起一种危险的、荒诞的——如果不是令人憎恶的——推论,即形成那些据说充满铜臭味的人的品质"①,这是商业民族中常常发生的事情。而且,在虚荣心的竞争下,财富的价值往往不是使用而是夸耀。"守财奴即使腰缠万贯还是害怕缺钱,不断积累财富却限制使用它们。"②财富的本质被商业民族曲解,结果,"商业技艺高度发达的各民族允许他们获取财富的手段不靠个人高贵品质和德性,并承认这种财富地位差序的重要基础,他们的关注点转向利益,将其视为通往尊荣和荣耀的道路"③。一旦如此,德行便会被弃之不顾。

  弗格森承认,腐败并不完全因财富而起。他采纳了休谟1752年《论奢侈》的观点,认识到奢侈正反两面的意义,也指出腐败并不一定与财富多少成正比。他所说的腐败在于人类品格的堕落,而最终的结果是人类沦为奴隶,国家走向专制。弗格森以浓烈的情感描述了这种境地,"在风俗如此变革的前夕,混合政府或君主政府中的上层人士需要小心行事","上层人士如果放弃国家,不再拥有勇气和高贵的心灵品质,不再践行他们在保卫国家、管理政府的那些才能,那么,他们看似享有他们地位的好处,但实际上成为那

---

① Adam Ferguson, *PMPS*, Vol. I, p. 245.
② *Ibid.*, Vol. II, p. 51.
③ Adam Ferguson, *ECS*, p. 240.

个社会的弃儿;虽然他们曾经一度是社会的荣耀,从最受尊敬的人、最幸福的人沦为最可鄙、最腐败的人"。① 随后,弗格森用了一长串排比句描述"他们"的悲惨境地。然而,"他们"又是谁呢? 弗格森的现代读者可能很难弄清楚他在讨论"文明社会史"、民兵制度、道德科学时,"我们""他们"这些指称究竟是谁。

马修·B.阿布分析这里的"他们"时说,"'有钱人'明确被当作那些为了富裕的顺从地位而积极放弃政治(尤其是军事)参与的公民",弗格森心中所想的或许是"那些愿意公开炫耀他们真正的私人闲暇的文雅士绅"。② 这样的推测有一定道理。回顾一下弗格森描述"蛮族""文雅"特征时那种暗含的反讽,那些"放弃政治参与""炫耀闲暇"的文人雅士或许是他的指代。然而,再联系一下弗格森的文本和他所处的时代背景,我们可能会得出不同的论断。在这里,弗格森担忧的不是下层辛勤从事各种职业的人,而是曾经在政府、国防等领域担任过公职的人,"他们"参与政治的动机是财产、地位、享乐,是晋升和利润,为此,他们压制雄心、打压派系对立和社会猜忌等,但这样的行为并不是为了政治改革,而是衰败的先兆,是肮脏下流的追逐和毁灭性的娱乐。这样的描述不得不让人联想到18世纪60年代以来的英国政治。1760年,乔治三世继位,他希望开拓一个不同

---

① Adam Ferguson, *ECS*, p. 246.
② Matthew B. Arbo, *Political Vanity: Adam Ferguson on the Moral Tensions of Early Capitalism*, Fortress Press, 2014, p. 1.

商业社会的诊治
苏格兰启蒙史学研究

于乔治二世的立宪君主制。"乔治三世设想的实际上是另一种政府,它是受到一个真正忠诚的立法机构的支持,由一位起作用的国王和由他挑选的非党派大臣们领导的。"[①]这一设想付诸实践就是乔治三世任用他的宠臣,比如他的家庭教师布特勋爵,朝廷充斥着一些政治能力平庸、唯利是图、蝇营狗苟的人。弗格森口中的"他们"或许正是这样一群人。

1763年,英国结束"七年战争",从法国手中拿到了大片殖民地。北美、印度和不列颠本土,形成了一个新"帝国"。然而,统治这一帝国的是什么样的人呢?弗格森担忧地写道,"将造就公民和政治家的技艺分开,将制定政策和进行战争的技艺分开,是试图肢解人的品质,摧毁那些我们想要改进的技艺。有了这种分工,我们实际上就剥夺了一个自由民族守护其安全所必需的手段。换言之,我们准备好抵御外部的入侵,但这却可能导致篡权,并预示着国内有建立军政府的威胁"[②]。某些部门如制造业的分工,会导致制造技艺的提高,商业技艺的提高也有利于国力强盛。但政治领域的分离,却可能导致人类政治技艺的衰落,这才是弗格森对文雅民族命运的焦虑所在,确切地说,是对英帝国命运的焦虑。当他面对"七年战争"之后的庞大帝国时,弗格森可能立即想到了罗马共和国由盛而衰的历史,而事实

---

① J. O. 林赛编:《新编剑桥世界近代史(第七卷):旧制度(1713—1763)》,中国社科院世界历史研究所组译,中国社会科学出版社,1999年,第325页。

② Adam Ferguson, *ECS*, p. 218.

上13年后的1776年,英国失去了美洲。无论罗马还是英国,"民族的财富、扩张和权力往往是德性的结果,而这些优势的丧失,往往是恶行的后果。人类德性的光彩在他们斗争的过程中,而不是到达目的之后"①。追求财富并不是恶,被视为恰当运用财富的俭省也是一种德性,②但如果只增加财富是有道德的,那么我们就不会鄙视守财奴。一个文雅民族的公民,如果想获得公民自由,就更需要提升其政治技艺。弗格森希望英帝国的公职人员能够警惕德行败坏的恶果,而不是放任自己沉溺于追逐利益和感官享受,让政治技艺失去活力、陷入沉寂。

因此,问题不在于财富,也不在于对财富的追求。当人们的商业技艺影响甚至削弱政治技艺、主宰人们的全部生活时,所谓文雅民族的民族精神就坍塌了。政府的作用不是促进商业生活的德性,而在于保证其臣民的财产权,促进交流③,并提供国防。因而,弗格森关心的可能并不是经济增长和道德败坏的必然因果联系,而是政治技艺和民族精神的萎缩。尽管在其著作中多次提到古代美德,但弗格森本质上并不是一个尚古主义者。他在给苏格兰一位掌权者的信中写道,"我不偏爱以前的时代,也不打算将人们的德性归因于无知和贫穷,反而认为运用得当的阶层有助于德性和心灵的高贵。没有一个民族比英国已经获得的影响度

---

① Adam Ferguson, *ECS*, p. 196.
② Adam Ferguson, *PMPS*, Vol. Ⅱ, p. 341.
③ *Ibid.*, Vol. Ⅱ, p. 426.

展现出更优秀的精神；但也没理由说那种精神为何该被忽视，或者说它们是评价和荣誉的唯一标准的重要来源"①。因而，弗格森并不主张回到遥远的古代，而是试图寻找解决新问题的办法。

绅士的道德教育

在分析文明社会的弊病时，弗格森也看到野蛮民族存在的问题：在那样的社会中，政府与法律都不健全，人们连根除弊病的药方都无处可寻。而在文雅民族中，"文明的进程中会出现新的弊病，也会运用新的补救措施，但那种补救并不总是在出现弊病时就用起来；法律虽然因致力于惩罚犯罪而出现，但它们不是新近腐败的征兆，而是人们渴望寻找一种或许能够根除长期毒害国家的罪恶的补救措施"②。除了法律，道德教育是另一种补救措施。弗格森呼吁一种人类品格，他对"谨小慎微"的绅士品质很感兴趣，③但他更希望将政治家与战士这两种品格统一在绅士的身上，因而他在苏格兰社会鼓吹民兵制度。1759—1762年、1775—1783年这两个时期，苏格兰温和派的一些文人狂热鼓吹民兵制度。在"七年战争"中，英国社会流传着法国入侵的谣

---

① Adam Ferguson, *The Correspondence of Adam Ferguson*（以下缩写为 *CAF*), Vol. 2, 1781—1816, edited by Vincenzo Merolle, William Pickering, 1995, p. 481.
② Adam Ferguson, *ECS*, pp. 230-231.
③ Adam Ferguson, *PMPS*, Vol. II, p. 464.

言,作为在军营中生活多年的弗格森对国家防御格外关注。他认为,自卫是所有公民的事务,而不是雇佣军或职业军人的事情。事实上,英国在18世纪曾有一段时间可以买卖海军官职,年长有经验的军官在这一市场中根本得不到晋升。这样腐败的军事制度,完全不利于英国的海外征战。因此,弗格森才与休·布莱尔等温和派牧师筹建了"扑克俱乐部"(Poker Club),让爱丁堡的文人就民兵制度发表自己的意见。

在"扑克俱乐部"中,弗格森与斯密关于民兵制度与常备军的讨论常常被后来的研究者误解为弗格森不主张常备军,但实际上,弗格森非常清楚常备军在战争期间的作用,他主张的是将常备军与民兵制度结合在一起。同时,他也清楚18世纪英国的选举制度,很多人并没有选举权,根本没有参与政治和锻炼政治技艺的机会,而民兵制度对所有人来说是一个平等的机会,人人(男性)都有机会发挥自己的才干。这是弗格森主张民兵制度的主要原因之一。不仅如此,弗格森还希望将"勇武精神与民事政策和商业政策"混合在一起,培养公民的道德品质。"强调政治参与和民兵服役——这些形成了弗格森共和主义阐释的基础——并不会抛弃商业生活。"[1]这样的品质体现在弗格森理想的"绅士"身上。

从弗格森的教学经历来说,他对绅士品质的培养渗透

---

[1] Craig Smith, *Adam Ferguson and the Idea of Civil Society: Moral Science in the Scottish Enlightenment*, Edinburgh University Press, 2019, p.167.

在他的教学之中。在爱丁堡大学任教时,弗格森很清楚他的学生中有很多人会成为未来的公职人员。他的班级规模在最高峰时超过 100 个学生,① 而且他在爱丁堡的教职长达 26 年,因而,与休谟、斯密相比,他对学生的影响可能要大得多。而他自己也承认,他将大量的著作融入自己的讲义中,创造出一种生动的教学方式,在一个普遍的主题之下阐释,并在其职业生涯中不断修订。② 这些讲义,有很多内容糅合了休谟、斯密、孟德斯鸠、卢梭等同时代哲学家的观点。无论是他的《文明社会史论》,还是在他晚年出版的《道德与政治科学原理》,都能找到他同时代人的一些思想痕迹。从苏格兰道德哲学的普及性目标来说,弗格森显然非常成功:"他参与塑造了将来几代绅士品格的塑造,同时也带给他们思考道德的那种语言。"③那是一种怎样的道德语言呢?

在弗格森的道德教育中,习惯是一个非常重要的因素。弗格森相信人类深受习惯的影响,在很大程度上,习惯会成为品格的一部分。习惯在早年会非常容易获得并保持下来,但它们也在生活中逐渐变化,因为人们会通过"习性的变化"来经历和适应不同的环境。④ 如果有"正确的"习惯,孩子就能够适应他一生中经历的不同境况,以"良好的"秉

---

① Richard B. Sher, *Church and University in the Scottish Enlightenment: The Moderate Literati of Edinburgh*, Princeton University Press, 1985, p. 35.
② Adam Ferguson, *PMPS*, Vol. Ⅰ, p. v.
③ Craig Smith, *Adam Ferguson and the Idea of Civil Society: Moral Science in the Scottish Enlightenment*, Edinburgh University Press, 2019, p. 129.
④ Adam Ferguson, *PMPS*, Vol. Ⅰ, p. 224.

性顺利地追求他们的预设目标。"弗格森对人类生活中习惯作用的兴趣让他意识到塑造孩子的各种习惯,为他们顺利参与融入成人世界做准备。"①从实践的意义上说,灌输好习惯的成效最佳。

除了教育孩子形成良好的习惯,绅士品质的养成还需要发挥冲突的天性。在弗格森的人性论中,对冲突的明确强调使得他与休谟、斯密区分开来。他指出,"人们不仅在自己的处境中找到分歧和争斗的根源,而且,似乎他们心中也有敌意的种子,欣然乐意地接受相互对立的机会"②。强调对立冲突,似乎与托马斯·霍布斯的"丛林状态"相近,但和18世纪苏格兰的其他道德哲学家一样,弗格森并不认同霍布斯单一的人性观。他肯定人的"好斗性",但斗争也是人类了解彼此的手段。人类和动物一样都喜欢同类间的"对抗",而且希望在对抗中证实自己的价值。人与人之间、民族与民族之间,对抗与冲突是一种常态。"没有民族间的竞争,没有战争,文明社会本身几乎找不到一个目标,或一种形式。人类或许可以没有任何正式协议就可以交易,但没有民族的协调一致就不可能安全。必要的公共防御产生了很多政府部门,仁人志士在指挥政府军队时找到了自己的用武之地……一个从未与其同胞战斗过的人,对人类的一半情感都一无所知。"③弗格森

---

① Craig Smith, *Adam Ferguson and the Idea of Civil Society*: *Moral Science in the Scottish Enlightenment*, Edinburgh University Press, 2019, p. 129.
② Adam Ferguson, *ECS*, p. 25.
③ *Ibid.*, p. 28.

商业社会的诊治
苏格兰启蒙史学研究

对"冲突"社会功能的强调可能也是他被视为"现代社会学"开创者的原因之一。①

对于弗格森来说,人们在社会冲突中能学到很多宝贵的经验。"社会本身就是学校,它在现实事物的实践中传递教训。"②人们在冲突和分歧的协调中获得了个人自由。"由不同能力、习惯和想法的人们组成的大会,要使人们在某个重要问题上达成一致只能是人类之外的东西……我们的一致性赞同恰恰危害了自由。我们渴望自由,却冒险让那些对公众冷漠无情的人们的玩忽职守取而代之,让那些出卖国家权利的人们的唯利是图取而代之,让另外一些对领导唯命是从的奴颜婢膝之人取而代之。对公众的热爱、对法律的尊重,人类在这些方面往往是一致的。但在那些有争议的问题上,人们也追求个人或派别的一致意见,那么,人们就已然背叛了自由的事业。"③一个国家的一致赞同是自由的枷锁,只有在争议和分歧中才能听到不同的声音,才能协调不同的利益。弗格森甚至将竞争视为德行的导火索,他借用普鲁塔克的话说"竞争是点燃美德的火炬",不经过深思熟虑就轻易顺从他人的意见,只会让自己沦为他者的奴隶。而文明社会正是冲突和分歧的孕育者。人们

---

① W. C. Lehmann, *Adam Ferguson and the Beginning of Modern Sociology: An Analysis of the Sociological Elements in His Writings with some Suggestions as to His Place in the History of Social Theory*, Columbia University Press, 1930, pp. 98-106.
② Adam Ferguson, *ECS*, p. 169.
③ *Ibid.*, p. 252.

第六章 文明社会的历史

在公共生活领域中形成不同的利益和见解,每个人或每个阶层都有各自的要求和意图。秩序,就在这种冲突与协调中自发地建立起来。

真正的自由需要每个公民德性的践行。"在任何自由体制存在的时期,在每个人都有自己的地位和权利,或有对个人权利的意识时,每个共同体成员都是彼此重视和尊重的对象。文明社会要求的每项权利,都需要运用才能、智慧、劝服、魄力和权力。"①不仅如此,在处理文明社会的事务中,人们心灵中的各项能力在这里得到发挥,并尽可能地完善,让人类的天性在情感、爱心而非利益的主宰中趋于完美。在弗格森的著作中,情感(sentiments)与利益的相互对立以及后者对前者的压倒性优势导致德性的败坏和心灵的残缺。文明社会弥补了这种残缺。"正是在对文明社会事务的处理中,人类发挥出了最优秀的才能,找到了他们最善良心向(best affections)的目标。正是由于嫁接在文明社会的优势之上,战争技艺才能臻于完美,军事战争的根源、刺激人们行为的复杂动机,才能被彻底了解。"②

弗格森如此强调冲突与战争,或许与他早年在"黑卫士军团"(The Black Watch Regiment)的经历以及他个人的性格③有关。弗格森因懂高地盖尔语而被阿索尔公爵夫人引荐到这个军团担任军中牧师一职。这一职位并不需要冲

---

① Adam Ferguson, *ECS*, p. 260.
② *Ibid.*, p. 149.
③ Adam Ferguson, *CAF*, Jane B. Fagg, 'Biographical Introduction', Vol. 1, pp. xxiii-xxx.

锋陷阵，但弗格森有时候也会举剑冲向前线。这种勇武、刚毅的品质，是弗格森在道德科学讲义中时常强调的，也是他对绅士品质的要求。然而，弗格森对"战争"的过于倚重似乎有些理想化了。尤其是在商业民族中，政治家和战士的品质如何集中在一个人身上，是一个大难题。对于18世纪的英帝国来说，民兵制度或许是一条可以尝试的途径。但随着职业分工的发展，政治家与战士这两种职业会越来越分离，那些在议会中言辞激昂的议员可能是一个只为自己或某个集团谋利的政客，他也不太可能在议会中坚持那种勇武、刚毅的品质。如此看来，养成绅士公民的品质还有很长的路要走。

在弗格森一生的著作中，交错着他对上帝天意的希望以及他所接受的沙夫茨伯里、哈奇森转变后的斯多葛主义和孟德斯鸠色彩的"共和主义"。然而，对于"文明社会的历史"，一方面，他认为，"民众迈出的每一步，对未来都是盲目无知的"[1]，"我们准确地知道明天的太阳几点升起，但随意的思想和激情会导致人类在什么时候、做出什么行为，人类的预见能够到达的不过是单纯的猜测而已"[2]；另一方面，他又指出，"真正坚毅、诚实、有能力的人在每一个舞台上都能适得其所，他们在每一种环境中都能获得自己天性中最大的快乐，他们是上天(providence)为人类谋福利的合适工具；或者，如果我们必须换一种说法的话，他们表明，他们

---

[1] Adam Ferguson, *ECS*, p.119.
[2] Adam Ferguson, *PMPS*, Vol. II, p.347.

注定生存下去的同时，他们创造的国家同样也注定会生存下去、繁荣下去"①。最终，弗格森还是将国家的希望寄托在"人"(men)的道德品质上，对人和国家的命运还有一丝丝乐观。因而，尽管他哀叹，"商业技艺在人的心灵中似乎除了对利益的关注无需任何基础，除了对收益和安全占有财产的希望之外无需任何激励。当人们陷入朝不保夕的奴役境地、意识到源于财富名声的危险时，这些技艺必将消亡"②，批判人类那些利欲熏心的恶行，痛惜人类不再追求自由，他同样也看到文明社会还有重新兴起的希望。

弗格森于1723年出生在苏格兰伯斯郡洛赫里(Logierait)乡村的一个长老派牧师家庭，在圣安德鲁斯和爱丁堡接受教育之后进入高地军团，此后作为贵族家庭教师在欧洲各地逗留。1759—1785年，弗格森一直在爱丁堡大学授课。尽管中途曾作为家庭教师短暂离开，但这一漫长的教学生涯势必影响了很多青年子弟。1816年，93岁高龄的弗格森在圣安德鲁斯离世。他的一生见证了詹姆斯党人一次叛乱、七年战争、美洲革命、法国大革命，一直到拿破仑的落幕，亲身经历了各种战争，但直到他去世，英国并没有正式建制民兵。商业财富带来的道德腐败仍在继续，英国政治舞台上的派系斗争仍在继续，而这些斗争并不是弗格森想要的"冲突"。他焦虑的

---

① Adam Ferguson, *ECS*, p.264.
② *Ibid.*, p.263.

道德腐败没有消逝,而他倡导的"道德教育"却很快消逝在纷杂的人类事务中。事实上,弗格森在道德科学中开出的"药方"要求颇高,但也正因为此,这一"药方"在当代更有其必要。

第三编

第七章 历史学的疆域

亚历山大·布罗迪在《苏格兰启蒙运动：历史民族的历史年代》一书中写道："苏格兰人在启蒙时代写了大量的推测史，因此，斯图尔特那'不容置疑的格言'便值得好好研究一下。"[①]这一"格言"正是本书反复提及的杜格尔德·斯图尔特的那段概述。虽然斯密不像其同时代人如亚当·弗格森、约翰·米勒、凯姆斯勋爵等那样发表过完整的推测史著作，但他在探索语言、经济、社会和天文学的发展史时，对"推测史"有过长短不一的论述。在这些推测史中，他还提出了一些重要概念，如"四阶段论""自然进程"等。这些概念现在仍然被经常讨论。因此，探讨斯密如何从推测史的角度阐释不同学科的原理，反过来思考斯密对启蒙史学的贡献，在当下还是很有必要的。本章希望继续向读者揭示斯密在苏格兰启蒙史学编纂中的贡献：运用推测史，他历时地展现了"政治经济学"原理在社会史中的运行；在"天文学史"中揭示了"科学革命的结构转型"背后想象力的作用和

---

① Alexander Broadie, *The Scottish Enlightenment: The Historical Age of the Historical Nation*, Birlinn Limited, 2001, p. 67.

天文学观念的变迁;在对传统史学的批评中赋予史学新意义,将历史的疆域从政治史扩大到了社会史和观念史。这些历史思考是苏格兰启蒙史学的重要内容,也是我们今天评价斯密史学贡献的依据。

政治经济学原理的历时维度

斯密在《国富论》第三卷中写了一篇很短的历史。从史学史的角度看,第三卷基本上可以归入经济史的范畴,①它勾勒了西欧经济的发展史,论述了经济史上的重大变迁——封建土地制度的瓦解。相较于《国富论》其他四卷内容,第三卷稍显单薄,在后来的研究中也最易为人忽略,甚至被贬低。熊彼特就说:"虽然这一卷所表现出来的智慧有点干瘪和缺少灵感,但它却本可以成为前所未有的关于经济生活的历史社会学的极好起点。"②熊彼特可能没有揣摩到斯密第三卷的意图,他也没有看到,斯密在这里其实塑造了一种经济增长的"理想类型"。这种"理想类型"便是斯密所说的"丰裕的自然过程"。在描述这个"自然过程"时,斯密采用了推测历史的方法。从方法上说,第三卷是运用"推

---

① Ellen J. Jenkins (ed.), *Dictionary of Literary Biography*, Volume 336, Eighteenth-Century British Historians, Thomason Gale, 2007, pp. 318-326. 该词条只谈到斯密的《国富论》而未提及其他历史著作,显然是将斯密作为经济史学家列入18世纪英国历史学家的行列中的。
② 约瑟夫·熊彼特:《经济分析史》(第一卷),朱泱等译,商务印书馆,1996年,第284页。

测史"阐释政治经济学原理最有意义的一个篇章。①

《国富论》第三卷之所以吸引很多研究者的关注,主要是因为斯密提出"丰裕的自然进程"②与欧洲真实的历史产生了冲突。斯密说:"根据事物的自然进程,每一个发展中的社会的大部分资本,首先应当投入农业,然后投入制造业,最后才投入对外商业。这种事物顺序是极其自然的,所以在每一个拥有领土的社会,我相信总是可以看到在某种程度上遵循这种顺序。"③这是斯密所认为的投资和经济发展的自然顺序。他认为这样的顺序,"虽然不是在每个具体的国家都是如此,但总体上是由需要造成的事物的这一顺序,以及人类的自然倾向促成的"④。人类的自然倾向是什么呢?斯密认为是人们对财产安全的欲望。在同等或差不多相同利润的情况下,人们会最先投资于土地改良,而不是制造业或对外贸易,因为投入制造业和商业的资本更易受意外风险的冲击,而土地收入是稳定的、可见的,因而是最安全的。以此类推,投资于制造业也比对外贸易安全。按照这个逻辑,财富增长的自然顺序就是先农业、后制造业,最后才是对外贸易。然而,人类的天性并不能顺其自然地发展,总是或多或少受到人类既有制度的阻挠。斯密不得不面对与其"自然进程"完全相反的西欧经济史:城市首先

---

① Frank Palmeri, *State of Nature*, *Stages of Society: Enlightenment Conjectural History and Modern Social Discourse*, Columbia University Press, 2016, p.61.
② Smith Adam, *WN*, p.376.
③ Ibid., p.380.
④ Ibid., p.377.

获得发展,继而是城市商业为乡村发展做出贡献,然后才是商业社会的兴起。

对于斯密的"自然进程"与真实历史的悖论,学者们有不同的解释。杰里·伊文斯凯认为,斯密希望他提出的一般原理即便在不自然的情况下仍然有效。[1] 这种有效性须得在引进法律、制度和政府这些变量之后才得以成立。欧洲经济的发展正是这样一个例子。保尔·鲍尔斯认为,斯密把农业放在首位是因为他看重生产性劳动和非生产性劳动的分类,而且受重农学派的影响,认为农业是最具生产性的部门。[2] 诚然,斯密的确受重农学派的影响,但两者又是截然不同的。伊斯特万·洪特指出,虽然斯密和魁奈都希望能在自由的环境下发展经济,但前者始终强调重农学派只是说出了部分真理,因为在斯密来看来,"恢复自然自由秩序并不是一项'设计'",而"对于魁奈及其追随者来说,这就是'设计'"。[3] 洪特从自然法的角度阐释了斯密的"自然自由体系",以此来理解斯密所说的"不自然的、倒退的顺序",也是颇有道理的。这里,笔者还想从政治经济学原理

---

[1] Jerry Evensky, *Adam Smith's Moral Philosophy: A Historical and Contemporary Perspective on Markets, Law, Ethics and Culture*, Cambridge University Press, 2005, p. 169.

[2] Paul Bowls, Adam Smith and the "Natural Progress of Opulence", see John Cunningham Wood(ed.), *Adam Smith: Critical Assessments*, Second Series, Volume Ⅵ, Routledge, 1994, p. 23.

[3] Istvan Hont, *Jealousy of Trade: International Competition and the Nation-State in Historical Perspective*, The Belknap Press of Harvard University Press, 2005, p. 362.

的角度来解释推测史和真实历史之间的鸿沟。

斯密一直认为,应该用"尽量少的原理"解释复杂的现象,①政治经济学原理也不例外。在《国富论》第一卷,斯密其实提出了政治经济学的基本原理:劳动分工—交换倾向—交换范围。在解释"自然进程"与真实历史之间的悖论时,斯密也引入了这些要素。他总结说:"工商业城市的增加和富裕,依照三种途径对其所在乡村的改良和耕种做出了贡献。"②这三个因素是:城市为乡村提供的市场,善于投资的商人购置土地之后所实行的改良土地的计划,以及城市给乡村带来的自由、安全和秩序。③

我们可以首先从"市场"入手。"市场"即"交换范围"。斯密指出,随着交换范围和市场的逐步扩大,经济也在不断增长。米歇尔·沙普里奥认为,"斯密的历史叙述主要集中在交换的发展上,并且比较模糊地关注空间交换的发展"④。这种说法不无道理。在欧洲史上,威尼斯城市经济的发展源于其市场即交换范围的扩大,这一点促进了劳动分工和制造业、商业的发展。于是,威尼斯在没有农村经济支撑的情形下,依然能获得较好的发展,并且还能刺激邻近地区农业的发展。威尼斯只是一个城市,不是整个意大利,

---

① Adam Smith, *WN*, Andrew Skinner, 'General Introduction', p. 3. 斯密在多处谈到他的这个原则,参见 Adam Smith, *TMS*, p. 299; *LRBL*, p. 145。
② Adam Smith, *WN*, p. 411.
③ Ibid., pp. 411-412.
④ Michael J. Shapiro, *Reading "Adam Smith": Desire, History and Value*, Sage Publication Inc., 1993, pp. 45-6.

因此威尼斯的经济发展不能作为斯密"自然进程"的反例，但可以作为"交换范围扩大"带来繁荣的一个案例。在这里，有必要重新理解一下斯密所说的"财富增长的自然进程"中的"市场范围"。在斯密的设想中，按照农业、制造业和对外贸易的先后顺序进行投资的这个"文明社会"，或许并不局限于政治意义上的"领土国家"，[①]而是一个有能力进行"充分交换"的"大市场"。欧洲中世纪城市和农村的市场，其最初的壁垒随着交换的不断扩大而逐渐被打破，成为一个"大市场"。斯密对欧洲经济史的考察，也并非特指后来所谓的"民族国家"。尽管他谈到瑞士、意大利等国的经济时使用了"国家"这个概念，但我们知道，中世纪的"国家"是分散的联合体。因此，"财富增长的自然进程"，不是指个别"国家"的经济发展过程，而是指整个"经济体系"的发展。沙普里奥将第三卷所写的历史与其价值理论关联起来，与第一、二卷中斯密对分工与交换倾向的论述联系起来，从人的欲望出发来解释，正好说明斯密是以"人性科学"来推测经济史的发展的。

其次，是土地投资人的变化，即早先没有改良土地欲望或者说改良欲望不强的大地主被有着利益驱使的商人替代。斯密认为，人的交换倾向在劳动分工中起着主导作用，而商人作为土地投资人，其交换欲望比地主强烈得多。在

[①] John F. Berdell, Adam Smith and the Ambiguity of Nations, *Review of Social Economy*, Vol. 56, No. 2 (SUMMER 1998), pp. 175-189, p.186."国家"概念的模糊性还可以从斯密对美洲殖民地的态度中看到。

第七章 历史学的疆域

改良土地上,商人比地主有着天生的优势:商人总在追求利润,并且有望看到投资于土地上的利润;而地主在投资时总是不那么勇敢,且资金来源也是节省所得。同时,商人还拥有"讲秩序、重节约和谨慎小心"的品质,这些品质使他的土地改良计划更有利可图、更容易成功。① 传统社会的地主,更像一位君王,以自给自足为目标,因而怠于交换;而商人更愿意将土地产出用以交换,而不是存储。斯密在《国富论》中描述了"商业社会"的画面:那是一个人人以交换为生的社会。② 在这个社会中,地主需要更多地参与到交换或商业活动中,他也成了一个"商人"。但我们也知道,斯密认为,作为"四阶段"中的最后一个阶段,"商业社会"的到来只是晚近的事情。

最后,是自由、安全和有秩序的交换环境。尽管"商人"是商业社会的主体,但没有良好的外部环境,经济仍然无法稳定发展。斯密以极其简短的文字概述了欧洲封建法律秩序在商业和制造业的发展中逐渐瓦解的过程,并流露出"自发秩序"的思想:大地主为了满足虚荣心、商人和工匠为了逐利,无意之中,"一方的愚昧和另一方的勤勉造成了这种大变革"③。斯密认为,美洲殖民地因其以农业为基础,故经济发展是稳定的、快速的:由于不存在欧洲的长子继承制,美洲土地很容易分成小块土地,小地主"怀着对财产特

---

① Adam Smith, *WN*, p. 411.
② *Ibid*., p. 31.
③ *Ibid*., p. 422.

别是对小财产的自然激情",对耕种和改良土地都怀有热情,因此是"最勤勉、最明智和最成功的改良家"。①

以上这三个因素对应了斯密对政治经济学人性基础的假设:交换倾向(市场),交换欲望(经济人),以及人对自由、安全、秩序的渴望(法治保障)。除此之外,在设想的"自然"进程与欧洲经济史的"不自然"进程的背后,还有两个因素需要考虑进来:一是美洲殖民地,二是法律和制度的历史变迁。在斯密所谓的"自然进程"中,美洲殖民地在欧洲经济发展中可视为一种补充。在某种程度上,除了早期的金银等贵金属,美洲殖民地提供的农产品、初级加工品以及工业原材料,满足了欧陆某些国家农业经济发展的不足。殖民地经济弥补了"自然进程"中的"断层"。进而,我们还可以大胆推论,斯密认为,在18世纪全球市场范围内,"自然进程"仍然是成立的。至于法律和制度的因素,杰里·伊文斯凯评论说:"在这个故事中,扭曲的法律和制度导致城镇比乡村先发展,但是这些法律和制度从根本上演化成这样,即乡村在进步过程中紧随城市。"②斯密希望向读者展示,"他的一般原理,即使在实际历史——叙述史——看似如此不自然的情况下仍然有效,自然的体系、自然的哄骗、那位设计者的行为,能引导人类走向进步,尽管是沿着一条迂回曲

---

① Adam Smith, *WN*, p. 423.
② Jerry Evensky, *Adam Smith's Moral Philosophy: A Historical and Contemporary Perspective on Markets, Law, Ethics and Culture*, Cambridge University Press, 2005, p. 168.

折的路径,甚至是扭曲的路径"①。这恰好印证了"看不见的手"的历史作用。

随着市场范围的逐渐扩大、交换能力的逐步提高、交换倾向的日益强烈(这一点似乎暗示着商业社会的"个体"的形成,无论这种倾向是主动形成还是在外界影响下加强的),法律和制度的扭曲也逐渐被拉回到"自然的"轨迹之中。这种"自然的"轨迹让后来的研究者将斯密与马克思的唯物主义历史观关联起来。可以说,斯密展现了一种范围更广的历史,不仅涉及经济基础,还包括后来马克思所谓的"上层建筑"的历史——罗纳德·米克清楚地知道斯密和马克思在这一点上的区别,②但他还是使用了马克思社会分

---

① Jerry Evensky, *Adam Smith's Moral Philosophy: A Historical and Contemporary Perspective on Markets, Law, Ethics and Culture*, Cambridge University Press, 2005, p. 168.
② Ronald L. Meek, *Smith, Marx, & After: Ten Essays in the Development of Economic Thought*, Chapman & Hall, 1977, p. 17. 米克写道:"资本主义的每一个特征,在斯密看来都是资本主义强大和稳定性的主要源泉——生产的原子化、资本的个人积累、财富和收入的不均等,在马克思看来都是资本主义虚弱和不稳的主要源泉。当然,在斯密18世纪70年代著书的时候,他想不到工人阶级能在政治中或类似于不列颠已经形成的'大洋国或乌托邦'中的政治体中发挥积极的作用,而马克思在一个世纪以后,由于那些明显的理由,他采取了一种非常激进的观点。"

析的术语。① 如果仅从经济史的角度分析，那么，《国富论》第三卷是斯密从政治经济学原理到批判现实政治经济学体系的过渡，即在第一、二卷阐释他自己的基本原理，在历史叙述中过渡到对当时重商主义和重农主义的批判（第四卷），以及对政府职能的阐释（第五卷）。整个体系的立足点是作为第四阶段的商业社会。洪特指出，"《国富论》不单是第四阶段的理论——这个阶段处于历史的自然法理论所展现的事物的自然秩序之中，而且还是商业社会的理论——商业社会的出现是欧洲史'不自然的、倒退次序的无意图的结果'"②。这一评论与"看不见的手"形成了呼应，并在自然法传统中阐释了所谓"完美的自然自由体系"。这个体系的"发条"或"齿轮"，是斯密对人性在政治经济学中的基本假设；而推测史与欧洲真实的历史，则为斯密的政治经济学做了最好的背书。

---

① Ronald L. Meek, *Smith, Marx, & After: Ten Essays in the Development of Economic Thought*, Chapman & Hall, 1977, p. 15. 米克写道："让我们关注的是，斯密可能是第一个以清晰明确的形式提出那个影响深远的观点，即一般来说社会是通往进步的，经历四个或多或少连续的、明显不同的社会—经济阶段，每个阶段都建立在不同的生产方式基础之上：狩猎、游牧、农业和商业。以斯密的话来说，在每个阶段的基础之上，相应地都存在不同的上层建筑：政治的、道德的、法律的观念和制度。"

② Istvan Hont, *Jealousy of Trade: International Competition and the Nation-State in Historical Perspective*, The Belknap Press of Harvard University Press, 2005, p. 388.

第七章　历史学的疆域

天文学史的观念变迁

尽管推测史最重要的两个要素是人性和外在环境,[①]但想象也是推测不可或缺的元素。只有通过想象人性在不同环境下的表现,才能推测历史可能的发生过程。最能体现想象在推测史中的运用的,莫过于斯密的《天文学史》这份手稿。在今天看来,《天文学史》的结构有些奇怪,因为它开篇论述的是"人类这些情感的性质和起因"而非天文学的起源。[②] 不过,结合以下"天文学史""古代物理学史"和"形而上学的历史"这几篇未发表的手稿的标题来看,这一点就不足为怪了,因为这些论文的标题都有这样一个说明:"引导和指引哲学研究的原理。"后面是"以天文学史为例""以古代物理学史为例""以古代形而上学史为例"[③],如此,天文学、物理学、形而上学等科学的历史本身只是"探究哲学原理"的例子。

[①] Christopher Berry, *The Idea of Commercial History in the Scottish Enlightenment*, Edinburgh University Press, 2013, p.125.
[②] H. Christopher Longuet-Higgins, "The History of Astronomy": A Twentieth-Century View, see Peter Jones and Andrew Skinner (eds.), *Adam Smith Reviewed*, Edinburgh University Press, 1992, p.79.
[③] 参见 Adam Smith, *EPS*。中译本《亚当·斯密哲学论文集》(商务印书馆,2012年)的译文将"引领和指导哲学研究的原理"放在"天文学史"后面,容易让人忽略斯密的原意。《天文学史》的标题原文是 *The Principles Which Lead and Direct Philosophical Enquiries; Illustrated By the History of Astronomy*。

"哲学"和"科学"这两个术语,在斯密的用语中几乎是同义的。① 斯密认为,"哲学是关于自然的联结原理的科学。自然界……似乎充满了孤立的事件,与之前发生的不一致,因而干扰了想象的畅流,让彼此相续的观念颠来倒去、纠结不清,在某种程度上导致我们前面所说的混乱和困扰。哲学则是将呈现所有这些散乱的对象联系在一起的看不见的链条"②,"故而,哲学可被视为一种致力于想象的艺术;由于这个原因,它的理论和历史才顺理成章地落入到我们的研究范围之内"。③ 因此,研究哲学也就是在研究科学。探寻自然界那些散乱现象的背后"链条",其实是在研究"想象"这门"艺术"。当想象开始运行时,"惊讶""好奇""赞美"这些人类情感就成为哲学(或者说科学)探索的源头。

那么,哲学是如何起源的呢? 斯密运用了与他论语言时的相同逻辑:推测。缺乏秩序和安全的野蛮人,最关心的是生命安全,压抑了他们对自然现象的好奇心;在形成秩序和安全之后,人们对各种事物的好奇心才开始滋长,才会努力探索隐藏在自然现象背后的"事物之链",去了解"丘比特那看不见的手"④的作用。这是一段

---

① Adam Smith, *EPS*, p. 45, note 10.
② 在《天文学史》中,斯密多次提到"看不见的链条""隐形的链条"("those hidden chains"),这与他在这篇论文第四部分"论天文学史"中的"丘比特那看不见的手"形成呼应。这一点已成为斯密思想的一个重要特征。在某种意义上,它也影响了斯密对历史的看法。
③ Adam Smith, *EPS*, pp. 45-46.
④ *Ibid.*, p. 49.

推测的历史。细心的读者可能会注意,虽然斯密从希腊哲学的诞生写到伊壁鸠鲁,但这部分内容与前面分析哲学起源的篇幅几乎相当,可见作者的意图不是罗列哲学史上的观点和流派,①而是在这段推测史中突出人类思维和情感的地位。

如此便可理解《天文学史》为何以讨论情感开篇了。这篇论文由导言和四部分内容构成:第一,论未曾意料的效果,即论惊讶(surprise);第二,论好奇(wonder),或论新颖的效果②;第三,论哲学的起源;第四,论天文学史。对人类三种情感"惊讶、好奇、赞美"的阐释占据了相当的篇幅。在斯密叙述的天文学史中,读者可以看到这三类情感所发挥的作用。他首先描述了这三种情感的性质。"惊讶"是人们无法接受不寻常事物的初步反应。"任何一种情感突然冲击心灵时所产生的强烈而骤然的变化,构成了惊讶的整个本质。但是,只有当一种激情、一种强烈的激情突然冲击心灵,并且冲击时心灵最不适于接纳它时,这种惊讶才是最强烈的。"③大喜大悲或极端情形都会令人"惊讶"。在这部分最后一段,斯密还说,风俗和习惯却能让人的惊讶之情有所缓和,而这种缓和自然会对人们的认识过程产生一些影响,

---

① 参见斯密《道德情感论》第七卷"论道德哲学体系"。该卷专门论述几大哲学流派,但只是简单扼要地介绍各派观点并加以点评。而且,斯密显然是立足于自己的道德哲学体系来评价西方哲学史的。
② 需要说明的是,由于《天文学史》是整理之后发表的手稿,因此,斯密这里的行文与反复修改的《道德情感论》有很大不同,比如这里对"惊讶"和"好奇"两个标题的表述就不太对称。
③ Adam Smith, *EPS*, p. 32.

尤其是对自然现象的认识。"好奇"则是人们试图理解、探究这类事物的情感反应。斯密认为有两类事物激起人们的"好奇":单一的个别事物因其不寻常的特性和独特的外表会激起我们的"好奇",因为我们无法确定将其归入哪个类别;同样,当一串事物彼此按照一种不同寻常的系列或顺序出现时会产生同样的效果,尽管这些事物单独看起来没有特殊之处。① 第二类事物对想象的影响尤甚。斯密使用了休谟关于弹子球滚动的例子②来说明流畅的想象不会产生好奇,但一旦出现异常现象,想象就会受挫,先是感到惊讶,继而感到好奇。自然界各种现象的关联并非一开始就呈现在人们的眼前,日食、月食、风雨雷电,这些不仅令人们感到恐惧,也会激起人们的好奇之心。因此,"寻找看不见的事物之链将世人熟知顺序的两件事联系在一起"③,探索自然规律,弥补事物之间关联的缺口,④让想象顺畅地过渡,就成为哲学家们的任务。

根据斯密的描述,天文学的历史是阐释这些情感演变的一个极好例子。在今天看来,天文学史是一部严格的自然科学史;但在斯密这里,它同样也是一部宏伟的关于想象力或者人类心灵的历史。1795年《天文学史》发表时,编辑已经说明了这一点。⑤ 鉴于这样的基调,斯密对天文学史

---

① Adam Smith, *EPS*, p. 40.
② *Ibid.*, pp. 40-41, note 4.
③ *Ibid.*, p. 45.
④ *Ibid.*, p. 42, note 6.
⑤ *Ibid.*, p. 105.

第七章 历史学的疆域

上的重大发现、改进等的解释便呈现出一幅完全不同于现代自然科学史的面貌。因此,笔者这里的重点是揭示斯密解释天文学发展的人类情感机制,以及这些情感推动的观念转变。

斯密阐释天文学史上各种体系的出发点是人类的情感,确切地说,是"惊讶""好奇""赞美"这三种情感的演变。比如天文学史第一个正规体系,即由亚里士多德及其同时代的欧多克斯、卡利普斯阐述,由意大利学派传讲的同心球体系,斯密认为该体系虽然"粗糙而不加修饰"[1]却仍能为人所接受,其原因在于它"在想象中将那些天空中最壮丽、表面上最不相关的现象联系在一起了"[2]。他还指出,如果说因其貌似可信而被人相信的话,那么,"它还吸引了人们的好奇和赞美,这些情感借由其特性为想象呈现出的新颖和美而进一步坚定了这种信念"[3]。同心球体系描述的"时进、时退、时而不进不退"行星现象违背了想象的所有自然倾向,杂乱无章的运动不断打乱或干扰想象的运行,甚至出现"断裂"或"鸿沟"。哲学家们的工作就是努力填补这些"鸿沟",让想象得以畅通。于是,柏拉图、亚里士多德以后的观察者们不断增加天球的数目,结果让这个体系变得越

---

[1] 斯密给出的这个评价并不完全正确,《哲学论文集》的编辑在注释中对此做了解释。参见 Adam Smith, *EPS*, pp. 55-56, 注释 6.
[2] Adam Smith, *EPS*, p. 56. 诉诸人类情感——尤其是"惊讶、好奇、赞美"这三种情感来阐释某个事件,在《天文学史》《道德情感论》《修辞学和文学讲义》中反复出现。
[3] Adam Smith, *EPS*, p. 56.

来越庞杂,令想象陷入困窘之中无法解脱。因此,阿波罗尼乌斯创立了另一个天文学体系——偏心圆—本轮体系。斯密认为这是个"更多人为修饰的"体系,尽管仍然有一些问题没有解决,但它"最明显地彰显了哲学的最终目的就是想象的宁静安详",将"表面上杂乱无章的天文现象联结在一起,并将和谐和秩序引入人类心灵对天体运动的概念中"。① 该体系经依巴谷改进、托勒密记录,逐渐为古代世界所接受。斯密随后介绍了各哲学流派对天文学体系的改进,尤其青睐斯多葛学派的论述。② 这一点也反映了斯多葛哲学对斯密整个哲学思想的影响。③

在上述对人类三种情感的分析中,"想象"是"哲学"或者说"科学"研究的最重要因素。越精妙的体系,想象越顺畅。斯密说,"体系是一部想象中的机器,发明出来将现实中已经完成的不同运动和结果在想象中连接起来",这是"一种特殊的衔接之链或链接原理,一般说来对两种看似松散现象的联合是必然的"。④ 这些链条或原理就像机器的齿轮,并非齿轮越多运行就越畅通。在斯密看来,偏心圆—本轮体系这部假想的机器,在运转中涉及的齿轮过多,复杂难懂,让想象得不到宁静和满足。而在天文学史上,哥白尼、第谷·布拉赫、伽利略、开普勒、伽桑狄、卡西尼、笛卡儿、牛顿,谁的体系越精简,想象越顺畅,则谁的体系就越有

---

① Adam Smith, *EPS*, pp. 59-60, 60-61.
② *Ibid.*, p. 64.
③ Smith Adam, *TMS*, D. D. Raphael and A. L. Macfie, 'Introduction', pp. 5-10.
④ Adam Smith, *EPS*, p. 66.

第七章 历史学的疆域

说服力。如此,我们就能够理解斯密对哥白尼《天体运行论》的评价了。他说,令哥白尼感到最不满的是,"天体运动只能在偏离其中心的角度观察时才是均匀的,这导致它们现实中的不均衡运动,这就与最自然、实际上也是最基本的观念相悖……但这个观念,即美丽神圣的现实运动,必然是完全规则的,让想象感到愉悦的方式,也是对象本身让人们的感官感到愉悦的方式"。[①] 这一评价不是现代天文学史上的物理计算,而是与人类的想象和感官联系在一起。

并非斯密本人不精于计算——《天文学史》接下来的内容即可看到斯密对五大行星与太阳距离的物理描述和数学分析。斯密所做的是将科学(即"哲学")的发展置于引导人们计算、推导的终极原因——想象的活动之下:"这个体系受到想象的欢迎并非仅仅因其漂亮和简洁,它为想象打开的自然视野的新颖和出乎意料……更能激发好奇和惊讶之情……哲学的目的是缓和自然界中非同寻常或看似不相关的现象所激起的好奇心……她创造了……另一种结构,与那些现象本身相比,这个结构更自然,能让想象更轻松地接受,而且更新鲜、更背离一般的看法和预期。"[②]但这一体系还没有激起人们最终的"赞美"之情。斯密认为笛卡儿漩涡论对哥白尼体系的最大改进,是将后者体系中"最难的部分即大量行星的快速运动让想象熟悉起来","如此,当想象(fancy)被教会将这些大量的天体设想为漂浮在巨大的以

---

① Adam Smith, *EPS*, p. 71.
② *Ibid.*, p. 75.

商业社会的诊治
苏格兰启蒙史学研究

太海洋中时,'想象'与它平常的思维习惯非常一致,想象它们应该追随这片海洋的潮流,无论其速度有多快,而行星次第而动的顺序早已为'想象'所熟悉"。① 笛卡儿的漩涡论似乎更能把天体的各种运动现象联系在一起,但当哥白尼体系深入人心时,人们对笛卡儿的接受程度还是有限的。

无论是在自然科学还是在社会科学领域,牛顿都是18世纪启蒙时代的标杆。② 他是斯密时代天文学理论的终结者。斯密认为,牛顿力学对天文学现象的解释是完美的:该体系的"各部分都严格地联结在一起,令其他任何哲学假设都无法望其项背";它承认了引力的普遍存在,并以力学方程式解释了天体的运行;它所运用的联结原理,想象可以毫不费力地跟随。③ 虽然笛卡儿的漩涡论在法国还有一定的市场,但牛顿体系以其"牢不可破"的特性在"现有哲学领域获得了最大的帝国"。斯密认为这个体系的精妙之处在于,"我们努力将所有哲学体系呈现为仅仅是想象的创造,将自然界分散的、不一致的现象联结起来","就像它们是真正的链条,大自然用这个链条把她的各种运行绑在了一起"。④ 除了将天体现象联结在一起,牛顿体系的伟大更在于"它发现了一切最重要、最崇高的真理紧密连在一起的巨大链

---

① Adam Smith, *EPS*, p.96.
② Alexander Broadie, *The Scottish Enlightenment: The Historical Age of the Historical Nation*, Birlinn Limited, 2001, pp.200-202.
③ Adam Smith, *EPS*, p.104.
④ *Ibid*, p.105.

条"①。平心而论,18世纪的斯密对牛顿的赞美不算过分,但斯密的这种赞美之词给人印象最深的是:力学计算、数学推理等在流畅的"想象"活动中"黯然失色"了。

斯密没有写出一部技术性的天文学史。现代天文学史的著作②充斥着物理原理、数学公式、天文绘图,而斯密的天文学史更多是在描述公式、图像背后的想象和观念。这样一种阐释,对科学史究竟有怎样的意义呢?可以看到,斯密对不同天文学说的描述并没有以"否定前者"或其科学意义上的"错误"来论证各种学说的错谬之处,而是从人类想象的角度论述各种学说的合理性,他所揭示的是科学史背后的"观念"和"认知"的变化。这种写法,与托马斯·库恩《科学革命的结构》中提出的新科学史遥相呼应。③ 在新科学史中,科学史家们"不再去寻求一门古老科学对我们现代文明的永恒贡献,而是试图表现这门科学当时的完整历史……尽可能使历史上的这些观点内部联系得最紧密,又最能符合自然界"④。这样的论证与18世纪斯密的努力不谋而合。

---

① Adam Smith, *EPS*, p.105.
② Antonie Pannekoek, *A History of Astronomy: From Ancient Greek to Modern Science*, Allen & Unwin, 1961. 潘内魁科(A. Pannekoek)这部《天文学史》讲述了从古希腊到现代科学的天文学史,因而有部分内容可与斯密的《天文学史》进行比较。显然,当代天文学史的写作与斯密的论述完全不同,前者重在科学的演进,后者关注的是心灵或想象的观念。
③ Mark Salber Phillips, *Society and Sentiment: Genres of Historical Writing in Britain, 1740-1820*, Princeton University Press, 2000, p.178.
④ Thomas S. Kuhn, *The Structure of Scientific Revolutions* (Third Edition), University of Chicago Press, 1996, p.3.

在另一种意义上,斯密的天文学史或科学史,也是一种"观念史"。怀特曼在《亚当·斯密和观念史》中指出,"一边是一门严格科学(天文学)的观念史相当详细的知识,另一边是对更好理解人类不同领域知识这一主要历史方法意义的相关认知,斯密将这两者结合了起来"。但他又指出,斯密没有"编年史"意义上的发展,"或许的确可以这样说,他以天文学的'历史''阐释'哲学主题的娴熟运用是'发明'史('contrived' history)的范式,直到今天,这种运用都是我们科学史的天魔星"[①]。怀特曼在这篇论文中的发散性思维得到当代斯密研究的印证,[②]但如果仅从斯密对天文学史的分析来看,这部自然科学的历史充满了对人类想象力和情感的肯定和赞美,让读者清楚地看到观念变革背后的那些力量。

《天文学史》被斯密束之高阁,但他在遗嘱中反复叮嘱这篇文章可发表这一点,我们可推断他对此文还是颇为满意。《亚当·斯密哲学论文集》的编辑怀特曼说:"或许可以推测前面这三篇论文可以视为一本书的章节而非独立的篇章。这个设想可能是对的,因为编辑在其公告中强调,即

[①] W. P. D. Wightman, Adam Smith and the History of Idea, see Andrew Skinner and Thomas Wilson(ed.), *Essays on Adam Smith*, Oxford University Press, 1975, pp. 64-65.
[②] 在这篇文章中,怀特曼将斯密《天文学史》中的观点与柯林伍德、洛夫乔伊的观念史进行比较,还将斯密与维特根斯坦的分析哲学、胡塞尔的现象学关联起来。这种关联在近年来的斯密研究中可见一斑,例如,Fricke Christel and Follesdal Dagfinn(ed.), *Intersubjectivity and Objectivity in Adam Smith and Edmund Husserl: A Collection of Essays*, Ontos Verlag, 2012.

便斯密在临终前烧毁了很多手稿,却将这些手稿交到'挚友手中,并嘱其按照他们认为恰当的方式'处理,经检视,发现'这批手稿的大部分'是其曾经形成的计划将严格科学和优雅艺术联系在一起的历史的一部分,但他发现'这个计划过于宏大不得不过早放弃'。"① 怀特曼还说:我们一定不要忽视一个事实,即这些"历史"是一本书的某些章节,而这本书的标题是"引导和指引哲学探究的原理",这些历史只是作为描述被设想的各种历史的"原理"的例证而已。② 如果这种猜想成立,那么,严格科学和优雅艺术的历史几乎都会被写成一种推测史。像这样的历史,在亚当·弗格森的代表作——《文明社会史论》中非常明显,③只是弗格森没有探讨自然科学的历史而已。

斯密论历史与修辞

斯图尔特曾写道:一位绅士告诉他斯密曾暗示要写一部关于希腊和罗马共和国的历史,"斯密的研究将会提出许多关于这两个国家内部和国内情况的重要观点,用一个比迄今为止更少牵强附会的见解来阐明这些国家的一些政策

---

① Adam Smith, *EPS*, W. P. D. Wightman and J. C. Bryce, 'Introduction', p. 1.
② W. P. D. Wightman, Adam Smith and the history of Idea, see Andrew Skinner and Thomas Wilson(ed.), *Essays on Adam Smith*, Oxford University Press, 1975, p. 47.
③ Adam Ferguson, *ECS*, p. 106.

体系"①。由此推断,斯密的确怀有撰写传统史学的想法,但这个传统史学并非过去的那种历史年表,不是"君主"和"大人物"的大事记,而是对整个社会历史的关注。② 这种社会史在《国富论》和《法学讲义》中已有论及。除此之外,在面对18世纪历史写作的背景和观念时,斯密更多是作为一位评论家出现的:他对传统史学提出了很多自己的见解和方法。

在斯密时代,传统史学是指从希罗多德以来的西方叙述史,大多以军事、政治的重大事件为主要对象。这样的传统史学被斯密放置在修辞学的总纲之下。从整理出来的这份讲义来看,斯密在这一时期就已试图构建一个完整的"体系"。尼古拉斯·菲利普森指出,斯密将修辞学作为理解社会原理与人性科学的主要基础。③ 联想一下斯密在各种场合对"劝服"和"同情"能力的重视,④菲利普森的论断无可厚非。应该承认,斯密所讲的修辞学已经不是自亚里士多德以来那种传统的修辞学,而是一门全新的、与人性关联起来的关于"沟通"的学科。在《修辞学和文学讲义》中,斯密认为,"修辞学"是"所有文学分支的通论"——历史的、诗歌

---

① 杜格尔特·斯图尔特:《亚当·斯密的生平和著作》,蒋自强译,商务印书馆,1983年,第31页。
② James E. Alvey, *Adam Smith: Optimist or Pessimist? A New Problem concerning the Teleological Basis of Commercial Society*, Ashgate, 2003, p.81.
③ Nicholas Phillipson, *Adam Smith: An Enlightened Life*, The Penguin Group, 2010, p.90.
④ Christopher Berry, *The Idea of Commercial History in the Scottish Enlightenment*, Edinburgh University Press, 2013, p.69.

的、教化的(didactic)或科学的,以及演讲术的。他没有从亚里士多德、昆体良等人的修辞学中汲取理论素材——尽管他的确熟知这些人的修辞学理论,而是从他认为对其同时代有用的前辈的修辞学家中建构他的一般理论。①

在这个体系中,斯密重新界定了修辞学的界限,并在这个界限中讨论了传统史学的写作,可以说也是对传统史学的重新界定。修辞学是社会交流和沟通思想的工具,因而,史学、诗歌、教化、演讲等只是沟通的不同手段。这四种手段有着不同的目的:历史的功能是教育,诗歌是为了愉悦,教化是为了确信,而演讲术是为了劝服。② 尽管这四种形式有时可能会分享相同的功能,但因各自目标不同,因而所采取的方式也各不相同。就传统史学而言,斯密认为,"史书的创作意图不只是为了愉悦读者(叙事诗也许有这种意义),同时,还以给读者教育意义为创作目的。它把人类生活中比较有趣的、重要的事件一个一个地展现在读者眼前,同时指出事件的原因,通过这些手段,告诉读者应采取怎样的方法或方式,以取得同样好的结果或者避免同样不好的结果。"③这一目标在《修辞学讲义》第二十讲中再次被强调。④ 为达到这个目标,历史学家需要注意题材选取、描述

---

① W. S. Howell, Adam Smith's Lectures on Rhetoric: An Historical Assessment, see Andrew S. Skinner and Thomas Wilson (eds.), *Essays on Adam Smith*, Oxford University Press, 1975, p. 20.
② *Ibid.*, p. 26.
③ Adam Smith, *LRBL*, pp. 90-91.
④ *Ibid.*, p. 111.

商业社会的诊治
苏格兰启蒙史学研究

方式以及谋篇布局、叙述文体等各个方面。可以说,斯密重新讲述了一部自己的史学史。从《讲义》的第十二讲到二十讲,①他分别讨论了历史著作的写作方法,分析古代和近代史上一系列历史学家及其作品的优劣之处。其思路是"先讨论史书的目的,其次是达成目的的手段和历史资料,接下来是史料排列,最后对历史学家进行点评"②。从这些讲述中,我们可以看到斯密的史学批评及其角度。

在阐释传统史学时,斯密提到了历史学的起源问题。他使用了与《天文学史》相同的方法:根据人的情感推测史学的产生、评判合适的写作方法。就史学的诞生而言,"最早的历史学家是诗人,他们记述类似神话的历史以及诸神的冒险经历,记载一切令人惊讶的事物",使用"令人惊叹的语言""表达令人惊讶的感情",③因为"好奇是在那些人们心中最易被煽动的激情"④。这里再次看到斯密使用了"惊讶""好奇"这些在《天文学史》中的术语。

在阐述哪种描写手法更恰当时,斯密不失时机地分析

---

① J. Michael Hogan, Historiography and Ethics in Adam Smith's Lectures on Rhetoric, 1762—1763, *A Journal of the History of Rhetoric*, Vol. 2, No. 1 (Spring 1984), pp. 75-91, p. 77. 实际上,真正讨论史学的只有四讲,从17讲到20讲。不过从12讲到16讲,涉及对史学描述方法的讨论,所以笔者以为这种划分是成立的。另一种划分是:第2讲讨论语义,3—5讲讨论语法,第6讲讨论辞章,7—11讲讨论气质,12—16讲讨论描写,17—30讲讨论不同文体。参见 Stephen J. Mckenna, *Adam Smith: The Rhetoric of Propriety*, State University of New York Press, 2006, p. 79. 该书的划分依据是主题,而不是题材。
② Adam Smith, *LRBL*, p. 98.
③ Ibid., p. 104.
④ Ibid., p. 111.

第七章　历史学的疆域

历史描述在读者心中激起的情感——悲伤、激愤、喜悦等等,高明的史家会巧妙地运用不同描写手法展现历史画面,比如李维对霍拉提与库利亚提决斗的间接描写。[①] 可以说,读者对历史故事因同情而生的情感,不仅形成了他们的道德判断,也是评价史家史著的标尺。因此,斯密对史家的第一要求,便是严格遵循史学的真实性准则。历史学家的任务是追求真实的事件、真实的原因,由此规定了史学的文体必须是叙述,不是论证,也不是辩论。[②] 这就是说,历史学家最好按照事实本身的样子书写,不要插入自己的观点,甚至不要掺入自己的感情。虽然斯密没有明确说明,但完全可以推断:好的史家应该是一位"无偏旁观者"[③]。因为,历史学家"自己个人的一切感叹都将不适于他所坚持的不偏不倚,也不符合他维持既不夸大也不缩小事实的叙述原则的意图"[④]。历史在读者心中产生的同情共感只能源于历史本身,而不是出于历史学家的感叹。尤其是在近代,党派争论、宗教偏见与历史事件纠缠在一起时,要弄清真相,就必须抛弃党派成见、摒弃个人情感。斯密推崇塔西佗和马基雅维利,尤其是后者。他认为马基雅维利是"近代历史学家中唯一满足于历史的主要目的、将事件与原因关联起

[①] Adam Smith, *LRBL*, p. 85.
[②] *Ibid.*, p. 101.
[③] *Ibid.*, p. 175. 斯密在其修辞学和文学讲义中还没有明确提出"无偏旁观者"(the impartial spectator)这个概念,但在好几处使用了"不偏不倚"(impartiality)这个词语,还用过一次"无偏者"(impartial person)。
[④] *Ibid.*, p. 101.

来却不偏袒任何一方的一位"①。在今天看来,马基雅维利写历史的"中立公允"是有限的;但从苏格兰人对历史因果关联的追求这个角度②来看,斯密论及的那些史家在某种程度上比其他历史学家做得更好一些。

其次,斯密认为,史学的对象不能仅仅局限于军事或帝王将相,而应扩大到政治和社会的历史,包括风俗习惯、经济发展等。这就与传统史学的主要内容大相径庭。从这个角度出发,斯密认为希罗多德的历史内容涉猎广泛,虽然目的不是教育而是娱乐,不探索历史的因果关联而描述各地民风民俗,但这样的历史仍然是有益的;而修昔底德,不仅出色地做到了探索伯罗奔尼撒战争的原因,详细描述战争进程,而且还描述了雅典和斯巴达的社会和政治的历史,让读者获益匪浅。对于色诺芬,斯密认为他"续写了修昔底德没有涉及的历史",并因此比前面的历史学家对希腊政治"有更深刻的洞察"。③ 对于波里比乌斯,斯密虽然只是一笔带过,却说他是对"各国文明史的详情进行详细叙述的历史学家"④,而且向读者展示了罗马人的社会结构。对于近代的史家拉潘,斯密认为他虽然公正,但还是太过拘泥于大人物之间的党派斗争,对全体国民的关注不够。⑤ 这些评

---

① Adam Smith, *LRBL*, p. 115.
② Christopher Berry, *The Idea of Commercial History in the Scottish Enlightenment*, Edinburgh University Press, 2013, p. 34.
③ Adam Smith, *LRBL*, p. 108.
④ *Ibid*.
⑤ *Ibid*., p. 116.

第七章 历史学的疆域

价,即便斯密同时代的思想家们,可能都未见得同意,但或许以下说法还算公允,即斯密注意到古代史学和近代史学著作中对社会史的描述,并将此作为评价史家、史著好坏的一个参数。而之所以有这个参数,与斯密对史学目的的认识密不可分。史学的目的是寻找因果链条,那么政治、社会、经济等各方面的因素都必须作为原因的来源。这个"社会的维度"解释了"为什么历史在'沟通理论'中有着重要意义",因为历史编纂对"人类行为和相互影响提供了真实的描述",为人类在整个历史长河中"再现了道德选择"。[1]

最后一点,是斯密对历史教育功能的认识。这一认识使得他在历史写作方法上提出了一些独特看法:比如在描述人物性格时,间接描写更胜一筹,[2]而在描述事件时可采取直接描写;比如对事件本身及其原因探究笔墨均匀的要求;[3]又比如按照事物自然发生的顺序叙述,[4]"叙述过程中绝不能留下任何断层或间隙,即便没有大事件来填补这个空白",因为,"间隙的概念让我们对那段时间应该发生的事情感到心神不宁"。[5] 诸如此类,这些方法都是为了让历史

---

[1] J. Michael Hogan, Historiography and Ethics in Adam Smith's Lectures on Rhetoric, 1762—1763, *A Journal of the History of Rhetoric*, Vol. 2, No. 1 (Spring 1984), pp. 75-91, pp. 89-90.
[2] Adam Smith, *LRBL*, p. 80.
[3] *Ibid.*, p. 93.
[4] *Ibid*, p. 98.
[5] *Ibid.*, p. 100.

对"将来行为的具体方式提供指导"①。米歇尔·霍根认为斯密对史学教育功能的规定与其伦理学联系紧密:他对"历史话题的处理表明揭示事实世界的推理方法如何同时也可以形成道德领域中的主导原理";与此同时,他在"归纳伦理警句时为历史编纂找到了一个位置,同时揭示了善与真理的逻辑"②。霍根的判断提醒我们对斯密史学认识的分析需要再次回到道德哲学体系中,回到他使用的推理原则。

回顾一下斯密在经济史和科学史中运用的"推测史",以及他对历史功能的认识,我们可以得出这样的结论:他在叙述各种"历史"时一以贯之的方法,依据人的情感推测"事物的自然进程",即上文所说的"推测史"。这种"推测史"描述的究竟是什么呢?

应该说,苏格兰人所说的"自然的/理论的/推测的历史"③,在大多数情形下,是在确认"发展过程是最简单的,而不是确定其与事实最一致。因为,这个命题可能自相矛盾,但可以肯定的是,真实的进程并不总是最自然的。它可能由特殊的偶然事件决定,而这些事件不可能再次发生,不能当作构成自然为人类发展所提供的一般准备的任何一部

---

① J. Michael Hogan, Historiography and Ethics in Adam Smith's Lectures on Rhetoric, 1762—1763, *A Journal of the History of Rhetoric*, Vol. 2, No. 1 (Spring 1984), pp. 75-91, p. 90.
② *Ibid.*
③ Adam Smith, *EPS*, p. 293.

分"①。斯密社会史中所谓"自然进程"与"真实历史"之间的悖论可以从这段话中获得更充分的解释。而科学史的发展,作为不同历史时期观念史的变迁,其依据同样是人类情感或者说"想象力"的满足过程。需要注意的是,斯密所揭示的这一过程并非意味着"后者就比前者更正确",而是说在某种程度上满足了人们的想象力。因此,"推测史""告诉我们关于人的东西,不是关于这个人或那个人,而是关于整个人类,关于我们共享的、共通的人性"②。斯密所说的"自然进程"、对人类的天文想象、对史学的撰写原则,充分体现了这一特征。

我们还可以将眼光投到更宽广的苏格兰启蒙运动,看看18世纪苏格兰人总体的历史写作特征。苏格兰人在"推测史"中讨论了"社会的各个方面……语言的历史、艺术的历史、科学的历史、法律的历史、政府的历史、风俗的历史以及宗教的历史"③,这些历史的总体趋势是从具体到抽象、从复杂到简化、从特殊到一般、从野蛮到文明、从残忍到人道、从人格的到非人格的、从多神教到一神教等等。④ 我们可以从休谟的《宗教的自然史》、凯姆斯的《历史法律论丛》、米勒的《等级差序的起源》、罗伯逊的《欧洲社会进程观》、斯

---

① Christopher Berry, *The Idea of Commercial History in the Scottish Enlightenment*, Edinburgh University Press, 2013, p. 35.
② Alexander Broadie, *The Scottish Enlightenment: The Historical Age of the Historical Nation*, Birlinn Limited, 2001, p. 63.
③ Christopher Berry, *The Idea of Commercial History in the Scottish Enlightenment*, Edinburgh University Press, 2013, p. 38.
④ *Ibid.*, p. 44.

密的《天文学史》等著作中看到这些历史进程的特征。其中一些特征,比如"从野蛮到文明"的发展史观,似乎反映了一种"进步的、文明的观念";但另一些特征,比如语言发展史中,一些基本原理"从复杂到简化"的趋势走向,却并非被苏格兰人完全视为"进步"或者"好的"。① 因此,"从启蒙运动开始,历史学研究中出现了历史进步观、长期的国家发展观等概念,以及在后来许多年里长期主导'辉格式历史'研究的目的论观点:研究过去的目的不是为了纪念过去而是着眼现在"②,这样的总体评论并不十分准确,因为苏格兰人的历史写作虽然已经产生了"进步观""长期发展观",却没有呈现出明显的"辉格"特征,或者"目的论"。他们运用自己独特的方法,阐释不同领域的主题。在这些推测史中,他们对社会史的看法并不全然一致。

作为斯密及其同时代苏格兰人历史写作的共同方法,推测史依据"人性原理"和"外在环境的状况"这两个要素来填补"事实的空白",尤其是对"人性原理"的假设,这一点常常受到后来史家的诟病。凯姆斯的传记作者说:"对真实事实的记录,对历史真相的展现,在这些作家眼中不足以与精巧的论证和花哨的理论相提并论……这些哲学家胆子大到去决定人应该是什么样的,而且通过先验推理证明在特定情况下已经是什么样的,以及在类似的情况下必定是什么

---

① Adam Smith, *LRBL*, p. 223.
② 默里·皮托克:《历史学》,见亚历山大·布罗迪主编:《剑桥指南:苏格兰启蒙运动》,贾宁译,浙江大学出版社,2010年,第244页。

样的。"①最著名的批评来自柯林伍德,他批评苏格兰人"以僵化的人性作为其理论起点",将18世纪欧洲的人性这一历史进程的产物看作"任何这类过程之永远不变的前提"。② 这两种批评至少缺乏对"推测史"两个要素的理解,而只把"人性原理"作为批判的靶子。苏格兰人绝非懵然不知不同历史语境的特殊性。我们可以将他们的这种尝试理解为:他们在各个领域都想极力效仿牛顿,以某种或某些原理解释复杂的社会现象。因为,无论如何,"推测史家不能写他想写的所有东西,推测紧紧围绕着对充分展开的人性的见解,这一见解有一个科学的基础,在这个意义上,它是对科学方法论坚定的、系统发挥的产物"③。

现在,让我们回到斯密及其所理解的历史上来。就传统史学而言,真实还原历史、探索史实真相、"经世致用"等古典史学的任务和目标自文艺复兴以来已经再次成为著史的标准和原则。与此相比,斯密的史学批评并无新意。不过,斯密注意到史学在修辞学意义上的沟通功能,这是全新的看法。任何文本都是作者与读者的沟通,但作为修辞学上的沟通,如何让读者形成作者想要表达的情感,更进一步说,如何从这些情感中形成道德判断,这些就需要史家特别讲究叙述方法和策略。史家本身"不偏不倚"的立场很重

---

① Christopher Berry, *The Idea of Commercial History in the Scottish Enlightenment*, Edinburgh University Press, 2013, p.60-61, note 4.
② 柯林伍德:《历史的观念》,何兆武译,商务印书馆,1997年,第135页。
③ Alexander Broadie, *The Scottish Enlightenment: The Historical Age of the Historical Nation*, Birlinn Limited, 2001, p.73.

要,同时还需要叙述技巧以及内容上的拓展。所以,斯密在评价史著时特别提到"社会的历史",将历史的主题从传统的重大人物、重大事件的军事史、政治史扩大到经济史、社会史。在思考整个人类社会的历史进程时,斯密的"四阶段论"为苏格兰人以及后来者提供了某种参照。"四阶段论"在某种程度上类似于后来韦伯所说的"理想类型"①,而"自然进程"不过是其在经济史领域中的具体表述而已。在物质世界的层面上,斯密实际上已经打破了传统史学的界限,将政治、军事、法律、经济以及社会的各个方面都纳入史学之中,同时也将历史作为论述不同主题的宏大背景。斯密所写的"法律和政府的历史"以及从历史角度阐释政治经济学原理的做法就是极好的例证。

  最后,必须谈一谈斯密对历史学的贡献。对社会整体史的关注和阐释可算其一,但这并不是斯密所独有的。应该说,他的苏格兰同胞和他一起为总体社会史的书写和研究做出了贡献。然而,就斯密而言,他以大量史实阐释政治经济学,在历时维度阐释政治经济学原理,这种做法在一定程度上增强了他的解释力。但这一点在19世纪被贴上"苏格兰腔调"的标签,逐渐在政治经济学的发展中消失了。很难说,抛弃了这种"腔调"的政治经济学总是具备很强的解释力和说服力。因此在这一点上,斯密无疑是一位伟大的榜样。另外,是斯密在观念史意义上的贡献。分析物质世

---

① Christopher Berry, *The Idea of Commercial History in the Scottish Enlightenment*, Edinburgh University Press, 2013, p.49.

界历史进程的推测史,同样也让斯密用到对语言学、形而上学以及天文学、物理学这些科学的历史的阐释中。这是以人类情感(惊讶、好奇、赞美)为依据在人类认知的不同领域的推测,是将想象的满足作为所谓"科学革命"的分析依据。斯密描述的天文学史,并不是编年史意义上的,而是观念史意义上的,是对人们时空、引力等观念变化的历史描述。从观念史角度书写的科学史,显然不再是知识的堆积,而是对知识背后认知机制的分析史。可以说,在18世纪的苏格兰人中,斯密在这一领域中的贡献是独一无二的。遗憾的是,长久以来,斯密对史学的贡献并没有得到人们的重视,甚至没有被理解。

结语:苏格兰启蒙史学的政治话语

从18世纪40年代休谟论述政府起源和原始契约等当时热衷的政治话题开始,到1748—1751年斯密在爱丁堡开设的讲座中提到财产的起源,1767年亚当·弗格森在《文明社会史论》中论述社会的形成,一直到1780年詹姆斯·邓巴在《论野蛮与开化时代的人类史》中叙述人类的进程,以及蒙博杜勋爵1773—1792年发表的六卷本《论语言的起源和发展》,苏格兰人在历史中探讨的各种主题,蕴含了他们对人性、政治以及社会的见解。事实上,18世纪苏格兰的作家们在谈到历史时不得不面临的问题是如何思考他们所处那个时代的社会和政治问题。特别是在1746年詹姆斯党人彻底失败之后,汉诺威王朝统治下的不列颠内患已除,政治稳定,经济稳步发展,苏格兰人也明显感受到1707年联盟带来的社会变化:"中等阶层"兴起,①商业交往日渐频繁。社会结构的变化促使这批文人思考如何解释政府的

---

① 从约瑟夫·艾迪生1711年的《旁观者》到大卫·休谟的1741年出版的《道德和政治论文集》,18世纪不列颠的文人普遍关心"中等地位"的人的道德品质以及这群人在社会交谈中扮演的角色。参见 James A. Harris, *Hume: An Intellectual Biography*, Cambridge University Press, 2015, pp. 156-157。

结语：苏格兰启蒙史学的政治话语

组织形式，如何理解权威的作用，如何看待他们时代的道德品质。自格老秀斯以来的近代自然法传统，呈现了不同立场的政治理论；这一传统经格肖姆·卡迈克尔引入格拉斯哥大学道德哲学的课堂，由弗朗西斯·哈奇森重塑，对休谟、斯密、米勒等人产生了很大的影响。① 但是，18世纪的苏格兰思想家并不满意17世纪自然法学家阐释的政治理论，尤其是在社会和政府的起源等问题上。回溯人类历史的源头书写人类史的发展，在阶段式的历史演进中认识他们当下的历史，在这样的推测史中尝试回答社会和政府的形成等问题，是18世纪苏格兰人构建他们认为的"商业社会"政治理论的一种方法。笔者试图通过分析苏格兰人的推测史书写，分析他们对当时流行的政治理论三种观点的回应，即关于自然状态的预设，关于政府的原始契约论，以及关于立法者历史作用的观点，探讨他们在这些回应中所提出的政治主张及其意义。

"历史—自然的恒量"与"商业社会"

在追溯人类社会最初的状态时，苏格兰人不得不面临

---

① 可参见詹姆斯·摩尔：《苏格兰启蒙运动中的自然权利》，见马克·戈尔迪、罗伯特·沃克勒主编：《剑桥十八世纪政治思想史》，刘北成等译，商务印书馆，2017年，第281页。伊斯特凡·洪特：《社会性语言与商业：塞缪尔·普芬道夫与"四阶段"论的理论基础》，见《贸易的猜忌：历史视角下的国际竞争与民族国家》，霍伟岸等译，译林出版社，2017年，第154页。斯蒂芬·巴克勒：《自然法与财产权理论：从格老秀斯到休谟》，周清林译，法律出版社，2014年，第272页。

"自然状态"这一假设。"自然状态"是自然法理论的核心概念,①与此相对的是文明状态或政治社会。普芬道夫写道："人要么处于自然状态,要么处在文明状态中。"②在他那里,"充满战争和不安的自然状态,普遍和平与安全的政治社会状态"③,是自然法哲学的前提假设。霍布斯、洛克、卢梭都接受了"自然状态"这种假设,尽管霍布斯和卢梭都明确否认"曾经有一段时间或一种状态"是自然状态,但他们的逻辑需要这样一种状态是可能的,而这种可能性是人性的保证;洛克的自然状态的历史性是模棱两可的。④ 自然法学说的思想家需要这个理论预设,他们也知道他们的理论都"不是历史的",⑤但在这个假设的基础上可以便捷地分析从"自然状态"进入"文明状态"时人的自然权利在缔结契约前后的变化。对于后来的思想家来说,"自然状态"只是"政治思想和经历的遥远想象物,只有通过理论抽象和历史推测才能接近它"⑥。因此,在描述人类社会的最初状态时,苏格兰人对"自然状态"的假说颇"不以为然,因为并没

---

① 关于"自然状态"概念的"史前史",参见李猛:《自然社会》,生活·读书·新知三联书店,2015年,第90-106页。
② 塞缪尔·普芬道夫:《人和公民的自然法义务》,鞠成伟译,商务印书馆,2010年,第169页。
③ 同上"英文版编者导言",第9页。
④ H. M. Höpfl, From Savage to Scotsman: Conjectural History in the Scottish Enlightenment, *Journal of British Studies*, Vol. 17, No. 2(Spring, 1978), pp. 19-40, p. 26.
⑤ 索利:《英国哲学史》,段德智译,山东人民出版社,1992年,第123页。
⑥ 塞缪尔·普芬道夫:《人和公民的自然法义务》,鞠成伟译,商务印书馆,2010年,"英文版编者导言",第9页。

有任何经验证据能表明,人类历史上的确存在过一个'自然状态'"①,最终,他们将"自然状态"还原成历史的产物,把他们那时尚不能考察的人类的早期史还原为一种真实存在的状态:"野蛮民族"(savage nations)或"粗野民族"(rude nations)。

18世纪苏格兰思想家把"自然状态"还原成历史的依据是对人性的分析。亚当·弗格森在《文明社会史论》的开篇便批评"自然状态"的两种说法:一种认为人类的最初状态与野兽无异,自摆脱这种状态起便堕入深渊;另一种认为自然状态中的人混战不已,摆脱自然状态后得到长足发展。② 这里显然影射卢梭和霍布斯。弗格森认为这两种说法最大的问题是认为人性在前后两种状态中毫无相似之处。为何从"自然状态"进入"文明状态"后人性便"毫无相似之处"了呢？在弗格森看来,人类"自然的才能可能是一样的",只是"这种才能的运用和发挥在不断变化"。③ 因此,无论在所谓的"自然状态"还是"社会状态"④中,人性本身无所谓差异,有差别的是人类对自己本性的运用。弗格森之所以这么说,是因为他讨论的是"与自然状态相关的问题",需要在整体的历史中分析"人性的总体特征",而非不

---

① 克里斯托弗·贝里:《社会性与社会化》,见亚历山大·布罗迪主编:《剑桥指南:苏格兰启蒙运动》,贾宁译,浙江大学出版社,2010年,第231页。
② Adam Ferguson, *ECS*, pp. 7-8.
③ *Ibid*, pp. 10-11,注释 a. 这段话出自1773年的修订版。
④ 参见卢梭:《论人类不平等的起源和基础》,李常山译,东林校,商务印书馆,1962年,第97页。卢梭与霍布斯关于人在"自然状态"和"社会状态"下行为的态度是截然相反的。

同状态下的人性。在弗格森的笔下,"人类存在的最初年代",人"本性的状态"①是"社会的"。因为,人总是生活在群体之中,"不存在与社会相脱离的人类自然状态",社会纽带"既是永恒的又是必然的","不管人们在人类历史中前进得有多远,不仅社会一直存在而且自然也一直存在"。②"自然的"与"社会的"状态总是胶着在一起。然而,人的"社会状态"从何而来?

18世纪苏格兰思想家,从弗朗西斯·哈奇森到詹姆斯·邓巴,基本将"社会状态"归因于人的"社会性"。人的"社会性"是出于人的本能还是人的理性决策?苏格兰思想家认为两者皆不是。他们更倾向于认为这种人的"社会性"不同于动物的群居性,人对社会的情感不同于动物对群体的依赖;同时,他们也认为"社会性"不是理性决策的结果,因为"理性这种能力需要一个发展的过程"。克里斯托弗·贝里提醒读者注意弗格森和邓巴著作中讨论的人类家长/子女的关系比动物界更加持久,"家庭生活,以及更广泛的社会生活,并不能用简单的理性论或工具论来解释"③。"家庭"在18世纪苏格兰人那里也是一个非常重要的概念,它自然与人的"社会性"有关,比如休谟曾说,"生于家庭之

---

① Adam Ferguson, *ECS*, p.7.
② 米歇尔·福柯:《生命政治的诞生》,莫伟民、赵伟译,上海人民出版社,2011年,第264页。
③ 克里斯托弗·贝里:《社会性与社会化》,见亚历山大·布罗迪主编:《剑桥指南:苏格兰启蒙运动》,贾宁译,浙江大学出版社,2010年,第233页。

中的人，出于需要、天性和习惯不可抗拒地维持一种社会状态"①，但这并不是说家庭是导致人的"社会性"的主要因素，因为休谟在这里提到三个因素：需要、天性和习惯。习惯的力量是强大的，人类最初的两性关系和子女/父母的关系在不断重复、持续的过程中逐渐转变为"习惯"，不断巩固和强化，人的"社会性"便越来越明显，其在"社会"凝聚力中的作用也日趋显著。

因此，人类"本性的状态"就是"社会的"，人类存在的最初状态是社会状态，"自然状态"与"社会状态"没有明显的鸿沟。而且，"自然"与"技艺"也不是对立的。弗格森写道："我们说技艺有别于自然，但技艺本身对人来说就是自然的。在某种程度上，人是他自身躯干和机运的创造者，注定从其存在的最初年代起发明、谋划。"②人类凭借"技艺"创造的事物，常常被当作"自然"的对立面，但弗格森将"技艺"归功于"自然"，这就消除了"自然"与"人为"的界限，将人类的历史融入自然的历史之中了。对于人类的经历，弗格森指出："如果自然只是相对于技艺而言，那么，人类的何种境地是未知技艺的足迹呢？野人和公民所处的境况，是人类创造的很多证明。两者都不是人类永久的驻所，而是这趟旅行注定经过的驿站。"③无论"野蛮"还是"文明"，人类在历史中没有脱离自然状态。换言之，"所有的境况都是一样

---

① 大卫·休谟：《论政府的起源》，见《政治与经济：休谟论说文集卷一》，张正萍译，浙江大学出版社，2011年，第28页。
② Adam Ferguson, *ECS*, p. 12.
③ Adam Ferguson, *ECS*, p. 14.

自然的",自然状态是"18世纪的不列颠还是8世纪的不列颠无关紧要"①。因此,弗格森的"文明社会"在米歇尔·福柯的阐释下"被理解为一种历史—自然的恒量"②。

当"历史"与"自然"统一,"技艺"也融入历史之中了。而"技艺和科学就像植物一样需要肥沃的土壤"③,两者在君主国和共和国、古代与当代国家的不同环境都会有不同的命运。对于18世纪苏格兰人来说,他们如何认识自己所处的时代?回望历史,他们发现人类似乎经历了某些阶段,而且认为自己处在历史上最好的时代。这个时代是他们口中说的"文明社会"或"商业社会"。应该说,苏格兰启蒙思想家如弗格森、凯姆斯勋爵、斯密、邓巴、米勒等多少都涉及阶段论,不过政治内涵最丰富、影响最深远的要数弗格森的"三阶段论"和斯密的"四阶段论"。弗格森将社会分为粗俗、野蛮和文雅/文明社会三个阶段,这一划分并不以"财产权"为"阶段"的基础,换言之,他的论述并没有强烈的经济色彩,而是更多关注政治社会的演变,但"文明"和商业还是密不可分的:"商业技艺分散到不同部门,它的成功需要一种由践行商业的那些人维持的特定秩序,包含人和财产的安全,在此意义上,我们称为文明,但根据事物性质和词语

---

① Christopher J. Berry, *Social Theory of the Scottish Enlightenment*, Edinburgh University Press, 1997, p.31.
② 米歇尔·福柯:《生命政治的诞生》,莫伟民、赵伟译,上海人民出版社,2011年,第263页。
③ 大卫·休谟:《论技艺和科学的兴起与发展》,见《政治与经济:休谟论说文集卷一》,张正萍译,浙江大学出版社,2011年,第91页。

衍生意义上的这一定义,更多属于法律和政治制度对社会形式的影响,而非仅指赚钱和富裕的国家。"弗格森的"三阶段"中前两个阶段是"对商业技巧不屑一顾、恣意挥霍自己和他人生命、对所爱之人热情洋溢、对所恨之人愤恨不已"①的,与之相反,后一阶段的人待人彬彬有礼、尊重人类情感,它们属于现代国家,具有商业社会的特征。

"四阶段论"中的最后一个阶段"商业社会",在斯密和约翰·米勒的著作中得到较多的叙述。1748—1750年,斯密在爱丁堡的讲座中提到明确的四阶段论,②随后其学生米勒在格拉斯哥的讲座中再次强调,这四个阶段根据人类生存方式分为:狩猎、游牧、农业、商业,③这并不说每个阶段只依靠一种方式谋生,而是以某种方式占主导地位。而且,每个阶段都会吸收前一个阶段:狩猎和游牧并没有因为

---

① Adam Ferguson, *ECS*, p.284.
② 关于四阶段论的"优先权"问题,罗纳德·米克曾指出,最早提出"四阶段论"的苏格兰学者是达尔林普尔和凯姆斯,并提到弗格森和罗伯逊。这种观点影响一直持续到21世纪初。詹姆斯·莫尔在2006年出版的《剑桥十八世纪政治思想史》中撰写"苏格兰启蒙运动中的自然权利"一章关于"自然权利与社会的四阶段论"这部分,完全采用了米克的结论。2013年,米克的这一结论被克里斯托弗·贝里否定。后者在其2013年出版的《苏格兰启蒙运动中的商业社会观念》一书第二章中通过文献考证推翻了凯姆斯等是四阶段论的最早提出者。Ronald L. Meek, *Social Science and the Ignoble Savage*, Cambridge University Press, 1976, p. 101, 143, 154; James Moore, Natural Rights in the Scottish Enlightenment, see Mark Goldie and Robert Wolker (eds.), *The Cambridge History of Eighteenth-Century Political Thought*, Cambridge University Press, 2006, p.311; Christopher J. Berry, *The Idea of Commercial Society in the Scottish Enlightenment*, Edinburgh University Press, 2013, p.39.
③ Adam Smith, *LJ*, p.14.

农业的兴起而终止，只是它们不再是获得生活物资的主要手段。① 每个阶段都形成了与物质条件（物质因）相一致的习俗性行为（道德因②），但斯密的阶段论不强调物质因的决定性因素，而是强调两者各自不同但又相互影响的因素。在米勒讲义形成的《等级差序的起源》中，这种阶段论更加明显地突出了物质因或物质基础的作用，尽管他也注重道德因。突出这两者关系，这一做法并非米勒首创，其实斯密在《国富论》中论述军事制度时也曾有所表示。后来者很容易以唯物史观来看待四阶段论，但哈孔森提醒读者注意，对"米勒进行唯物主义解释的主要障碍在于，他清楚地表明了自然法和权利的观念"，"除非历史（对斯密以及对米勒来说）是一个开放的过程，有多种因素在发挥作用，其中之一是人类对正义规则制度化的应用，否则无法理解这种理论"。③ 这一评论表明，四阶段论需要放在法律和政府的历史中思考。

"文明社会"与"商业社会"是18世纪苏格兰启蒙运动的重要概念，它们的内涵有差异，也有重叠，在某些层面阐释了18世纪苏格兰人所处时代的某些特征。像弗格森《文明社会史论》中的"文明社会"其实也蕴含着"商业社会"的

---

① Craig Smith, *Adam Smith's Political Philosophy: The Invisible Hand and the Spontaneous Order*, Routledge, 2006, p. 49.
② Christopher J. Berry, *The Idea of Commercial Society in the Scottish Enlightenment*, Edinburgh University Press, 2013, p. 72.
③ 努德·哈孔森：《自然法与道德哲学：从格老秀斯到苏格兰启蒙运动》，马庆、刘科译，浙江大学出版社，2010年，第182页。

内容,而在18世纪的欧洲语境中,"商业"逐渐失去了先前的经济含义,"被理解成人与人之间关系最完善的形式",似乎"转向了形容一切平和的和平衡的人际关系的同行含义"。① 斯密在《国富论》中提出的"一个人人都是商人"②的社会,是一个越来越相互依存的社会。这样的"社会"是在市场交换中建构的,而"交换的最终目的是建立一个人人为大家、大家为人人的社会"③。这是一种新型的社会结构。贝里在其《苏格兰启蒙运动中的"商业社会"观念》中详细阐释了斯密这句名言的内涵,并认为把"商业社会"作为最后一个阶段是他们的独特贡献。④因此,苏格兰启蒙思想家将人类的早期社会和他们当下所处的时代都融入"阶段论"(stadial theory)之中,根据他们的"人性科学"来解释"商业社会"的政治和经济政策。

政府的权威与习俗的力量

18世纪苏格兰人抛弃"自然状态"学说的同时,也抨击了当时流行的原始契约论。在18世纪思想文化交流频繁

---

① 皮埃尔·罗桑瓦隆:《乌托邦资本主义——市场观念史》,杨祖功等译,社会科学文献出版社,2004年,第70、72页。
② Adam Smith, *WN*, p.37.
③ 皮埃尔·罗桑瓦隆:《乌托邦资本主义——市场观念史》,杨祖功等译,社会科学文献出版社,2004年,第85页。
④ Christopher J. Berry, *The Idea of Commercial Society in the Scottish Enlightenment*, Edinburgh University Press, 2013, p.39.

的欧洲,霍布斯、洛克和卢梭的契约论学说,对苏格兰人来说并不陌生。霍布斯认为,自然状态下,人人都有同等的权利保存自己的生命,为防止他人伤害自己,所有人都将自己的权利交付给一个人或一些人,并在那些与公共和平与安全相关的事务方面,将这个人的行动视为自己的。① 通过达成契约,个体的权利获得保护,但那个获得权力的人或组织却不受契约的管束。洛克同样也认为政治共同体的构成是契约式的,"无论什么人,只要他们脱离自然状态联合成为一个共同体……只要一致同意联合组成一个政治社会就能做到这一点,而这种同意是作为加入或组成一个国家的个人之间达成的或需要达成的契约"②。洛克与霍布斯不同的是对反抗权利的表述。卢梭在《社会契约论》中批驳以往契约论中关于权利和义务的理论,"他认为那些契约论过于关注义务的形成,关注人的意志本来是什么,却没有充分地关注什么才是人有义务去做的,以及人的意志是应该是什么"③。卢梭强调"公意"在政治生活中的作用。以上这些契约论,苏格兰思想家都持批判态度。

抨击契约论的最猛烈的炮火来自休谟。当然,休谟针对的对象主要是洛克。如帕特里克所言,休谟对洛克学说"全歼式"的批判,是围绕"契约论、唯意志论以及自然法"④

---

① 霍布斯:《利维坦》,黎思复、黎廷弼译,商务印书馆,1985年,第98页。
② 约翰·洛克:《政府论》,杨思派译,中国社会科学出版社,2009年,第207页。
③ 帕特里克·赖利:《社会契约论及其批评者》,见马克·戈尔迪、罗伯特·沃克勒主编:《剑桥十八世政治思想史》,第351页。
④ 同上,第341页。

结语：苏格兰启蒙史学的政治话语

三条线索展开的。休谟在《人性论》和《道德和政治论文集》的多篇论文中都论述过契约以及政府起源或原则等诸问题，从历史和哲学上①都拒绝了契约论。当休谟从历史角度抨击契约论时，他写了一段"政府起源"的推测史。他说，"几乎所有的政府——无论是现存的，还是在历史记载中出现的——最初建立的时候，要么通过篡夺，要么通过征服，或者二者兼具，从来都没有什么人民公平合理的同意或者自愿服从的伪装。"②历史告诉人们，没有所谓的"原始契约"，政府建立的手段不是彬彬有礼的"契约"，而是篡夺或征服。休谟熟知英国乃至欧洲历史，他引用众多历史故事——如希罗多德笔下的康茂德、兰开夏家族的统治、路易十四的子嗣问题和西班牙的王位继承战争等——来说明契约或同意并非政府权威的来源。在休谟看来，最初的政府只是人类的偶然为之。"或许，一个人统治大多数人的最初优势就始于一场国内战争"，这场战争让人们看到了那个人的才能，感受到骚乱的后果。渐渐地，人们在战时、和平时期都习惯于听命于他，他的权威由此建立，及至其子孙，若也有同样的品质，人们也习惯了服从这个家族。由此，政府便很快成熟完善起来。③ 人们服从政府，可能是出于战时

---

① 克里斯托弗·J.贝瑞：《苏格兰启蒙运动的社会理论》，马庆译，浙江大学出版社，2013年，第36-37页。
② 休谟：《论原始契约》，见《政治与经济：休谟论说文集卷一》，张正萍译，浙江大学出版社，2011年，第335页。
③ 休谟：《论政府的起源》，见《政治与经济：休谟论说文集卷一》，张正萍译，浙江大学出版社，2011年，第30页。

商业社会的诊治
苏格兰启蒙史学研究

某个人、某个家族的权威以及他们给自己带来的"好处",这种服从主见变成一种"习惯"。"习惯"像一股隐形的力量,巩固了政府的权威。1747年,休谟写作《论原始契约》显然是针对詹姆斯党人反叛和汉诺威王朝的合法性有感而发,在后来的《大不列颠史》中,休谟表示,从1689年的情形看,汉诺威王朝并不是人民选择的结果,它只是少数人的意见,因此,他"拒绝承认任何主张(新教的)汉诺威王朝对英国王位的要求是因人民及其政府的契约同意而合法的"①。人们对汉诺威王朝的服从也是习惯的一种表现。

休谟在哲学层面上对契约论的抨击也影响了斯密。斯密在《法学讲义》中以极其相似的话语来批评原始契约。斯密说:"问一个普通的农夫或日工为何服从他的长官,他会告诉你这样做是对的,他看到别人也是这样做的,他不这样做就会被惩罚,或者可能会说不这样做就是对抗上帝,就是罪。但你不会听到他说契约是他服从的依据。"②所以,所谓的"默认同意"(tacitly consent)③是没有依据的。斯密还指出,即便缔约者们会遵守他们的契约,但这对缔约者的后代是没有约束力的。因此,无论从哪个方面看,契约都不是服从政府的原则。④ 1766年,斯密在法学讲义中反驳契约论的这几段话几乎直接照搬休谟的《论原始契约》,同时明

---

① James A. Harris, *Hume: An Intellectual Biography*, Cambridge University Press, 2015, p.239.
② Adam Smith, *LJ*, pp.402-403.
③ *Ibid.*, p.403.
④ *Ibid.*, pp.403-404.

确指出政府形成的两个原则：权威和效用。斯密对权威原则的描述与休谟并无多大差别，对权威历史更详细的描述要数斯密的学生约翰·米勒。

约翰·米勒在其《等级差序的起源》[①]中叙述了一段权威的推测史。男人对女人的权威、家长对子女的权威、酋长或君主对部落或臣民的权威，以及主人对仆人的权威，人类社会的各种权威是如何发展到他们那个时代的。"父权"并不是天生的，米勒最引人注目的做法，是追溯妇女在家庭中的地位。[②] 在对婚姻制度了解甚少的民族中，孩子与母亲的联系总是比父亲多，"利西亚习惯随母姓而非父姓"[③]，妇女的卑下地位并不是"有史以来"便是如此。在婚姻制度完全确立之前，母亲在家庭中的地位完全占据上风，初民时代根本没有文明国家的"父权制"概念。随着家庭经济逐渐建立，男人、父亲和酋长的权威也开始形成，女性在社会中的地位逐步下降。米勒对妇女社会地位变迁的考察完全遵循"四阶段"的演进，这一方法同样被娴熟地用来考察其他几种权威的发展。最初的、最简单的"政府"，只是几个村落为了安全和共同防御而联盟的权宜之计；而在联盟之前，村落或共同体已经有了他们自己的领导者，"他们联合的手段自

[①] 该书标题"等级差序的起源"无疑受斯密《道德情感论》中"论野心与等级的起源"的启发。See William C. Lehmann, *John Millar of Glasgow* 1735—1801: *His Life and Thought and his Contribution to Sociological Analysis*, Cambridge University Press, 1960, p. 167.

[②] See Nicholas B. Miller, *John Millar and the Scottish Enlightenment*, Oxford University Press, 2017, p. 5.

[③] John Millar, *OR*, p. 116.

然是在所有这些杰出人物的指引之下的。他们频繁会面、慎重考虑,很快便形成了常规性的委员会或元老院,被授予与他们对自己侍从或家臣相一致的权力和权威"①。这些权威的历史揭示了法律在人类社会中的发展,这一论证逻辑与米勒作为法学教授对自然权利的理解以及所处的法学传统有关。在这种叙述中,女性、奴隶作为独立个体的权利突显出来。同时,原始契约论说的根据也被颠覆了。苏格兰人还强调习俗和惯例在历史进程中的作用,它们与经济基础有着同样重要的地位。米勒说,"将两性联合起来的那些激情,似乎应该是最容易受我们所处环境以及习惯和教育能力的影响"的②,如果"所处环境"是"物质因"的话,那么,"习惯和教育能力"则属于决定事物发展的"道德因"。在苏格兰人看来,历史的发展是物质因与道德因共同作用而非一种原因决定性的结果。

组成政府的另一原则即"效用"原则,让18世纪苏格兰人更轻松地揭示契约论者空洞的学说。斯密说,"每一个人都感觉到这个原则对维护社会正义和安宁的必要性。通过政府,连最贫苦的人受到最有钱有势的人的侵害时也能得到赔偿"③。政府对于维持社会的稳定和连续性是有用的,这种有用性是显而易见的。效用原则在边沁那里被赋予了

---

① John Millar, *OR*, p.202.
② *Ibid.*, p.93.
③ 亚当·斯密:《法理学讲义》,冯玉军等译,中国人民大学出版社,2017年,第384页。

更多内涵，同时，原始契约论也被边沁彻底抛弃。① 从18世纪的苏格兰启蒙思想家到边沁、密尔，英国的政府论与契约论分道扬镳，走向了另一条道路。

"无意图的结果"与"商业社会"的公民品质

在解释历史上不同社会为何会采取不同制度时，苏格兰人还批判了一种历史悠久的传统，即将这种功劳归到那种最早缔造法律的"立法者"头上。这种传统同样强调政治制度的形成，只不过和"英雄人物""立法者"等一起出现，也时常出现在契约论中。比如，"霍布斯的唯意志论以一种神学观为前提，认为上帝极其令人费解，因此君主既可以为宗教也可以为生活立法"②。即便卢梭批判霍布斯契约论，他同样也引入"立法者"。"在卢梭看来，在理想的古代城邦中，这些社会制度都是努玛或摩西这样的伟大立法者的创造物——他们并非在政治实践中自我发展和完善的，而是由立法者'传下来的'。"③这一解释不过是从"神意论"转变到了"英雄人物论"。然而，到了苏格兰人这里，历史的结局成了一种"无意图的结果"，一种自发秩序，与这里"英雄主

---

① 边沁：《政府片论》，沈叔平等译，商务印书馆，1997年，第149-150页。
② 克努兹·哈孔森：《德意志自然法》，见马克·戈尔迪、罗伯特·沃克勒主编：《剑桥十八世纪政治思想史》，刘北成等译，商务印书馆，2017年，第242页。
③ 帕特里克·赖利：《社会契约论及其批评者》，见马克·戈尔迪、罗伯特·沃克勒主编：《剑桥十八世纪政治思想史》，刘北成等译，商务印书馆，2017年，第349-350页。

义"的论调无关。

　　历史上那些伟大的立法者,是弗格森笔下罗马的建国者罗慕路斯、斯巴达政体的创造者吕库古,[1]也是米勒所说的印度特殊习俗的引入者梵天、斯巴达人独特个性的塑造者吕库古、雅典改革者梭伦,以及有着非凡才能、出于爱国热情而创建英国宪法的阿尔弗雷德大帝,[2]他们往往被打造成国家或民族的英雄或圣人,也被历史学家频繁记载在册。在很多作家看来,很多制度的形成是这些人的发明或介入的结果。然而,弗格森和米勒都注意到这一因果解释是不成立的,他们以习俗或历史情境来解释制度的源起。弗格森指出,罗马和斯巴达的"政府源于这个民族的情势和天赋,而非出于某个人的各种设计;那些被当作这些国家的著名军人和政治家,只是在乐意接受同一制度的成员中发挥了较大作用"[3]。换言之,那些伟大的法律制定者们,和其他人一起共同创造了历史,而非他们创造了他人的历史。

　　米勒则直接说,"个人被授予重要威权,具备反思能力,拥有远见卓识,能以立法者的身份行事之前,他所受的教育、教养,可能必然是其同胞中间盛行的那些自然的风俗和习惯的知识。""他一般倾向于选择已有的制度,而非其他未经经验证实其结果的制度;抑或,万一他斗胆采纳了一种异见,他肯定会意识到……颠覆或在任何程度上改变的尝试,

---

[1]　Adam Ferguson, *ECS*, p. 120.
[2]　John Millar, *OR*, p. 86.
[3]　Adam Ferguson, *ECS*, p. 121.

都将是危险的,本身是极不受欢迎的,可能会带来极大的麻烦。"①因此,统治者只能依据他们所处的习俗来立法,以此来实现他们的治理。约翰·洛根更直白地指出,历史学家往往忽视人性的常规性,结果历史往往就沦落为"个人的颂歌"。但是,"没有一种制度是一致形成的,没有一个政府来自于计划","在社会的发展中,本能化为技艺,最初的倾向转化为实际的建制"。② 洛根同样将社会的发展归功于民族的处境与精神,而立法者、政治家、哲学家、国王们的作用,不过是"引导流动不息的涓涓细流而已"③。

休谟关于"缺角骰子"的例子常用来解释历史的偶然性和一致性:投掷一个缺角的骰子,可能有几次投掷结果不一样,但大多数情况下,"投掷的平衡完全取决于那一边",同理,在大多数人身上起作用的原则或原因,"往往具有比较普遍的顽固特征,很少受到各种事件的影响,也很少受到一闪之念和个人幻想的影响"。④ 苏格兰人认为,人们将重要制度归功于"立法者",这一做法很多时候只是"偶然性"所致:历史学家们对政治史的观察让他们发现,偶然出现的立法者总是引起了社会的改革,于是便以这些人物来解释历史的发展。但在米勒看来,这不过是偶然的产物。他照搬

---

① John Millar, *OR*, p. 87.
② John Logan, *Elements of the Philosophy of History. Part First*, with a new Introduction by Richard B. Sher, *Thoemmes Press*, 1995, p. 15.
③ *Ibid*., p. 16.
④ 休谟:《论技艺和科学的兴起与发展》,见《政治与经济:休谟论说文集卷一》,张正萍译,浙江大学出版社,2011年,第75-76页。

商业社会的诊治
◼ 苏格兰启蒙史学研究

休谟的道理,①用骰子的类比强调"一个国家的特征和天赋"这些可以确定的"稳定原因"与个体的特征和天赋这些不具稳定性的因素之间的差异,②弱化政治传统中"立法者"在历史中的影响。

若不是立法者的"设计",那社会秩序最终如何形成?在这一点上,苏格兰人更注重整体的力量。洛根批评历史学家记录的是立法者们的大名,却遗忘了人民的力量。③这句评论并不表明洛根将人民作为历史的主体,而只是论证他的以下观点:人类事务中的安排与进步不是源于个人的努力,而是整个社会的活动。④ 这一观点与弗格森那句更著名的评论相差无几。后者说,"即便在所谓启蒙的年代,众人迈出的每一步、采取的每一个行动,对未来而言都一样是盲目的。各国无意建立的机构,实际上是人类行动的结果,而非人类意图的实施"⑤。关于政治制度的建立及其设计者的作用,弗格森补充说,"人们在建立政制和采取措施时受他们所处环境的引导,几乎很少偏离方向去遵循某个单独设计者(projector)的脚步"⑥。没有某个伟大的设

---

① John Millar, *OR*, pp. 86-7.
② Christopher J. Berry, *The Idea of Commercial Society in the Scottish Enlightenment*, Edinburgh University Press, 2013, p. 36.
③ Cf. Mark Salber Phillips, *Society and Sentiment: Genres of Historical Wring in Britain, 1740—1820*, Princeton University Press, 2000, p. 176.
④ John Logan, *Elements of the Philosophy of History. Part First*, with a new Introduction by Richard B. Sher, Thoemmes Press, 1995, p. 16.
⑤ Adam Ferguson, *ECS*, p. 119.
⑥ *Ibid.*, p. 119.

计者能给出引导历史进程的良方,一切历史结局不过是人类活动的自发秩序而已。

18世纪苏格兰人这种经典的"自由主义",并不意味着社会个体无目的的行为就会导致好的社会秩序。在他们眼中,社会个体需要具有一定的品质,至少需要具备一定的"商业技艺"和"政治技艺"。弗格森指出,"商业技艺源于人的动物性的必要,政治技艺则源于天生的社会的需要和缺陷"。① 当苏格兰人提及"无意图的结果"或"看不见的手"的引导时,其实隐含着对人的商业和政治技能的要求。并非所有社会的人都能很好地发挥这两项技能。在野蛮时代或狩猎、农耕时代,人并没有充分利用这些技能。只有在"商业社会"或"文明社会"中,人类才获得了相对充分的商业技能和政治技能。当苏格兰思想家在历史发展的层面弱化立法者的影响时,他们的关注点是社会个体的品质,关注人的商业技艺和政治技艺的提高。

如果说人的社会性导致了最初社会的形成,那么,社会性一定包含人的交换倾向,即互通有无的倾向。在斯密那里,导致生产力提高的劳动分工,是人"互通有无、以物易物、相互交换"这一倾向缓慢发展的结果。② 他在《国富论》中指出,这种倾向是人独有的,并让人们彼此受惠:"动物不同的天资和才能,因为缺乏交易和交换的能力,不能变成一种共同的财富。"动物得不到它的同伙的不同才能的好处,

---

① Adam Ferguson, *PMPS*, Vol. Ⅰ, p.265.
② Adam Smith, *WN*, p.25.

商业社会的诊治
苏格兰启蒙史学研究

人类则不同,人天生有交换的倾向,人们中间"最不同的才能对彼此都有用处。他们的各自才能的产品,通过互通有无、交易和交换的一般天性,仿佛变成一种共同的财富"①。斯密认为,在野蛮时代,人们意识到彼此擅长的技能通过交换能获得更多好处,当人们习惯了交换,劳动分工便逐渐形成了。② 但分工的确立受交换能力的限制,"即受到市场范围的限制":当市场很小时,人的交换能力得不到发挥;只有市场足够大时,人的交换能力才能最大程度地发挥,此时,"劳动分工完全确立"。③ 于是,在这个市场范围的所有人全都处于交换关系中,"一个人自己劳动的产品只能满足他的需要的一部分",他用自己劳动产品的剩余部分,"用来交换自己需要的他人劳动产品的剩余部分,以此满足自己的绝大部分需要",这样便形成了"商业社会"。④ 洛桑瓦隆对这一描述的剖析是"市场形式下的交换正是在这个意义上形成的社会",认为斯密撰写了一种"市场社会的哲学"。⑤ 从"市场"观念的发展史来说,这一评论是有道理的,然而将"商业社会"偷换成"市场社会",在某种程度上缩小了前者

---

① See Adam Smith, *WN*, p.30.
② 斯密在这里写了一段推测史,描述人类如何因由交换倾向而发展出劳动分工。在一个以狩猎或游牧为生的部落中,有人擅长制造弓箭,有人擅长打猎,有人擅长建造茅屋,人们逐渐习惯通过交换获得自己需要的物品,最终导致了不同的职业。经验和习惯在这一过程中对于劳动分工的形成发挥着作用。See Adam Smith, *WN*, pp.27-28.
③ Adam Smith, *WN*, pp.31, 37.
④ *Ibid.*, p.37.
⑤ 皮埃尔·罗桑瓦隆:《乌托邦资本主义——市场观念史》,杨祖功等译,社会科学文献出版社,2004年,第85、88页。

的内涵,抹杀了斯密对商业社会中人的品质的描述。斯密指出,在早期历史中,人们通过语言、劝说来达到交换的目的,但受限于交换范围的狭小,人的交换能力(换言之,商业技能)是极其有限的;而交换能力的提高伴随着人类各种技术能力的改进。人的这一能力在不断的讨价还价、达成交换的历史中反复操练,才形成了较为成熟的"议价"能力。

"议价"的能力不仅体现在市场、体现在经济生活中,同样体现在哲学和政治生活中。苏格兰启蒙思想家清楚地知道,劳动分工会导致人的异化,并将社会进行分割,单独分散的个体缺乏公共精神。同时,18世纪有限的选举权更容易造成人在政治上的怠惰疏离。因此,弗格森才会强调道德教育(moral education)[①],但更多的底层人民很少能有选举权,甚至很少有接受道德教育的机会。这是弗格森主张"民兵制"具有道德和政治功能的原因之一:"由于在政治程序中缺少广泛的参与,像民兵这样的制度对于维持社会稳定所必需的团体纽带和层级结构发挥着重要的作用",而且,"它们还会为有道德的行为创造'空间'"。[②] 在弗格森看来,民兵制至少是英国底层人民锻炼其政治技艺的一个场所,那里不仅可以激发人们的勇气,还为政治参与提供了

[①] 这里的道德教育不是特指在学校接受的教育,而是培养公共精神、爱国精神、具有行动能力的教育,因而,"社会学校"是最好的。Craig Smith, *Adam Ferguson and the Idea of Civil Society: Moral Science in the Scottish Enlightenment*, Edinburgh University Press, 2019, p.124.

[②] Craig Smith, *Adam Ferguson and the Idea of Civil Society: Moral Science in the Scottish Enlightenment*, Edinburgh University Press, 2019, p.136.

机会。而那些受过道德教育的人,则是"引导社会、确保社会顺畅运行"的"绅士阶层"。① "虽然有财产的人主导选举和郡会议,但指挥军队、统治国家的是有才能的人。"② 在弗格森对"文明社会"的描述中,一个文明国家的公民除了要提升个体的商业技能,最重要的是在社会学校(school of society)中磨炼政治技能。他清楚地意识到商业带来的"唯利是图",使"公共精神"萎缩,但这不是反对商业社会的理由,因而他特别强调商业社会的公民品质——"爱国主义、公共精神、行动能力"③,这些人类品质的优秀特征需要在政治实践中不断操练,参政议政的能力需要不断提升。

18世纪的苏格兰人在人类历史的进程中看到,在以往的社会中,尽管每个个体都有交换倾向,但缺乏较好的商业技能和政治技能。他们期望——或者说,他们理想中的——商业社会的参与者能够自由地"议价""议政",合理地表达他们的各种诉求,形成"秩序和好政府"。④ 由这些个体构成的商业社会,它发展的结果就像由"一只看不见的手"引领着,最终导致"无意图的结果"或一种"自发秩序"。

当然,实事求是地说,苏格兰启蒙思想家的"自由主义"并不是后来所说的"自由放任",他们对"立法者"作用的否

---

① Craig Smith, *Adam Ferguson and the Idea of Civil Society*: *Moral Science in the Scottish Enlightenment*, Edinburgh University Press, p. 71.
② Adam Ferguson, *PMPS*, p. 473.
③ Craig Smith, *Adam Ferguson and the Idea of Civil Society*: *Moral Science in the Scottish Enlightenment*, Edinburgh University Press, 2019, p. 222.
④ Adam Smith, *WN*, p. 412.

结语：苏格兰启蒙史学的政治话语

定仅限于其对塑造政治制度的作用方面；在其他方面，立法者仍然是政治的重要影响者。即便像斯密这位被贴上"自由主义者"标签的学者，他也不否定主权者应有的作用，立法者仍然需要在国防、司法、建设公共工程和维护公共机构等三个方面①发挥自己的作用。毋庸多言，18世纪苏格兰人对"立法者学说"的批判是建立在他们对"商业社会"的社会属性的认识之上的，而他们"自由主义"的政治主张也出于对人性和历史发展的认识。

在本书开篇引用的休谟信件中，他向其出版商威廉·斯特拉恩推荐的罗伯特·亨利博士历史著作的写作计划包括：民政史和军事史，宗教史，宪制史，政府、法律、司法的历史，学问、技艺、商业、风俗的历史。② 亨利博士的鸿篇巨制从尤利乌斯·凯撒入侵英格兰写到亨利八世，他将这段历史划分为六个时期：从公元前55年到撒克逊人到来（公元前55年—公元449年）、从撒克逊人到来到诺曼威廉公爵登陆（449—1066年）、从诺曼登陆到约翰王之死（1066—1216年），从约翰王之死到亨利四世（1216—1399年），从亨利四世到亨利七世即位（1399—1485年），最后写亨利八世之死（1485—1547年），这六卷正文都超过了500页，各卷都有附录，包括不同时期的地图，重要法律文书的英文译文，重要的主教信件等内容。各卷大体的章节安排顺序是

---

① Adam Smith, *WN*, p. 688.
② David Hume, *LDH*, Vol. 2, p. 230,注释5。

商业社会的诊治
苏格兰启蒙史学研究

政治、军事史,接下来宗教、学问、法律制度、技艺、商业、风俗等主题,根据不同历史阶段分门别类讨论。1790年,罗伯特·亨利去世,其遗嘱执行人帮他出版了第六卷,并在正文前增加了一篇《罗伯特·亨利博士的生平》。此文介绍了亨利博士的原有计划打算"从罗马入侵不列颠一直写到现代,文人们肯定会遗憾他没能完成他的计划"①。如此宏大的写作计划,体现了休谟及其同时代的苏格兰人在史学编纂上的野心和抱负。现在看来,18世纪的苏格兰人撰写的五花八门的历史著作不仅追溯人类从野蛮到文明的进程,还追溯语言的发展、学问和风俗的演进等不同的主题,就像上述罗伯特·亨利博士写出的那些历史。遗憾的是,这些历史著作现在几乎都湮没在图书馆,少有人问津了。

18世纪苏格兰在人类历史进程的叙述中分析人的本性与社会的源起、政府的形成和发展等问题,其目标是解释他们自己那个社会。他们深受17世纪自然法传统的影响,在某些领域——例如,对人的权利的认识——承袭了自然法学家们的一些论断,同样,他们也受到同时期法国文人的影响,尤其是孟德斯鸠的影响。但是,这群苏格兰人还是提出了自己对"社会"和政府的观点,在历史的领域批判当时盛行的"自然状态""原始契约"的学说,弱化"立法者"对历史进程的影响,进而阐明自己的主张:人类社会一直处于历

---

① Robert Henry, *The History of Great Britain, from the First Invasion of it by the Romans Under Julius Caesar, Written on a New Plan*, Printed for A. Strahan and T. Cadell, 1793, 'The life of Robert Henry, D. D. ' p. xvi。

史之中,经历不同阶段的发展,进入到他们所处的时代。在苏格兰人的历史观中,上帝暂时"消失了",最终是人自己推动着走到"商业社会"。他们也敏锐地察觉到商业社会的弊病,在这个充斥着陌生人的社会中,休谟设想的那种道德世界遭到膨胀的自私野心的侵蚀。然而,站在18世纪,休谟可能更希望人们摆脱宗教的迷信和狂热;米勒则期待那些曾身处权威底层的妇女、子女和奴仆获得更多的平等权利;而弗格森则希望通过绅士教育培育现代公民的各种品质,以免文明社会的大厦倾覆。他们在历史中努力寻找商业社会弊病的良方,并为此做出了他们的智力贡献。现代社会越来越原子化,社会纽带日渐稀薄,本书希冀苏格兰人的思想遗产能够为现代人的思考提供一个有效的参照系,继续为社会的历史进程贡献它们的智力余晖。

附录:《苏格兰史》与威廉·罗伯逊的"温和派"历史观

爱德华·吉本在"自传"中写道:"罗伯逊的公正为他赢得了拥趸,休谟先生一封信顶上十年功,但我从未妄想在英国历史学家三分天下中占一席之地。"①彼时,《罗马帝国衰亡史》第一卷刚刚出版;而大卫·休谟早已完成六卷本《英格兰史》,文名斐然;威廉·罗伯逊(1721—1793)也以《苏格兰史》(1759)和《查理五世皇帝统治史》(1769)赢得了历史学家的名声。新手历史学家吉本的谦逊之词,足以表明后两位的历史创作在英国文坛的至高地位。200多年过去,哲学家休谟和历史学家吉本的名声依然还在,罗伯逊的文名却堆积了厚厚的尘埃。近几十年来的苏格兰启蒙运动研究逐渐掸去尘埃,重新编辑出版的12卷《罗伯逊全集》让研究者逐渐恢复了对罗伯逊的兴趣,②其中,罗伯逊的历史创作成为研究的焦点之一。

---

① Edward Gibbons, *The Autobiographies of Edward Gibbon*, ed. by J. Murray, London, 1896, p.312.
② Stewart J. Brown(ed.), *William Robertson and the Expansion of Empire*, Cambridge University Press, 1997, 'Introduction', p.7.

附录:《苏格兰史》与威廉·罗伯逊的"温和派"历史观

一

威廉·罗伯逊(1721—1793)出生于苏格兰博斯威克(Borthwick)一个牧师家庭,12岁时跟随家人迁居爱丁堡。其父老威廉·罗伯逊致力于"沟通后革命时代严苛加尔文主义和温和时代(moderate era)文雅长老派主义难以逾越的鸿沟"①,在苏格兰教会中有一群旨趣相同的友人。罗伯逊家有9个孩子,威廉为长子,也只有他一人后来成为牧师。1735年,威廉·罗伯逊进入爱丁堡大学,断断续续地学习。1739年,罗伯逊跟随查尔斯·马基(Charles Mackie,1688—1767)教授学习历史,后者是爱丁堡大学第一位文明史(civil history)教授,他的课程讲授普遍的欧洲史,尤其是16世纪,并注重档案研究。这一点或许影响了罗伯逊后来的历史创作:即使他后来成为牧师,但他明确区分了圣史与文明史。查尔斯·马基的课程结束后,罗伯逊进入神学院学习神学,还接触到斯多葛学派的哲学,并尝试翻译马克·奥勒留的《沉思录》,但这项工作最终没有完成。1743年,他填补了格拉德斯穆尔(Gladsmiur)教区牧师的空缺,领受教会的薪俸。

18世纪上半叶,爱丁堡的政治骚动不已。1736年1月,爱丁堡有三人在罗伯逊家门口抢劫了税务官。即使这

---

① Jeffrey R. Smitten, *The Life of William Robertson: Minister, Historian and Principal*, Edinburgh University Press, 2018, p.2.

三人被判了刑,但民众仍对这三人报以同情之心。随后的行刑场面引发了博都斯骚乱(Porteous Riots),六人死亡,很多人受伤。骚乱的场面让年轻的罗伯逊及其家人感到震惊。① 1745年,小觊觎者"漂亮查理"登陆苏格兰,爱丁堡开城投降,但卡洛敦战役的惨败让英国境内的詹姆斯党人彻底失去了希望。爱丁堡市政厅审判前市长的投降行为是当时文人和教会人士都非常关注的事件。

1751年,罗伯逊迎娶一位爱丁堡牧师的女儿玛丽·尼斯比特为妻。借助教会中亲戚和朋友们的人脉关系,罗伯逊很快成为当时苏格兰教会温和派的主要人物,在文化和宗教领域维持和平的秩序。1750年之后的苏格兰教会,内部派系斗争愈演愈烈。1755年,民众派抨击人法官凯姆斯勋爵(Lord Kames)1751年出版的《道德与自然宗教原理》,说他否认自由意志。教会的大会议(General Assembly)打算将凯姆斯和休谟送上宗教法庭。1757年,同为牧师的约翰·霍姆在爱丁堡上演戏剧《道格拉斯》,将民众派的怒火烧得更旺。他们谴责《道格拉斯》将自杀搬上舞台,攻击参演和观看该剧的牧师,将休谟的学说视为罪魁祸首。罗伯逊和教会温和派的其他牧师不得不在宗教会议中不断调停,一面尽量保护自己的文人朋友,一面对民众派做出相应的妥协。

很难考证罗伯逊青年时期的经历对他的历史创作和观

---

① Jeffrey R. Smitten, *The Life of William Robertson: Minister, Historian and Principal*, Edinburgh University Press, 2018, pp. 20-21.

附录:《苏格兰史》与威廉·罗伯逊的"温和派"历史观

点有多大的影响,但骚乱、党派之争、宗教派系等问题,贯穿于罗伯逊的《苏格兰史》和《查理五世皇帝统治史》。也很难考证罗伯逊对历史本身的兴趣从何时开始。实际上,作为一名牧师,罗伯逊第一次发表的文章是篇布道词,即《基督诞生时期的世界情形》[1]。但据罗伯逊传的作者杰夫里·施米登(Jeffrey R. Smitten)的说法,1753年10月,罗伯逊告诉友人达尔林普尔(David Dalrymple)写作苏格兰史的计划。这一计划或许还源于教会内部与民众派牧师约翰·威瑟斯普恩(John Witherspoon)的舆论纷争。后者在苏格兰强烈反对温和派的教义解说,反对自弗朗西斯·哈奇森以来仁爱的、乐观主义的人性观,可能还发表了一篇尖锐的讽刺文章。[2] 苏格兰史的写作计划或许是罗伯逊对当时民众派的一个反击。

18世纪50年代,撰史似乎成为英国文人大展拳脚的重要领域。休谟和斯莫利特(Tobias Smollet)在英格兰史领域耕耘,很快获得了巨大成功。而苏格兰史,在罗伯逊之前也有不少作家涉猎。最著名的当属16世纪的人文主义学者乔治·布坎南(George Buchannan,1506—1582),其著以拉丁文写成,将苏格兰的历史追溯到神秘主义时代。此后,罗伯特·凯斯(Robert Keith,1681—1757)写了一部苏

---

[1] William Robertson, *The Situation of the World at the time of Christ's Appearance, and its Connexion with the Success of His Religion, Considered*, Printed by Hamilton, Balfour, and Neill, 1755.
[2] Jeffrey R. Smitten, *The Life of William Robertson: Minister, Historian and Principal*, Edinburgh University Press, 2018, pp. 100-101.

格兰主教的历史,叙述从詹姆斯五世统治时期的宗教改革直到玛丽女王逃到英格兰的这段历史,而大卫·摩西(David Moysie)则叙述了1577年到1603年的苏格兰史。即使是安妮女王继位到苏格兰与英格兰联合这段很短的历史,也有作家对其进行刻画。① 应该说,苏格兰人一直都有撰史热情。1688年到1745年,这段时间的历史著作充斥着派系偏见,斯图亚特家族对英格兰的统治、两地的联合等问题成为所谓"历史学家"的政治宣泄地,尽管他们大多都宣称自己公正无偏。

可以想见,1745年后,罗伯逊选择16世纪苏格兰史作为他第一部重要著作的主题,自有其深刻的寓意。

二

1759年1月,罗伯逊的《苏格兰史》在伦敦由著名书商安德鲁·米勒出版。米勒付给罗伯逊600镑,买下该书的所有权。对此,罗伯逊非常满意。他在给友人的信中写道:"这是迄今为止除休谟之外最高的版权费了。你想象不到伦敦作者们的震惊,也想象不到安德鲁·米勒对本书收获地位尊贵之人的赞誉有多惊讶……你将会知道,我是如何让苏格兰的玛丽成为人们的谈资的。这里的每个人都赞同

---

① George Lockhart (1681—1731), *Memoirs Concerning the Affairs of Scotland, from Queen Anne's Accession to the Throne*, Printed and Sold by the Booksellers of London and Westminster, 1712.

附录:《苏格兰史》与威廉·罗伯逊的"温和派"历史观

我与米勒的交易,我对自己谨慎的行为深感满意……"①当然,这笔交易对于出版商米勒来说也是相当有利可图的。

在18世纪的英国人看来,"苏格兰的玛丽"自带诸多话题:高贵优雅、美丽多情、宫闱秘事、阴谋情杀、牢狱之灾、王位争夺,每一个都足以激起读者强烈的好奇心。但在罗伯逊看来,玛丽时代的历史,"它的政治态势在欧洲十分重要,它对邻国的外交活动也具有明显的影响","它的历史在那时已经成为列国关注的焦点"。② 这是罗伯逊笔下苏格兰历史上四段历史中最重要的一段历史。在他看来,自王权初兴至肯尼思二世登基是第一阶段,这时的苏格兰史充斥着神话与臆想;第二阶段自肯尼思二世征服皮克特人到亚历山大三世之死,这一阶段"史实渐露端倪,真实之光起初虽然微弱,但却渐趋明朗";此后直到詹姆斯五世驾崩是第三阶段的"信史"。在这段时间里,"每一个苏格兰人都开始关注历史",他们"钻研、探究祖国的掌故"。③ 第三段历史是罗伯逊《苏格兰史》的开篇。该篇从"苏格兰独立性的辩论"引出封建时代君主、贵族、教会三股势力的明争暗斗,讲述苏格兰与英格兰的长久纷争,以及逐渐发展起来的王权、议会、法庭等政治机构。值得注意的是,罗伯逊将苏格兰的封建历史置于欧洲封建社会的背景之下,比较法国、德意志、意大利、西班牙等地的封建统治和政治改革,最终的落

---

① Jeffrey R. Smitten, *The Life of William Robertson: Minister, Historian and Principal*, Edinburgh University Press, 2018, p. 115.
② 威廉·罗伯逊:《苏格兰史》,孙一笑译,浙江大学出版社,2021年,第6页。
③ 同上,第5-6页。

脚点是都铎王朝治下苏格兰和英格兰看似友好实则虎视眈眈的关系。亨利七世将自己的女儿玛格丽特嫁给了苏格兰斯图亚特王朝的詹姆斯四世，短时间内缓和了两地的关系，却在长时期内导致两地在王位继承问题上各怀鬼胎。

此后七章中，罗伯逊用了六章讲述了玛丽女王的悲剧人生：从出生即被戴上苏格兰王冠到青年时期的婚姻与执政是第二至四章的内容；而她被贵族囚禁、逃亡至英格兰、最终被伊丽莎白一世判处死刑是第五至七章的内容。在这部"玛丽女王到詹姆斯六世统治时期的苏格兰史"中，罗伯逊真正的历史主角是玛丽及其时代的政治斗争。整个16世纪，斯图亚特王朝有三位幼主——詹姆斯五世、玛丽、詹姆斯六世——继位。王太后、外戚、摄政王、朝廷重臣以及教会的大人物们，在宫廷中争权夺势。没有强悍的手腕，君主很难掌控整个朝廷。而这些困境对于幼主玛丽来说尤为严峻，只因为她是一位女王。1542年，詹姆斯五世与吉斯家族的玛丽之女出生。几天后，詹姆斯五世在战争中丧命，留下襁褓中的玛丽面对国内的宗教争端和贵族政治的派系。罗伯逊写道："漫长而脆弱的幼主统治会令各个派系因抱持着不受惩罚的希望而肆无忌惮地相互倾轧。"①国内派系缠斗。国外虎视眈眈。亨利八世希望断绝苏格兰与法国的古老同盟，避免英法争斗中来自北方的威胁，因而试图让他的独子爱德华与襁褓中的玛丽联姻。然而，这个婴儿很快被其母吉斯家族的玛丽送往法国。等她长大成为法国王

---

① 威廉·罗伯逊：《苏格兰史》，孙一笑译，浙江大学出版社，2021年，第67页。

妃时,一场场政治交易接踵而来。法国同样觊觎苏格兰的王冠,而15岁的玛丽与法国太子的婚姻所附加的条约则把这顶王冠无偿赠予了法国。在政治漩涡中,"苏格兰女王则是这场罪恶中唯一无辜的演员"①。

16世纪,宗教争端撕裂着苏格兰社会。罗伯逊用了大量篇幅描述苏格兰的宗教改革,并与英格兰和欧洲的宗教情势联系起来考察。约翰·诺克斯的新教教义吸引了众多苏格兰低地人民,并同不满法国主宰苏格兰内政外交的贵族联合,导致新教与王室的冲突不断。法国的宗教混战同样漫长,圣巴托洛谬大屠杀提醒欧洲各地的新教徒时刻警惕天主教的阴谋。英格兰的伊丽莎白对天主教和清教徒采取同样强硬的手段,以确保英国国教的地位。1562年,丧偶的玛丽回到苏格兰,面临的不仅是强悍的贵族,还有不断发展的新教徒。她的婚姻、信仰和个人命运都卷入了欧洲政治和宗教的争夺战。玛丽不仅拥有苏格兰的王冠,还可能拥有法国和英格兰的王座。这耀眼的光环让神圣罗马帝国、西班牙、法国、英格兰等地的王公贵族趋之若鹜。罗伯逊对玛丽婚姻的描述浓墨重彩,以表明苏格兰在这场婚姻中对欧洲的政治和宗教举足轻重的影响。

英格兰的伊丽莎白善于利用她的择偶与法国、西班牙周旋,苏格兰的玛丽在这件事情上的智慧却远逊于她英格兰的表姐。她选择了有英格兰王位争议的达恩利勋爵(Lord Darnly)。当詹姆斯四世去世后,玛格丽特·都铎改

---

① 威廉·罗伯逊:《苏格兰史》,孙一笑译,浙江大学出版社,2021年,第111页。

嫁给安格斯伯爵(Earl of Angus),他们的女儿玛格丽特·道格拉斯是名正言顺的英格兰王位继承者,而其与伦诺克伯爵(Earl of Lennox)所生的儿子达恩利勋爵同样也有这一权利。玛丽与达恩利的婚姻或许为她在英格兰王位的继承权上增加了一个砝码,但这场婚姻很快破裂。玛丽给予达恩利"国王"的称号,但这一称号刺激了达恩利的权力欲望,也激起了他对玛丽宠臣的嫉妒心。在最初的激情之后,玛丽对达恩利只剩下厌恶,转而移情别恋。罗伯逊在第四章中叙述了达恩利勋爵被谋杀死亡,而玛丽迅速嫁给凶手嫌疑人这一后人眼中的"荒诞"历史。政治的婚姻早就标好了价码,玛丽的余生都在为她轻率的婚姻付出代价。"达恩利之死"是16世纪苏格兰史中最扑朔迷离、最惹人争议的一段历史。玛丽女王是否串通博斯威尔伯爵(James Bothwell)谋杀亲夫,抑或她纵容他人谋杀,她与博斯威尔的通信能否证明自己的清白无辜,这些事情已成历史的谜团。罗伯逊努力寻找证据揭晓谜底,仍然缺乏证据。即便他在《苏格兰史》正文结束后又写了一篇论文(A Critical Dissertation Concerning the Murder of King Henry, and the Genuineness of the Queen's Letter to Bothwell),对"谋杀亨利这一事件"进行了长篇考证,他也只能将"谁是主谋"这一问题留给读者。罗伯逊坦言,无论玛丽是主谋还是纵容谋杀,她对谋杀亨利一事都难辞其咎。[①]

"审判博斯威尔"让苏格兰部分贵族得以发泄他们压抑

[①] William Robertson, *HS*, pp. 348-349.

许久的怨恨。他们联合起来,将自己的女王囚禁在一个小岛上,开启贵族统治。罗伯逊详尽地描述了当时苏格兰宫廷内的各种舆论纷争,以及这些争论的结果:贵族废黜一位无能君主的统治,"通过为王子加冕的方式来确立这一传位的合法性"①。罗伯逊称之为"革命",他是否在暗示读者将苏格兰的这场革命与100多年后英格兰的那场革命进行比较,这一点不得而知。可以确定的是,罗伯逊的描述清楚地揭示了苏格兰"王权弱小、贵族强大"的封建特性,而摄政统治又让国内贵族为了政治利益躁动不安,整个国家动荡不宁。囚禁玛丽女王并非所有苏格兰贵族的决定,她头上的权力光环对一些人仍然有着巨大的吸引力。在这群人的帮助下,玛丽女王逃到了英格兰境内。这着实是不明智之举。玛丽的存在对于伊丽莎白的王位是个巨大的威胁。此后数年里,玛丽一直是伊丽莎白的囚徒,直到谋杀后者的巴宾顿阴谋被戳破,她的生命走到了终点。

罗伯逊在最后一章中叙述了玛丽死后詹姆斯六世的统治。詹姆斯六世是在乔治·布坎南这位大学者严苛的加尔文式教育中成长起来的。不幸的是,成年后的詹姆斯却给予天主教贵族巨大的宽容和仁慈,这就加剧了国内宗教冲突的动荡。罗伯逊简明扼要地叙述了詹姆斯六世如何利用国内骚乱建立其绝对王权的过程。到1600年时,苏格兰的天主教、贵族和新教徒似乎已经服从王权的辖制。这种表面上的安宁很快被高里伯爵的(3rd Earl of Gowrie,

---

① 威廉·罗伯逊:《苏格兰史》,孙一笑译,浙江大学出版社,2021年,第279页。

1577—1600)的弑君阴谋打破。罗伯逊在分析高里阴谋原因时谈到了伊丽莎白对苏格兰的政策。英格兰乐见苏格兰的依附,也不失时机地搅动苏格兰贵族们的争斗,它忌惮一个强大的、有绝对王权的苏格兰。然而,伊丽莎白晚年也无法抑制英格兰内部的叛乱,一直无法承诺王权的继承人。罗伯逊在《苏格兰史》中引用了伊丽莎白与塞西尔和海军大臣的对话:"我的王座亦是先王们的王座,我没有后代来继承王位,我的外甥苏格兰国王将是我的继承人。"[1]和当时大多数历史著作一样,这句引语没有出处。对两地王冠联合到1688年革命这段时间,罗伯逊认为"苏格兰被置于一种最单一也最不幸的政治体制之下",苏格兰的语言、趣味、自由都遭到了压制。[2] 这些评论反映了彼时罗伯逊对苏格兰过去历史的认识,以及他对两地联合历史的认同。

"在詹姆斯党人叛乱的影响下,罗伯逊希望写一部有助于联合苏格兰的历史,这意味着协调詹姆斯党人和汉诺威王朝的政治分歧,但不放弃苏格兰作为文明社会的观点。"[3]除此之外,调和苏格兰的宗教分歧也是罗伯逊历史叙述的主要目标之一。他也的确做到了。《苏格兰史》出版后不久,罗伯逊兴奋地写信给友人说,他的"历史"得到了"毫无保留的称赞",并提到"沃尔波尔爵士、加里克爵士、沃

---

[1] William Robertson, *HS*, p.316.
[2] 威廉·罗伯逊:《苏格兰史》,孙一笑译,浙江大学出版社,2021年,第508、510页。
[3] Jeffrey R. Smitten, *The Life of William Robertson: Minister, Historian and Principal*, Edinburgh University Press, 2018, p.117.

伯顿博士等人"的赞誉信,[①]最后一位是当时教会中正统派的主要人物,也是休谟宗教论文的对手。沃伯顿爵士的赞誉或许反映了当时教会对这本史著的认可。

1759年1月27日,米勒告诉罗伯逊打算出版第2版。在罗伯逊有生之年,该书总共出版了14版。看来,一直到18世纪90年代,16世纪的苏格兰史都是一个好谈资。

三

在18世纪英国的撰史风气中,罗伯逊的《苏格兰史》是一部严谨公正的史著。

在"第一版序言"中,罗伯逊批评以往的历史学家因为各自的偏见而扭曲玛丽时代的政党仇恨、宗教狂热。他说,"在这些人眼中,求真显然不是唯一的目标。他们为偏见所蒙蔽,在一幕被篡改了的历史大剧中自以为是地翩翩起舞,扼杀了作为主角的真相而不自知。因而,其所写皆非国史,而是为派系倾轧所做的辩护"[②]。罗伯逊坚信,"倘若没有更加真实公正的材料,便不可轻易对历史妄下结论"[③]。为寻找历史档案、原始文件,罗伯逊利用各种机会查询相关文献,爱丁堡律师协会图书馆的藏书、大英博物馆的收藏、17

[①] Jeffrey R. Smitten, *The Life of William Robertson: Minister, Historian and Principal*, Edinburgh University Press, 2018, p.117.
[②] 威廉·罗伯逊:《苏格兰史》,孙一笑译,浙江大学出版社,2021年,第xi页。
[③] 同上,第xii页。

商业社会的诊治

■ 苏格兰启蒙史学研究

世纪考德武德未出版的《自詹姆斯五世登基到詹姆斯六世驾崩时期的苏格兰史》、高里阴谋的档案等,都在这部历史中有所体现。尽管此前的苏格兰史作者或多或少都有自己的偏见,但罗伯逊仍然批判性地引用了前人的成果。即使是有着明显詹姆斯党倾向的托马斯·因尼斯①,罗伯逊也没有完全否定,并在脚注中标明出处。

不仅如此,罗伯逊还以大段的脚注解释苏格兰的政治变革,比如,对苏格兰议会和立法委员会一院制运作机制的考察。他指出,历史上,立法委员会常见的是24人代表:8名世俗贵族、8名教会贵族、8名自治市代表,另有8名国王重臣,"世俗贵族和自治市代表为反对国王而联合起来几乎是不可能的",这样的人员构成很容易让国王操纵一切,因而,苏格兰国王的权力是"欧洲最为专制的国王都不曾获得的"。② 罗伯逊的解释让读者更清楚地比较斯图亚特家族在苏格兰和英格兰两地的统治,让读者自己思考这一家族在英格兰失败的原因。除了长脚注,《苏格兰史》还有长长的附录。这一附录包括他对玛丽女王与博斯威尔通信真实性的长篇考证以及对正文各个章节的补充论证。这些细致的考证表明罗伯逊在历史领域审慎的探索,可惜中译本未译出。

罗伯逊的公正非常明显地体现在对"玛丽女王"的评价

---

① Thomas Innes(1662—1744), *Critical Essay on the Ancient Inhabitants of the Northern Parts of Britain or Scotland*, Printed for William Innys, 1729.
② 威廉·罗伯逊:《苏格兰史》,孙一笑译,浙江大学出版社,2021年,第59页。

附录:《苏格兰史》与威廉·罗伯逊的"温和派"历史观

中。此前某些历史学家评论玛丽女王,"要么认为她品格高洁、平易近人,要么则认为她具有易变的人心所生出的一切缺点"。罗伯逊的评价将玛丽视为一个活生生的女人:"她文雅、友善、温婉、活泼、端庄,文笔雅致。然而,她由于内心温和、待人真诚而会遭到突如其来的背叛与打击。她会因为遭到反对而焦躁不安,因为她自幼就已经习惯了身为女王所应当享有的尊崇。"他承认,玛丽女王作为统治者所具有的弱点,尤其是与伊丽莎白女王相比,这些弱点对国家来说更加致命:"她是一个和蔼可亲的女人,而不是一位杰出的女王,因为她有着为我们喜爱的品质,尽管我们并不敬佩她的这些优点。"即使玛丽女王多情草率铸就一生悲剧,他还是为之抛洒了同情的眼泪:"我们总是倾向于完全忘记她的缺点。我们对她的错误不会感到多大的愤怒,并且愿意为这个似乎在道德上近乎完美的女王流下眼泪。"①这样的评价,不仅让苏格兰人认清自己统治者的品质,也无意冒犯英国社会的其他读者。

据科林·基德的说法,《苏格兰史》体现了罗伯逊的爱国主义情怀。1745年后,苏格兰的爱国主义究竟意味着什么?作为一名苏格兰人,如何认识苏格兰的过去?罗伯逊以16世纪的苏格兰为主题,试图证明这一时期的苏格兰已经走向了文明社会的道路。他对这一时期的苏格兰很有自信:"苏格兰作家们不逊于其他民族的作家,天赋异禀的布坎南在散文与诗歌的写作上都更加多样、更加新颖,也更为

---

① 威廉·罗伯逊:《苏格兰史》,孙一笑译,浙江大学出版社,2021年,第435-436页。

雅致，比起其他民族的拉丁语作家而言，他的确更胜一筹。布坎南的例子在文学方面反映了苏格兰的巨大成就。"[1]而且，罗伯逊并不认为1707年的联合弱化了苏格兰的尊严，而是认为，"王权的联合将两个国家合二为一，并且使得他们成了一个民族。两国之间长久以来存在的差异也逐渐消失，他们各自的特质也同样消失殆尽……优雅与高贵的娱乐方式盛行一时，语言的标准与纯正也被建立起来"[2]，苏格兰人获得了他们的自由，可以无拘无束地追求文名。这样的历史观是否"爱国"（patriotic），是否违背了苏格兰作为一个独立民族的历史的信心？从宗教上说，罗伯逊是否背叛了自己的信仰？科林·基德指出，"罗伯逊不认为自己不爱国。爱国主义并不是维持'陈旧的偏见'，而是致力于改善苏格兰的状况"[3]。这一评论与罗伯逊《苏格兰史》的主调吻合，也指出了18世纪苏格兰启蒙文人的重要主题："改善"（improvement）。罗伯逊的"爱国"情结或许可视为18世纪进步史观的另一种表现形式。

在今天看来，罗伯逊的《苏格兰史》不免打上了浓烈的长老派—辉格党的印记。但相比17—18世纪英国众多的党派史学而言，罗伯逊的历史书写已经极力克制、清醒、理性。他尽力搜集历史谜案的证据、慎重评判历史人物等"求

---

[1] 威廉·罗伯逊：《苏格兰史》，孙一笑译，浙江大学出版社，2021年，第512页。
[2] 同上，第515页。
[3] Colin Kidd, The Ideological Significance of Robertson's History of Scotland, see Stewart J. Brown (ed.), *William Robertson and the Expansion of Empire*, Cambridge University Press, 1997, p.144.

附录:《苏格兰史》与威廉·罗伯逊的"温和派"历史观

实"的历史态度,为他赢得了与"历史学家"休谟相当的赫赫声名。无怪乎1776年吉本发表其罗马史第一卷时要发出那样的惊叹!

在写《苏格兰史》时,罗伯逊很清楚苏格兰的历史需要置于欧洲的历史之中加以理解。他说,"在记述苏格兰的内政之时,略述欧洲当时的政治情况亦无不妥。那时的欧洲在一个整体的体制之内,每个王国都构成其中的一部分。而了解这个体制的知识对于理解欧洲任何一个民族的历史以及它的政体和法制而言都是十分必要的"①。《苏格兰史》出版10年后,《查理五世皇帝统治史》出版,该书第一卷《欧洲概观》(*View of State of Europe*)平铺直叙了16世纪前近1000年大大小小的人物在欧洲历史舞台上的登场与谢幕,从卢瓦卢到哈布斯堡的军事行从,历史场景从西班牙到非洲,这样的叙述在J.B.布莱克眼中与兰克的某些作品一样"拘谨而肤浅"。布莱克指出,罗伯逊对"新教精神"或"这种精神在个人、社会或国家发展中的意义"都不置一词。② 布莱克的评价很自然地以20世纪的眼光来要求罗伯逊。想一想这位18世纪苏格兰的"温和派"牧师,罗伯逊恐怕也很难对所谓"新教精神"做出怎样的评价了。1777年,美国独立一年后,罗伯逊出版了他的《美洲史》,这部历史叙述了西班牙在秘鲁、墨西哥的殖民史,尤其是对哥伦

---

① 威廉·罗伯逊:《苏格兰史》,孙一笑译,浙江大学出版社,2021年,第60页。
② J. B. Black, *The Art of History: A Study of Four Great Historians of the Eighteenth Century*, Methuen & Co. LTD, 1926, p.140.

布、科尔特斯(Cortez)、皮萨罗(Pizarro)的叙述,在布莱克看来"既是丰富文献也是优秀的历史"①。罗伯逊晚年出版的《古印度史》将欧洲读者的视野引向古老的东方文化,呼吁欧洲殖民者尊重印度文明。可以说,罗伯逊的历史著作真正体现了他作为一位历史学家的世界视野。

《苏格兰史》也是罗伯逊的机遇转折点:这不仅意味着他财富的增长,还意味着他在文坛和教会中的地位日渐重要。18世纪60年代,罗伯逊当选为爱丁堡大学的校长,并成为教会中温和派的领袖人物。罗伯逊在历史编纂上的卓越贡献,足以让他成为当时不列颠的重要文人。遗憾的是,他所写的世界史及其历史观很快就被19世纪的历史著作遮蔽了。1826年,詹姆斯·密尔出版他的六卷《印度史》时,18世纪英国人对待印度文明那种平等尊重的语气消失不见了。随着时间的流逝,罗伯逊在18世纪苏格兰文人圈的重要性,也逐渐变得无足轻重了。2018年,杰夫里·R.施米登出版了《威廉·罗伯逊传记》,该书描述了这位牧师、历史学家和曾经的爱丁堡大学校长的一生,展现了他在18世纪中期教会、政治、教育和文坛中的地位和影响,是现代学者理解罗伯逊及其时代的思想语境的重要尝试。中译本《苏格兰史》的出版或可让读者稍稍了解这位18世纪的史学大家,同时也让读者得以逐渐窥见这位"温和派"牧师研究16世纪世界历史的立场和观念。

---

① J. B. Black, *The Art of History: A Study of Four Great Historians of the Eighteenth Century*, Methuen & Co. LTD, 1926, p.141.

参考文献

英文文献

Ahnert, Thomas, *The Moral Culture of the Scottish Enlightenment*, 1690—1805, New Haven and London: Yale University Press, 2014.

Ahnert, Thomas, and Manning, Susan, *Character, Self, and Sociability in the Scottish Enlightenment*, New York and Basingstoke: Palgrave Macmillan, 2011.

Alexander, William, *The History of Women, from the Earliest Antiquity, to the Present Time* (Third Edition), 2 Volumes, London: Printed for C. Dilly, 1782.

Allan, David, *Making British Culture: English Readers and the Scottish Enlightenment*, 1740—1830, London: Routledge, 2008.

Arbo, Matthew B., *Political Vanity: Adam Ferguson on the Moral Tensions of Early Capitalism*, Minneapolis: Fortress Press, 2014.

Alvey, James E., *Adam Smith: Optimist or

Pessimist? *A New Problem Concerning the Teleological Basis of Commercial Society*, Aldershot: Ashgate, 2003.

Arthur, John W., *Brilliant Lives: the Clerk Maxwells and the Scottish Enlightenment*, Edinburgh: John Donald, 2016.

Baier, Annette C., *A Progress of Sentiments: Reflections On Hume's Treatise*, Massachusetts: Harvard University Press, 1991.

Bary, Philip de, *Thomas Reid and Scepticism: His Reliabilist Response*, London: Routledge, 2002.

Baston, Karen, *Charles Areskine's Library: Lawyers and Their Books at the Dawn of the Scottish Enlightenment*, Leiden: Brill, 2016.

Bell, Martin, The Natural History of Religion, *Rivista di Storia della Filosofia* (1984—), Vol. 62, No. 3, Supplemento: NEW ESSAYS ON DAVID HUME (2007), pp. 389-410.

Benz, August, *Die Moralphilosophie von Thomas Reid zwischen Tradition und Innovation*, Bern: Paul Haupt, 2000.

Berdell John F., Adam Smith and the Ambiguity of Nations, *Review of Social Economy*, Vol. 56, No. 2 (SUMMER 1998), pp. 175-189.

Berry, Christopher J., *Social Theory of the Scottish Enlightenment*, Edinbury: Edinburgh University

Press, 1997.

Berry, Christopher J. , *The Idea of Commercial Society in the Scottish Enlightenment*, Edinburgh: Edinbwrgh: Edinburgh University Press, 2013.

Berry, Christopher J. , *The Idea of Luxury: A Conceptual and Historical Investigation*, Cambridge: Cambridge University Press, 1994.

Berry, Christopher J. , *Essays on Hume, Smith and the Scottish Enlightenment*, Edinburgh: Edinburgh University Press, 2018.

Black, J. B. , *The Art of History: A Study of Four Great Historians of the Eighteenth Century*, London: Methuen & Co. LTD, 1926.

Bonnyman, Brian, *The Third Duck of Buccleuch and Adam Smith: Estate Management and Improvement in Enlightenment Scotland*, Edinburgh: Edinburgh University Press, 2014.

Bowls P. , Adam Smith and the "Natural Progress of Opulence", in *Adam Smith: Critical Assessments*, Second Series, Volume Ⅵ, edited by John Cunningham Wood, London and New York: Routledge, 1994.

Bowls P. , Millar and Engels on the History of Women and the Family, *History of European Ideas*, Vol. 12, No. 5, 1990, pp. 595-610.

Broadie Alexander, *The Scottish Enlightenment: The*

Historical Age of the Historical Nation, Edinburgh: Birlinn Limited, 2001.

Broadie, Alexander, *The Tradition of Scottish Philosophy: A New Perspective on the Enlightenment*, Edinburgh: John Donald, 2011.

Broadie, Alexander, *The Scottish Enlightenment: An Anthology*, Edingurgh: Canongate Classics, 1997.

Broadie, Alexander, *The Scottish Enlightenment*, Cambridge: Cambridge University Press, 2003.

Broadie, Alexander, *Agreeable Connexions: Scottish Enlightenment Links with France*, Edinburgh: John Donald, 2012.

Brooke, Christopher, *Philosophic Pride: Stoicism and Political Thought form Lipsius to Rousseau*, Princeton: Princeton University Press, 2012.

Brown, Leslie Ellen, *Artful Virtue: The Interplay of the Beautiful and the Good in the Scottish Enlightenment*, Farnham: Ashgate Publishing Ltd, 2015.

Brown, Stewart J., William Robertson (1721—1793) and the Scottish Enlightenment, in *William Robertson and the Expansion of Empire*, edited by Stewart J. Brown, Cambridge: Cambridge University Press, 1997.

Bryson, Gladys, *Man and Society: The Scottish Inquiry of the Eighteenth Century*, Princeton: Princeton

University Press, 1945.

Carnall, Geoffrey, Robertson and Contemporary Images of India, in *William Robertson and the Expansion of Empire*, edited by Stewart J. Brown, Cambridge: Cambridge University Press, 1997.

Chitinis, Anand C. , *The Scottish Enlightenment: A Social History*, London: Croom Helm Ltd. , 1976.

Cruz, Helen De, The Relevance of Hume's Natrual History of Religion for Cognitive Science of Religion, *Res Philosophica*, Vol. 92, No. 3, July 2015, pp. 653-674.

Copenhaver, Rebecca and Buras, Todd (ed.), *Thomas Reid on Mind, Knowledge, and Value*, Oxford: Oxford University Press, 2015.

Dean, Dennis R. , James Hutton on Religion and Geology: *the Unpublished Preface to His Theory of Earth* (1788), *Annals of Science*, Vol. 32, No. 3, 187-193, May 1975.

Dow, Alexander and Dow, Sheila (ed.), *The History of Scottish Economic Thought*, London: Routlege, 2006.

Dunbar James, *Essays on the History of Mankind in Rude and Cultivated Ages*, London: Thoemmes Press, 1995.

Dwyer, John, *The Age of the Passions: An Interpretation of Adam Smith and Scottish Enlightenment*

Culture, East Linton: Tuckwell Press Ltd, 1998.

Emerson, Roger L. , Conjectural History and Scottish Philosophers, *Historical Papers/ Communications Historiques*, Vol. 19, no. 1, 1984, pp. 63-90.

Emerson, Roger L. , Reviewed Work (s): *New Medical Challenges during the Scottish Enlightenment* by Guenter B. Risse, *Isis*, Vol. 97, No. 4 (December 2006), pp. 753-754.

Emerson, Roger L. , *An Enlightened Duke the Life of Archibald Campbell (1682—1761), Earl of Ilay, 3rd Duke of Argyll*, Kilkerran: Humming Earth, 2013.

Emerson, Roger L. , *Essays on David Hume, Medical Men and the Scottish Enlightenment*, Farnham: Ashgate Publishing Ltd. , 2009.

Emerson, Roger L. , *Academic Patronage in the Scottish Enlightenment: Glasgow, Edinburgh and St Andrews Universities*, Edinburgh: Edinburgh University Press, 2008.

Evensky Jerry, *Adam Smith's Moral Philosophy: A Historical and Contemporary Perspective on Markets, Law, Ethics and Culture*, Cambridge: Cambridge University Press, 2005.

Falkenstein, Lorne, Hume's Project in "The Natural History of Religion", *Religious Studies*, Vol. 39, No. 1 (March 2003), pp. 1-21.

Ferguson, Adam, *The Correspondence of Adam Ferguson*, with an Introduction by Jane B. Fagg, Vol. 1&2, edited by Vincenzo Merolle, London: William Pickering, 1995.

Ferguson, Adam, *The Manuscripts of Adam Ferguson*, edited by Vincenzo Merolle, London: Pickering & Chatto, 2006.

Ferguson, Adam, *An Essay on the History of Civil Society*, edited by Fania Oz-Salzberger, Cambridge: Cambridge University Press, 1995.

Ferguson, Adam, *An Essay on the History of Civil Society*, edited by Duncan Forbes, Edinburgh: Edinburgh University Press, 1966.

Ferguson, Adam, *Principles of Moral and Political Science*, Vol. I & II., New York: AMS Press, 1973.

Ferguson, Adam, *Institutes of Moral Philosophy*, London: Routledge/ Thoemmes Press, 1994.

Ferguson, William, A Reply to Professor Colin Kidd on Lord Dacre's Contribution to the Study of Scottish History and the Scottish Enlightenment, *The Scottish Historical Review*, Vol. 86, No. 221, Part 1 (Apr., 2007), pp. 96-107.

Finlay, Christopher, *Hume's Social Philosophy: Human Nature and Commercial Sociability in "A Treatise of Human Nature"*, London: Continuum International Publishing

Group, 2007.

Fleischacker, Sam, Adam Smith and the Radical Enlightenment: A Response to Jonathan Israel, in *The Adam Smith Review*, Vol. 9, edited by Fonna Forman, Routledge, 2017.

Forbes, Duncan, "Scientific" Whiggism: Adam Smith and John Millar, *The Cambridge Journal*, 1954, pp. 643-670.

Frace, Ryan K., Reviewed Work(s): *Making British Culture: English Readers and the Scottish Enlightenment, 1740—1830*, by David Allan, *The Journal of Modern History*, Vol. 82, No. 2, The Persistence of Religion in Modern Europe (June 2010), pp. 458-460.

Fricke, Christel and Follesdal, Dagfinn (ed.), *Intersubjectivity and Objectivity in Adam Smith and Edmund Husserl: A Collection of Essays*, Frankfurt: Ontos Verlag, 2012.

Garrett, Aaron and Harris, James A. (ed.), *Scottish Philosophy in the Eighteenth Century. Volume 1, Morals, Politics, Art, Religion*, Oxford: Oxford University Press, 2015.

Grotius, Hugo, *Rights of War and Peace*, edited and with an Introduction by Richard Tuck, From the edition by Jean Barbeyrac, Indianapolis: Liberty

Fund, 2005.

Gruene-Yanoff, Till, and McClennen, Edward F., Hume's Framework for a Natural History of the Passions, in *David Hume's Political Economy*, edited by Carl Wennerlind and Margaret Schabas, London: Routledge, 2008.

Haakonssen, Knud, *The Science of a Legislator: The Natural Jurisprudence of David Hume and Adam Smith*, Cambridge: Cambridge University Press, 1989.

Haakonssen, Knud, *Natural law and Moral Philosophy: from Grotius to the Scottish Enlightenment*, Cambridge: Cambridge University Press, 1996.

Hale, J. R. (e)dited, *The Evolution of British Historiography: from Bacon to Namier*, Cleveland: The World Publishing Company, 1964.

Hamowy, Ronald, *The Scottish Enlightenment and the Theory of Spontaneous Order*, Carbondale: Southern Illinois University Press, 1987.

Hardin, Russell, *David Hume: Moral and Political Theorist*, Oxford: Oxford University Press, 2007.

Harris, Bod, *The Scottish People and the French Revolution*, London: Pickering & Chatto, 2008.

Harris, James A., *Hume: An Intellectual Biography*, Cambridge: Cambridge University Press, 2015.

Henderson, G. D., *Chievalier Ramsay*, London:

Thomas Nelson and Sons Ltd, 1952.

Henry St. John (Lord Bolingbroke), *The Works of the Late Right Honourable Henry St John, Lord Viscount Bolingbroke, with the Life of Lord Bolingbroke by Dr. Goldsmith*, Vol. Ⅵ, London: Printed for J. lohnson et al. 1809.

Hill, Lisa, *The Passionate Society: The Social, Political and Moral Thought of Adam Ferguson*, Dordrecht: Springer, 2006.

Hill, Jack A., *Adam Ferguson and Ethical Integrity: The Man and His Prescriptions for the Moral Life*, Lanham: Lexington Books, 2017.

Hirschman, Albert O., *Passion and Interest: Political Arguments for Capitalism before Its Triumph*, Princeton: Princeton University Press, 1977.

Hogan J. Michael, Historiography and Ethics in Adam Smith's Lectures on Rhetoric, 1762—1763, *A Journal of the History of Rhetoric*, Vol. 2, No. 1 (Spring 1984), pp. 75-91.

Home, Henry (Lord Kames), *Sketches of The History of Man*, Book Ⅰ & Ⅲ, edited and with an Introduction by James A. Harris, Indianapolis: Liberty Fund, 2007.

Hont, Istvan, *Jealousy of Trade: International Competition and the Nation-State in Historical Perspective*,

Massachusetts and London: The Belknap Press of Harvard University Press, 2005.

Hont, Istvan and Ignatieff, Michael, *Wealth and Virtue: The Shaping of Political Economy in the Scottish Enlightenment*, Cambridge: Cambridge University Press, 1983.

Hope, V., *Philosophers of the Scottish Enlightenment*, Edinburgh: Edinburgh University Press, 1984.

Hook, Andrew, *Scotland and America: a Study of Cultural Relations, 1750—1835*, Glasgow: Humming Ea-rth, 2008.

Höpfl, H. M., From Savage to Scotsman: Conjectural History in the Scottish Enlightenment, *Journal of British Studies*, Vol. 17, No. 2(Spring, 1978), pp. 19-40.

Howell W. S., Adam Smith's Lectures on Rhetoric: An Historical Assessment, in *Essays on Adam Smith*, edited by Andrew S. Skinner and Thomas Wilson, Clarendon: Oxford University Press, 1975.

Hume, David, *The Letters of David Hume*, Vol. 1 & 2, edited by J. Y. T. Greig, Oxford: The Clarendon Press, 1932.

Hume, David, *Natural History of Religion*, with an introduction by John Mackinnon Robertson, London: A. and J. Bradlaugh Bonner, 1889.

Hume, David, *A Dissertation on the Passions, The*

Natural History of Religion, edited by Tom L. Beauchamp, Oxford: Oxford University Press, 2007.

Hume, David, *The Philosophical Works of David Hume* (Four Volumes), Vol. 2, Edinburgh: Printed for Adam Black and William Tait, 1826.

David Hume, *A Treatise of Human Nature*, Vol. 1, edited by David Fate Norton and Mary J. Norton, Oxford: Oxford University Press, 2011.

Hume, David, *A Treatise of Human Nature*, Vol. 2, edited by David Fate Norton and Mary J. Norton, Oxford University Press, 2011.

David Hume, *An Enquiry Concerning the Principles of Morals*, edited by Tom L. Beauchamp, Oxford: Oxford University Press, 1998.

Hutcheson, Francis, *An Inquiry into the Original of Our Ideas of Beauty and Virtue in Two Treatise*, edited and with an Introduction by Wolfgang Leidhold, Indianapolis: Liberty Fund, 2004.

Ignatieff, Michael, *The Needs of Strangers*, London: Chatto & Windus. The Hogarth Press, 1984.

Jack, Malcolm, *Corruption & Progress: The Eighteenth Century Debate*, New York: A. M. S. Press, 1989.

Jenkins, Ellen J. (ed.), *Dictionary of Literary Biography*, Volume 336, *Eighteenth-Century British Historians*, Detroit and New York: Thomason Gale, 2007.

Kail, P. J. E., Understanding Hume's Natural History of Religion, *The Philosophical Quarterly* (1950—), Vol. 57, No. 227 (Apr., 2007), pp. 190-211.

Kalyvas, Anderas and Katznelson, Ira, *Liberal Beginnings: Making a Republic for the Moderns*, Cambridge: Cambridge University Press, 2008.

Kidd, Colin, The Ideological Significance of the *History of Scotland*, in *William Robertson and the Expansion of Empire*, edited by Stewart J. Brown, Cambridge: Cambridge University Press, 1997.

Kidd, Colin, Lord Dacre and the Politics of the Scottish Enlightenment, *The Scottish Historical Review*, Vol. 84, No. 218, Part 2 (Oct., 2005), pp. 202-220.

Kuehn, Manfred, Kant and the Scottish Enlightenment: An Introduction, in *Kant and the Scottish Enlightenment*, edited by Elizabeth Robinson and Chris W. Surprenant, London: Routledge, 2017.

Kuhn Thomas S., *The Structure of Scientific Revolutions* (Third Edition), Chicago: University of Chicago Press, 1996.

Lazr, Veronica, Saving the rules from the exceptions? John Millar, the Scottish Enlightenment and the history of the family, *Global Intellectual History*, 2021, Vol. 6, No. 5, 779-787.

Lehmann, W. C., *Adam Ferguson and the*

Beginning of Sociology: An Analysis of the Sociological Elements in his Writings with some Suggestions as to His Place in the Theory of Social Theory, New York: Columbia University Press, 1930.

Lehmann, William C., *John Millar of Glasgow 1735—1801: His Life and Thought and his Contribution to Sociological Analysis*, Cambridge: Cambridge University Press, 1960.

Logan, John, *Elements of the Philosophy of History. Part First*, with a new Introduction by Richard B. Sher, Bristol: Thoemmes Press, 1995.

Longuet-Higgins H. Christopher, "The History of Astronomy": A Twentieth-century View, see *Adam Smith Reviewed*, edited by Peter Jones and Andrew Skinner, Edinburgh: Edinburgh University Press, 1992.

Lovejoy, Arthur O., *Reflections on Human Nature*, Baltimore: Johns Hopkins University Press, 1961.

Mackie, J. L., *Hume's Moral Theory*, London and New York: Routledge, 1980.

Mackintosh, Sir James, *The Miscellaneous Works of the Honorable Sir James Mackintosh*, New York: Appleton Co., 1871.

Malherbe, Michel, Hume's Natural History of Religion, *Hume Studies*, Volume 21, Number 2, November 1995, pp. 255-274.

McArthur, Neil, *David Hume's Political Theory: Law, Commerce and the Constitution of Government*, Toronto: University of Toronto Press, 2007.

McDaniel, Iain, *Adam Ferguson in the Scottish Enlightenment: The Roman Past and European Future*, Massachusetts: Harvard University Press, 2013.

Mckenna, Stephen J., *Adam Smith: The Rhetoric of Propriety*, New York: State University of New York Press, 2006.

McLean, Ralph, Young, Ronnie and Simpson, Kenneth (ed.), *The Scottish enlightenment and literary Culture*, Pennsylvania: Bucknell University Press, 2016.

Meek, Ronald, *Social Science and the Ignoble Savage*, Cambridge: Cambridge University Press, 1976.

Meek Ronald L, *Smith, Marx, & After: Ten Essays in the Development of Economic Thought*, London: Chapman & Hall, 1977.

Merolle, Vincezo, Ferguson's Plotical Philosophy, in *The Manuscripts of Adam Ferguson*, edited by Vincezo Merolle, London: Pickering & Chatto, 2006.

Meyer, Annette, Ferguson's "Appropriate Stile" in Combining History and Science: The History of Historiography Revisited, in *Adam Ferguson: History, Progress and Human Nature*, edited by Eugene Heath and Vincenzo Merolle, London: Pickering & Chatto, 2008.

Millar, John, *The Origin of the Distinction of Ranks, Or, An Inquiry into the Circumstances which Give Rise to Influence and Authority in the Different Members of Society*, edited and with an Introduction by Aaron Garrett, Indianapolis: Liberty Fund, 2006.

Millar, John, *Observations Concerning the Distinction of Ranks in Society*, London: Printed for John Murray, 1771.

Millar, John, *Observations Concerning the Distinction of Ranks in Society*, London: Printed for John Murray, 1773.

Millar, John, *The Origin of the Distinction of Ranks; or An Inquiry into the Circumstances which give rise to the Influence and Authority in the Different Members of Society*, London: Printed for John Murray, 1783.

Millar, John, *An Historical View of the English Government*, edited by Mark Salber Phillips and Dale R. Smith, Indianapolis: Liberty Fund, 2006.

Miller, Nicholas B., *John Millar and the Scottish Enlightenment: Family Life and World History*, Oxford: Oxford University Press, 2017.

Mossner, Ernest Campbell, Hume's Early Memoranda, 1729—1740: The Complete Text, *Journal of the History of Ideas*, Vol. 9, No. 4, Arthur O. Lovejoy at Seventy-Five: Reason at Work (October

1948), pp. 492-518.

Nohara, Shinji, *Commerce and Strangers in Adam Smith*, Singapore: Springer, 2018.

Olson, Richard, Sex and Status in Scottish Enlightenment Social Science: John Millar and the Sociology of Gender Role, *History and Social Science*, Vol. 11, No. 1, SAGE Publications, 1998, pp. 73-100.

Otteson, James, Adam Smith's First Market: The Development of Language, *History of Philosophy Quarterly*, Vol. 19, No. 1 (January 2002), pp. 65-86.

Oz-Salzberger, Fania, *Translating the Enlightenment: Scottish Civic Discourse in Eighteenth-Century Germany*, Oxford: Oxford University Press, 1995.

Paganelli, Maria Pia, Approbation and the Desire to Better One's Condition in Adam Smith, *Journal of the History of Economic Thought*, Volume 31, Number 1, March 2009.

Palmeri, Frank, Bernard de Mandeville and the shaping of Conjectural History, in *Bernard de Mandeville's Tropology of Paradoxes: Morals, Politics, Economics and Therapy*, edited by Edmundo Balsemão Pires, Joaquim Braga, Dordrecht and London Springer International Publishing, 2015.

Palmeri, Frank, *State of Nature, Stages of Society: Enlightenment Conjectural History and Modern Social

Discourse, New York: Columbia University Press, 2016.

Palmeri, Frank, Conjectural History and the Origins of Sociology, *Studies in Eighteenth-Century Culture*, Vol. 37, 2008, pp. 1-21.

Pannekoek A. , *A History of Astronomy: From Ancient Greek to Modern Science*, London: Allen & Unwin, 1961.

Plassart, Anna, *The Scottish Enlightenment and the French Revolution*, Cambridge: Cambridge University Press, 2015.

Plassart, Anna, Introduction: Millar and his Circle, *History of European Ideas*, 45(2) pp. 128-147.

Pocock, J. G. A. , Adam Smith and History, see *The Cambridge Companion to Adam Smith*, Edited by Knud Haakonssen, Cambridge: Cambridge University Press, 2006.

Pocock, J. G. A. , *Barbarism and Religion*, Vol. Two, *Narratives of Civil Government*, Cambridge: Cambridge University Press, 1999.

Phillips, Mark Salber, *Society and Sentiment: Genres of Historical Writing in Britain, 1740—1820*, Princeton: Princeton University Press, 2000.

Phillipson, Nicholas, *David Hume: The Philosopher as Historian*, London: Penguin Books, 2011.

Phillipson, Nicholas, *Adam Smith: An Enlightened life*, London: Penguin Books, 2010.

Rahmatian, Andreas, *Lord Kames: legal and social theorist*, Edinburgh: Edinburgh University Press, 2015.

Rasmussen, Dennis C. , *The Infidel and the Professor: David Hume, Adam Smith and the Friendship that shaped Modern Thought*, Princeton: Princeton University Press, 2017.

Robert Scott William, *Francis Hutcheson: His life, Teaching and Position in the History of Philosophy*, London: Routledge/Thoemmes Press, 1992.

Risse, Guenter B. , " New Medical Challenges during the Scottish Enlightenment", Amsterdam & New York: Editions Rodopi B. V. , 2005.

Rivers, Isabel, *Reason, Grace and Sentiment: A Study of the Language of Religion and Ethics in England, 1660—1780*, Volume II, *Shaftesbury to Hume*, Cambridge: Cambridge University Press, 2000.

Robertson, John, *The Case for the Enlightenment: Scotland and Naples (1680—1760)*, Cambridge: Cambridge University Press, 2005.

Robertson, John, *The Scottish Enlightenment and the Militia Issue*, Edinburgh: John Donald, 1985.

Robertson, John, *A Union for Empire: Political Thought and the Union of 1707*, Cambridge: Cambridge University Press, 1995.

Robertson, William, *History of Scotland, During*

the Reigns of Queen Mary and of King James VI , Till his Accession to the Crown of England. , New York: Derby & Jackson, 1856.

Rothschild, Emma, *Economic Sentiments: Adam Smith , Condorcet and the Enlightenment*, Mass Massachusetts and London: Harvard University Press, 2001.

Rothschild, Emma, *The Inner Life of Empires: An Eighteenth-century History*, Princeton: Princeton University Press, 2011.

Sakamoto, Tatsuya, and Tanaka, Hideo (ed.), *The Rise of Political Economy in the Scottish Enlightenment*, London: Routledge, 2003.

Sebastiani, Silvia, *The Scottish Enlightenment: Race, Gender, and the limits of Progress*, translated by Jeremy Carden, New York: Palgrave Macmillan, 2013.

Sebasitiani, Silvia, Conjectural History vs. the Bible: Eighteenth-Century Scottish Historians and the Idea of History, *Encyclopaedia Britannica* , Lumen: Selected Proceedings from the Canadian Society for Eighteenth-Century Studies/ Lumen: travaux choisis de la Société canadienne d'étude du dix-huitième siècle , vol. 21, 2002, pp. 213-231.

Serjeantson, Richard, David Hume's Natural History (1757) and the Modern Eusebianism, in T*he Intellectual*

Consequences of Religious Heterodoxy (1600—1750), edited by Sarah Mortimer and John Robertson, Leiden, Boston: Brill, 2012.

Shapiro Michael J., *Reading "Adam Smith": Desire, History and Value*, California: Sage Publication Inc., 1993.

Sher, Richard B., *Church and University in the Scottish Enlightenment: The Moderate Literati of Edinburgh*, Edinburgh: Edinburgh University Press, 2015.

Sher, Richard B. and Dwyer, John, *Sociability and Society in Eighteenth-Century Scotland*, Edinburgh: Mercat Press, 1993.

Sidney, *Letters of Sidney, on Inequality of Property*, Edinburgh: the Office of the Scots Chronicle, 1796.

Smith, Adam, *An Inquiry into the Nature and Causes of the Wealth of Nation*, Vol. 1, edited by R. H. Campbell and A. S. Skinner, Oxford: Oxford University Press, 1976.

Smith, Adam, *An Inquiry into the Nature and Causes of the Wealth of Nation*, Vol. 2, edited by R. H. Campbell and A. S. Skinner, Oxford: Oxford University Press, 1976.

Smith, Adam, *Lectures on Rhetoric and Belle*

Lettres, Oxford: Oxford University Press, 1985.

Smith, Adam, *The Theory of Moral Sentiments*, edited by D. D. Raphael and A. L. Macfie, Oxford: Oxford University Press, 1976.

Smith, Adam, *Lectures on Jurisprudence*, edited by R. L. Meek, D. D. Raphael and P. G. Stein, Oxford: Oxford University Press, 1978.

Smith, Adam, *Essays on Philosophical Subjects*, edited by W. P. D. Wightman and J. C. Bryce, Oxford: Oxford University Press, 1982.

Smith, Adam, *Correspondence of Adam Smith*, edited by Mossner and Rose, Oxford: Oxford University Press, 1977.

Smith, Craig, *Adam Ferguson and the Idea of the Civil Society: Moral Science in the Scottish Enlightenment*, Edinburgh: Edinburgh University Press, 2019.

Smith, Paul B., *The Materialist Interpretation of John Millar's Philosophical History: Towards a Critical Appraisal*, PhD thesis, University of Glasgow, 1998, http://theses.gla.ac.uk.

Smitten, Jeffrey, 'Robertson's Letter and the life of Writing', in *William Robertson and the Expansion of Empire*, edited by Stewart J. Brown, Cambridge: Cambridge University Press, 1997.

Spencer, Mark G., Reviewed Work(s): *Seeking Nature's Logic: Natural Philosophy in the Scottish Enlightenment* by David B. Wilson, Journal of British Studies, Vol. 49, No. 4 (October 2010), pp. 889-890.

Starkey, Janet, *The Scottish Enlightenment Abroad: The Russells of Braidshaw in Aleppo and on the Coast of Coromandel*, Leiden: Brill, 2018.

Stewart, Dugald, *An Account of His Life and Writings*, in *The Works of William Robertson, D. D. with An Account of His Life and Writings*, Vol. 1, London: Printed for A. Strahan and T. Cadell, 1812.

Stewart, M. A., *Studies in the Philosophy of the Scottish Enlightenment*, Oxford: The Clarendon Press, 1990.

Stuart, Gilbert, *A View of Society in Europe in its Progress from Rudeness to Refinement*, London: Thoemmes Press, 1995.

Susato, Ryu, *Hume's Sceptical Enlightenment*, Edinburgh: Edinburgh University Press, 2015

Taylor, Jacqueline A., *Reflecting Subjects: Passion, Sympathy and Society in Hume's Philosophy*, Oxford: Oxford University Press, 2015.

Teggart, Frederick. J., *Theory and Progresses of History*, Berkeley and Los Angeles: University of California Press, 1941.

Teichgraeber, Richard F. Ⅲ, History, Political Theory, and Interpretations of Adam Smith, *Political Theory*, Volume 23, Issue 1(Feb., 1995), pp. 147-165

Thomsen, Anton, David Hume's Natural History of Religion, *The Monist*, Vol. 19, No. 2 (April, 1909), pp. 269-288.

Tolonen, Mikko, *Mandeville and Hume: Anatomists of Civil Society*, Oxford: Voltaire Foundation, 2013.

Torre, Jose R., *The Political Economy of Sentiments: Paper Credit and the Scottish Enlightenment in the Eraly Republic Boston (1780—1820)*, London: Pickering &. Chatto, 2007.

Towsey, Mark R. M., *Reading the Scottish Enlightenment: Books and Their Readers in Provincial Scotland*, 1750—1820, Leiden: Brill, 2010.

Trenchard, John, *The Natural History of Superstition*, London: Sold by A. Baldwin at the Oxford Arms in Warwick Lane, 1709.

Warburton, William (and Richard Hurd), *Remarks on Mr. David Hume's Essay on the Natural History of Religion*, London: Printed for M. Cooper, in Paternosterrow, 1757.

Waszek, Norbert, *The Scottish Enlightenment and Hegel's Account of 'Civil Society'*, Dordrecht: Kluwer Academic, 1988.

参考文献

Wheatley, Christopher J., Polemical Aspects of Hume's Natural History of Religion, *Eighteenth-Century Studies*, Vol. 19, No. 4 (Summer, 1986), pp. 502-514

Wickman, Matthew, *Literature after Euclid: The Geometric Imagination in the Long Scottish Enlightenment*, Pennsylvania: University of Pennsylvania Press, 2016.

Wightman, W. P. D., *Adam Smith and the History of Ideas*, in *Essays on Adam Smith*, edited by Andrew S. Skinner and Thomas Wilson, Oxford: Oxford University Press, 1975.

Williams, Christopher, Reviewed Work (s): *The Seventh Sense: Francis Hutcheson and Eighteenth-Century Aesthetics* by Peter Kivy, *The Journal of Aesthetics and Art Criticism*, Vol. 63, No. 1 (Winter, 2005), pp. 94-96.

Wilson, David B., *Seeking Nature's Logic: Natural Philosophy in the Scottish Enlightenment*, Pennsylvania: The Pennsylvania University Press, 2009.

Withers, Charles W. J., William Cullen's Agricultural Lectures and Writings and the Development of Agricultural Science in Eighteenth-Century Scotland, *The Agricultural History Review*, Vol. 37, No. 2 (1989), pp. 144-156.

Withers, Charles W. J., On Georgics and Geology: James Hutton's " Elements of Agriculture " and

Agricultural Science in Eighteenth-Century Scotland, *The Agricultural History Review*, Vol. 42, No. 1 (1994), pp. 38-48.

Withers, Charles W. J., Geography, Natural History and the Eighteenth-Century Enlightenment: Putting the World in Place, *History Workshop Journal*, No. 39 (Spring, 1995), pp. 136-163.

Withers, Charles W. J., The Social Nature of Map Making in the Scottish Enlightenment, 1682—1832, *Imago Mundi*, Vol. 54 (2002), pp. 46-66.

Withers, Charles W. J. and Wood, Paul, *Science and Medicine in the Scottish Enlightenment*, East Linton: Tuckwell Press Ltd, 2002.

中文文献

［德］《马克思恩格斯全集》，第28卷，北京：人民出版社，2018年。

［德］《马克思恩格斯全集》，第30卷，北京：人民出版社，1995年。

［德］《马克思恩格斯全集》，第36卷，北京：人民出版社，1974年。

［德］马克思：《资本论》，北京：人民出版社，2004年。

［古希腊］斯特拉博：《地理学》，李铁匠译，上海：上海三联书店，2014年。

［法］李明：《中国近事报道(1687—1692)》，郭强等译，

郑州:大象出版社,2004年。

［荷］格老秀斯:《战争与和平法》(第二卷),［美］弗朗西斯·W.凯尔西(英译),马呈元等译,北京:中国政法大学出版社,2016年。

［英］弗兰西斯·哈奇森:《逻辑学、形而上学和人类的社会本性》,强以华译,杭州:浙江大学出版社,2010年。

［英］弗朗西斯·哈奇森:《道德哲学体系》,江畅等译,杭州:浙江大学出版社,2010年。

［法］孟德斯鸠:《罗马盛衰原因论》,婉玲译,北京:商务印书馆,1995年。

［法］孟德斯鸠:《波斯人信札》,梁守锵译,北京:商务印书馆,2012年。

［英］霍布斯:《利维坦》,黎思复、黎廷弼译,北京:商务印书馆,1985年。

［英］约翰·洛克:《政府论》(上),瞿菊农、叶启芳译,北京:商务印书馆,1982年。

［英］约翰·洛克:《政府论》(下),叶启芳、瞿菊农译,北京:商务印务馆,1964年。

［英］约翰·洛克:《政府论》,杨思派译,北京:中国社会科学出版社,2009年。

［英］大卫·休谟:《人性论》,关文运译,北京:商务印书馆,2017年。

［英］大卫·休谟:《人性论》(上、下),关文运译,北京:商务印书馆,2005年。

［英］大卫·休谟:《宗教的自然史》,徐晓宏译,上海:上

海人民出版社,2003年。

[英]大卫·休谟:《道德原则研究》,曾晓平译,北京:商务印书馆,2006年。

[英]大卫·休谟:《人类理智研究》,周晓亮译,北京:中国法制出版社,2011年。

[英]大卫·休谟:《自然宗教对话录》,陈修斋、曹棉之译,郑之骧校,北京:商务印书馆,2008年。

[英]大卫·休谟,《政治与经济:休谟论说文集卷一》,张正萍译,杭州:浙江大学出版社,2011年。

[英]大卫·休谟:《论道德与文学:休谟论说文集卷二》,马万利、张正萍译,杭州:浙江大学出版社,2011年。

[英]亚当·斯密:《法理学讲义》,冯玉军等译,北京:中国人民大学出版社,2017年。

[英]亚当·斯密:《关于法律、警察、岁入及军备的演讲》,坎南编,陈福生、陈振骅译,北京:商务印书馆,1962年。

[英]亚当·斯密:《亚当·斯密哲学文集》,石小竹、孙明丽译,北京:商务印书馆,2012年。

[英]亚当·斯密:《道德情操论》,蒋自强等译,北京:商务印书馆,1997年。

[英]亚当·斯密:《道德情操论》,谢宗林译,北京:中央编译出版社,2008年

[英]亚当·斯密:《国富论》,郭大力、王亚南译,北京:商务印书馆,2009年。

[英]亚当·斯密:《国富论》,杨敬年译,西安:陕西人民

出版社,2006年。

［英］亚当·斯密:《亚当·斯密通信集》,欧内斯特·莫斯纳、伊恩·辛普森·罗斯编,林国夫等译,吴良健校,北京:商务印书馆,2000年。

［法］卢梭:《论人类不平等的起源和基础》,李常山译,东林校,北京:商务印书馆,1962年。

［法］卢梭:《论科学与艺术的复兴是否有助于使风俗日趋纯朴》,李平沤译,北京:商务印书馆,2012年。

［英］亚当·弗格森:《文明社会史论》,林本椿、王绍祥译,沈阳:辽宁教育出版社,1999年。

［英］亚当·弗格森:《文明社会史论》,林本椿、王绍祥译,杭州:浙江大学出版社,2010年。

［英］亚当·弗格森:《文明社会史论》,张雅楠等译,北京:中国政法大学出版社,2015年。

［英］亚当·弗格森:《论文明社会史》,康子兴译,北京:商务印书馆,2021年。

［英］亚当·弗格森:《道德哲学原理》,孙飞宇、田耕译,上海:上海人民出版社,2003年。

［英］威廉·罗伯逊:《苏格兰史》,孙一笑译,杭州:浙江大学出版社,2021年。

［德］康德:《历史理性批判文集》,何兆武译,北京:商务印书馆,1990年。

［德］塞缪尔·普芬道夫:《人和公民的自然法义务》,鞠成伟译,北京:商务印书馆,2010年。

［德］塞缪尔·冯·普芬道夫:《自然法与国际法》(第

一、二卷),罗国强等译,北京:北京大学出版社,2012年。

[荷]伯纳德·曼德维尔:《蜜蜂的寓言》(第一、二卷),肖聿译,北京:商务印书馆,2016年。

[英]边沁:《政府片论》,沈叔平等译,北京:商务印书馆,1997年。

[德]约瑟夫·熊彼特:《经济分析史》(第一卷),朱泱等译,北京:商务印书馆,1996年。

[美]哈伊姆·奥菲克:《第二天性:人类进化的经济起源》,张敦敏译,北京:中国社会科学出版社,2004年。

[美]胡斯都·L.冈察雷斯:《基督教思想史》(第三卷),陈泽民等译,南京:译林出版社,2008年。

[美]路易斯·亨利·摩尔根:《古代社会》(上),杨东莼等译,北京:商务印书馆,1981年。

[澳]丽莎·希尔:《激情社会:亚当·弗格森的社会、政治和道德思想》,张江伟译,上海:华东师范大学出版社,2018年。

[英]唐纳德·温奇:《亚当·斯密的政治学》,褚平译,南京:译林出版社,2010年。

[英]克里斯托弗·J.贝瑞:《苏格兰启蒙运动的社会理论》,马庆译,杭州:浙江大学出版社,2013年。

[英]克里斯托弗·贝里:《大卫·休谟:启蒙与怀疑》,李贯峰译,武汉:华中科技大学出版社,2019年。

[英]克里斯托弗·贝里:《苏格兰启蒙运动中的商业社会观念》,张正萍译,杭州:浙江大学出版社,2018年。

[英]亚历山大·布罗迪主编:《剑桥指南:苏格兰启蒙

运动》，贾宁译，杭州：浙江大学出版社，2010年。

［匈］伊什特万·洪特、米凯尔·伊格纳季耶夫编：《财富与德性：苏格兰启蒙运动中政治经济学的发展》，李大军等译，罗卫东校，杭州：浙江大学出社，2013年。

［英］J.O.林赛编：《新编剑桥世界近代史（第七卷）：旧制度（1713—1763）》，中国社科院世界历史研究所组译，北京：中国社会科学出版社，1999年。

［英］爱玛·罗斯柴尔德：《帝国豪门：18世纪史》，巫语白译，北京：商务印书馆，2016年。

［美］卡尔·贝克尔：《18世纪哲学家的天城》，何兆武译，北京：生活·读书·新知三联书店，2001年。

［美］彼得·伯克：《历史学与社会理论》，姚朋等译，上海：上海人民出版社，2000年。

［美］J.W.汤普森：《历史著作史》，上卷，《从上古时代至十七世纪末叶》，谢德风译，北京：商务印书馆，1988年。

［美］J.W.汤普森：《历史著作史》，下卷，《十八及十九世纪》，孙秉莹、谢德风译，北京：商务印书馆，1996年。

［美］约翰·罗尔斯：《正义论》，何怀宏等译，北京：中国社会科学出版社，2006年。

［美］詹姆斯·弗农：《远方的陌生人：英国是如何成为现代国家的》，张祝馨译，北京：商务印书馆，2017年。

［美］让·爱尔斯坦：《公共的男人，私人的女人：社会和政治思想中的女性》，葛耘娜、陈雪飞译，北京：生活·读书·新知三联书店，2019年。

［美］阿尔伯特·赫希曼：《欲望与利益：资本主义走向

胜利之前的政治争论》,冯克利译,杭州:浙江大学出版社,2015年。

[德]齐美尔:《社会是如何可能的》,林荣远译,桂林:广西师范大学出版社,2002年。

[美]加文·肯尼迪:《亚当·斯密》,苏军译,北京:华夏出版社,2009年。

[美]唐纳德·利文斯顿:《休谟的日常生活哲学》,李伟斌译,上海:华东师范大学出版社,2018年。

[丹麦]努德·哈孔森:《立法者的科学:大卫·休谟和亚当·斯密的自然法理学》,赵立岩译,杭州:浙江大学出版社,2010年。

[丹麦]努德·哈孔森:《自然法与道德哲学:从格老秀斯到苏格兰启蒙运动》,马庆、刘科译,杭州:浙江大学出版社,2010年。

[法]皮埃尔·罗桑瓦隆:《乌托邦资本主义——市场观念史》,杨祖功等译,北京:社会科学文献出版社,2004年。

[英]欧内斯特·C.莫斯纳:《大卫·休谟传》,周保巍译,杭州:浙江大学出版社,2017年。

[美]彼得·盖伊:《启蒙时代:现代异教精神的兴起》,刘北成译,上海:上海人民出版社,2015年。

[苏联]大卫·鲍里索维奇·梁赞诺夫主编:《梁赞诺夫版〈德意志意识形态·费尔巴哈〉》,夏凡编译,南京:南京大学出版社,2008年。

[英]杜格尔德·斯图尔特:《亚当·斯密的生平和著作》,蒋自强译,北京:商务印书馆,1983年。

[英]安东尼·帕戈登:《启蒙运动为什么依然重要》,王丽慧等译,孙小淳校,上海:上海交通大学出版社,2017年。

[英]波考克:《德行、商业和历史:18世纪政治思想与历史论辑》,冯克利译,北京:生活·读书·新知三联书店,2012年。

[英]J. G. A.波考克:《马基雅维里时刻:佛罗伦萨政治思想和大西洋共和主义传统》,冯克利、傅乾译,南京:译林出版社,2013年。

[英]伊斯特凡·洪特:《贸易的猜忌:历史视角下的国际竞争与民族国家》,霍伟岸等译,南京:译林出版社,2017年。

[澳]斯蒂芬·巴克勒:《自然法与财产权理论:从格老秀斯到休谟》,周清林译,北京:法律出版社,2014年。

[法]米歇尔·福柯:《生命政治的诞生》,莫伟民、赵伟译,上海:上海人民出版社,2011年。

[法]米歇尔·福柯:《安全、领土与人口:法兰西学院演讲系列,1977—1978》,钱翰、陈晓径译,上海:上海人民出版社,2010年。

[英]马克·戈尔迪、罗伯特·沃克勒主编:《剑桥十八世纪政治思想史》,刘北成等译,北京:商务印书馆,2017年。

[英]索利:《英国哲学史》,段德智译,济南:山东人民出版社,1992年。

[英]亚历山大·布罗迪主编:《剑桥指南:苏格兰启蒙运动》,贾宁译,杭州:浙江大学出版社,2010年。

[英]柯林伍德:《历史的观念》,何兆武译,北京:商务印书馆,1997年。

[英]伯纳德·曼德维尔:《蜜蜂的寓言》,肖聿译,北京:中国社会科学出版社,2002年。

魏佳:《贸易与政治:解读大卫·休谟的〈英国史〉》,上海:复旦大学出版社,2018年。

李猛:《自然社会》,北京:三联书店,2015年。

吴红列:《作为自然法理学的古典政治经济学:从哈奇森、休谟到斯密》,北京:中国社会科学出版社,2017年。

罗卫东:《情感 秩序 美德——亚当·斯密的伦理学世界》,北京:中国人民大学出版社,2006年。

李勇:《启蒙时期苏格兰历史学派》,上海:上海三联书店,2017年。

方维规:《什么是概念史》,北京:生活·读书·新知三联书店,2020年。

张正萍:《激情与财富:休谟的人性科学与其政治经济学》,杭州:浙江大学出版社,2018年。

陈正国:《陌生人的历史意义:亚当史密斯论商业社会的伦理基础》,《"中央研究院"及史语言研究所集刊》,2011年,第83本第4分册。

杨璐:《同情与效用:休谟的道德科学》,《社会学研究》2018年第3期。

张正萍、克雷格·史密斯:《也谈苏格兰启蒙运动》,《读书》2017年第5期。

张正萍:《"推测史"与亚当·斯密的史学贡献》,《浙江大学学报(人文社会科学版)》2018年第4期。

罗长捷:《谁是休谟的宗教代言人——〈自然宗教对话录〉解析》,《世界哲学》2017年第5期。

贾鹤鹏:《论休谟对自然神论的批判与建设》,《内蒙古社会科学》1999年第2期。

李高荣:《论休谟〈自然宗教对话录〉中的宗教哲学观》,《兰州学刊》2015年第6期。

黄济鳌:《回到人性本身:休谟宗教哲学的伦理回归》,《深圳大学学报(人文社会科学版)》,2010年第5期。

尹景旺:《休谟宗教思想的伦理政治意义》,《首都师范大学学报》2010年第1期。

林子赛:《论亚当·弗格森的社会自发秩序思想》,《浙江学刊》2014年第1期。

翟宇:《哈耶克与弗格森:政治思想的传承与断裂》,《晋阳学刊》2013年第3期。

刘华:《文明的批判——亚当·弗格森及其〈文明社会史论〉》,《历史教学问题》2004年第5期。

项松林:《市民社会的德性之维:以苏格兰启蒙运动为中心的考察》,《伦理学研究》2010年第5期。

项松林:《苏格兰启蒙运动的思想主题:市民社会的启蒙》,《同济大学大学(社会科学版)》2011年第2期。

项松林:《市民社会的思想先驱:弗格森的启蒙思想探究》,《湖南师范大学社会科学学报》2013年第4期。

臧峰宇:《苏格兰启蒙运动与青年马克思的市民社会理论》,《天津社会科学》2014年第2期。

林子赛:《市民社会的进步与腐化之悖论探析——弗格森的市民社会思想及启示》,《兰州教育学院学报》2017年第9期。

梅艳玲:《从弗格森的文明社会概念到马克思的市民社会概念——基于〈文明社会史论〉的弗格森与马克思比较研究》,《南京政治学院学报》2012年第5期。

张旭鹏:《观念史的过去与未来:价值与批判》,《武汉大学学报(哲学社会科学版)》2018年第2期。

蒋政:《苏格兰启蒙初期自然法体系的演变:从普芬道夫到卡迈克尔再到哈奇森》,《哲学研究》2018年第5期。

李悦:《亚当·弗格森历史观研究》,河北大学硕士论文,2017年。

姚正平:《论弗格森的史学》,淮北师范大学硕士论文,2011年。

傅琳:《约翰·米勒政治思想研究》,复旦大学硕士论文,2016年。

迟小蒙:《苏格兰启蒙学派中的反奴隶制理论——以亚当·斯密和约翰·米勒的反奴隶制思想为研究中心》,华东师范大学硕士论文,2015年。

致　谢

　　近年来,国内的苏格兰启蒙运动研究似有兴起之意。这一学术现象可能有几个方面的原因:首先,国际学术界自20世纪70年代以来便有一批学者关注这一领域的研究,随着对大卫·休谟的哲学思想、亚当·斯密的政治经济学思想的深入研究,以及语境主义这一方法的传播和运用,他们所生活的那个时代从模糊变得多彩起来。2000年以后,不同代际的学者的精耕细作,形成了不少高质量、高水平的研究。其次,中国学术界与国际学界的逐渐接轨,形成了良好的学术交流。国内外学者的频繁交流、互访,受邀访问国内各大高校,使得国外研究苏格兰启蒙运动的学者的成果和观念有了更多的读者,也吸引了更多研究者投身于这一领域的研究。而最重要的是,18世纪的苏格兰启蒙运动形成之际,正是英国从一个弱小国家逐渐走向大帝国的过程,是思想启蒙和工业革命并进的时代,也是从传统社会走向资本主义社会的转型期。而传统向现代的转型,在东西方都具有强烈的现实意义。正因如此,这一课题才会吸引更多的研究者投入其中,它也应该得到更多的关注。当然,高校研究生数量的增加,也是一个客观现实。最后,学术译介

商业社会的诊治
■ 苏格兰启蒙史学研究

也功不可没。自 2000 年以来,以"苏格兰启蒙运动"为主题的著作成为出版社乐意出版的选题之一。出版与学术研究相互促进,推动了这一领域的研究。可以说,苏格兰启蒙运动研究在汉语学界已不再是一个完全陌生的领域。

关于苏格兰启蒙运动研究的主题,自然科学(包括医学)、道德哲学、历史学、政治经济学都曾被研究者视为非常重要的研究对象。在现代专业学科尚未分野的 18 世纪,即使是自然科学,比如物理学、地质学、天文学,也都与历史学密切相关。本书便是将史学置于 18 世纪启蒙时代的历史和思想背景之下,探讨启蒙思想家如何在历史中分析政治、经济、道德和社会等问题。启蒙思想家对历史的考察无不透露出他们对 18 世纪英国社会的关切,同时,他们的眼光还投向海外,关注美洲和欧洲大陆的重大问题,试图在历史中分析旧制度向新的现代社会过渡过程中出现的问题,尤其警惕新的商业现代性的弊病。因此,苏格兰启蒙史学研究的意义不仅在于探讨历史编纂本身对英国史学史传统有着怎样的影响,还在于探讨 18 世纪英国的道德、宗教以及文明史观对西方思想史的意义。

本书要感谢国家社科基金和浙江大学"双一流专项"等项目的财力支持。这些支持让我能够有机会访问剑桥大学、格拉斯哥大学,得以向那里的学者学习和请教他们的研究方法,得以查阅这些高校图书馆的珍贵史料,同时也让我有两次机会参加格拉斯哥和爱丁堡举办的相关学术研讨会这些交流开阔了眼界,让我对这一领域的研究有更多的了解和认识。在这里,我要特别要感谢剑桥大学历史系约翰

·罗伯逊教授、格拉斯哥大学社会与政治科学学院克里斯托弗·贝里教授、亚历山大·布罗迪教授和克雷格·史密斯高级讲师等学者:罗伯逊教授在我撰写关于《宗教的自然史》一文时给予了建设性的指导和帮助,贝里教授在我思考"推测史"的意义时给出了有益的建议,史密斯关于文明社会观念的著作对我的思考大有裨益,布罗迪教授"苏格兰启蒙运动"的课程也启发了我对18世纪哲学和美学的重新认识。同时,我还要感谢浙江大学历史学院和世界历史研究所的所有同事,尤其感谢张杨、乐启良等老师对我学术发展的关心、鼓励和照拂。当然,本书存在的问题和错谬之处均由我个人负责。

  本书第一、二、七章和附录的部分内容曾在《史学理论研究》《史学史研究》《浙江大学学报(人文社会科学版)》《上海书评》等期刊媒体上发表,第三、四、六章的主要观点曾在相关学术会议上发表过,在此对这些期刊、编辑老师以及参会专家学者提供的宝贵意见表示衷心的感谢!浙江大学出版社钱济平女士为此书的出版付出了辛勤的劳动,在此一并致谢!我深知,学术探讨无止境,良好的学术批评是促进学者深入思考的巨大动力,拙著的观点和论证肯定还有进一步提升的空间,这里诚挚欢迎方家对拙著批评指正,来信请将电子邮件发送至:zzping02@163.com,不胜感激!